ERICH
SCHMIDT
VERLAG

Betrieblich Verantwortliche für den Umgang mit wassergefährdenden Stoffen, Gefahrstoffen und Abfällen

Bestellung, Aufgaben, Haftung und Rechtsschutz

Von

Prof. Dr.-Ing. Hans-Peter Lühr

ERICH SCHMIDT VERLAG

Bibliografische Information der Deutschen Nationalbibliothek
Die Deutsche Nationalbibliothek verzeichnet diese Publikation in der Deutschen Nationalbibliografie; detaillierte bibliografische Daten sind im Internet über http://dnb.dnb.de abrufbar.

Weitere Informationen zu diesem Titel finden Sie im Internet unter
https://ESV.info/978-3-503-24130-9

Zitiervorschlag:
Lühr, Betrieblich Verantwortliche für den Umgang mit wassergefährdenden Stoffen, Gefahrstoffen und Abfällen

ISBN 978-3-503-24130-9 (gedrucktes Werk)
ISBN 978-3-503-24131-6 (eBook)
DOI https://doi.org/10.37307/b.978-3-503-24131-6

Genthiner Straße 30 G, 10785 Berlin
info@ESVmedien.de, www.ESV.info

Druck: docupoint, Barleben

The aim is nothing,
the way is all,
but you must know the aim
to be sure
being on the right way.
Laotse

Inhaltsverzeichnis

1 Allgemeine Anmerkungen

In fast allen gewerblichen Betrieben werden chemische Stoffe/Gemische/Produkte sowohl als Betriebsmittel in Produktionsanlagen als auch bei der Herstellung von Gütern sowie bei Tätigkeiten der Pflege und Instandhaltung von Anlagen und Gegenständen verwendet. Von diesen chemischen Stoffen/Gemischen/Produkten können auf Grund ihres Gefährdungspotenzials unterschiedliche Gefahren für die menschliche Gesundheit und die Umwelt ausgehen. Somit können sie grundsätzlich als Gefahrstoffe bezeichnet werden, allerdings mit unterschiedlichen Gefährdungspotenzialen in Bezug auf die verschiedenen Schutzziele. Die Beherrschung der stofflichen Umwelt ist somit nach wie vor einer der wichtigsten Bausteine der Umwelt- und Gesundheitspolitik, die mit dem Umweltprogramm der Bundesregierung von 1971 [5] auf der Basis der 3 Prinzipien **Vorsorgeprinzip,, Verursacherprinzip** und **Kooperationsprinzip** viele Instrumente geschaffen hat.

Für den Bereich **„Umgang mit wassergefährdenden Stoffen"** forderte das Umweltprogramm [5] u. a.:

> *Die Bundesregierung wird, sofern sie durch die Vierte Novelle zum Wasserhaushaltsgesetz dazu ermächtigt ist, bis 31. 07. 1972 bundeseinheitliche Vorschriften über die Lagerung wassergefährdender Stoffe erlassen.*

Ausgangspunkt für diese Forderungen waren die vielen Schadensfälle insbesondere mit Mineralölprodukten auf Grund von Leckagen aus einwandigen, ober- und unterirdischen korrodierten Behältern und Rohrleitungen, aus Überfüllungen mangels Sicherheitseinrichtungen sowie Transportunfällen auf der Straße. Es war die Geburtsstunde des vorbeugenden Grundwasserschutzes im Zusammenhang mit Anlagen zum Umgang von Stoffen/Gemischen, den sog. wassergefährdenden Stoffen.

Historisch gesehen entstanden die ersten Vorschriften zur Vermeidung von Brand- und Explosionsgefahren durch unsachgemäßen Umgang mit Flüssigkeiten, Gasen und festen Stoffen in den Jahren 1931/1939 und sie wurden in den einzelnen Ländern durch Polizeiverordnungen realisiert [4]. Sie waren die Grundlage für die spätere Verordnung über brennbare Flüssigkeiten (VbF) und die zugehörigen Technischen Regeln brennbare Flüssigkeiten (TRbF) von 1960.

Obwohl für den Gewässerschutz keine technischen Anforderungen realisiert wurden, kam es zu Prozessen über Grundwasserschäden. Folgende Zitate aus den Urteilsbegründungen des Bundesverwaltungsgerichts machen deutlich, dass dem Besorgnisgrundsatz in Bezug auf den Grundwasserschutz hohe Aufmerksamkeit entgegengebracht wurde.

> *1966: Ein Eintritt einer Verunreinigung des Wassers oder eine sonstige nachteilige Veränderung seiner Eigenschaften muss nach menschlicher Erfahrung unwahrscheinlich sein.*

Je größer und folgenschwerer der möglicherweise eintretende Schaden sein kann, um so höhere Anforderungen sind an die Unwahrscheinlichkeit des Schadenseintritts zu stellen.
Dies kann im Einzelfall dazu führen, dass ein Grad an Unwahrscheinlichkeit eines Schadenseintritts zu verlangen ist, welcher der Unmöglichkeit nahe- oder gleichkommt.

1971: Für die in der Wasserwirtschaft Verantwortlichen darf kein Grund zur Sorge verbleiben.

Nach damaligem Erkenntnisstand (Ende der 60er Jahre) richtete sich der anlagenbezogene Umgang mit wassergefährdenden Stoffen zunächst nur auf die Lagerung und die damit verbundenen Bereiche des Abfüllens und Umschlagens.

In der 4. Novelle zum WHG von 1976 wurde erstmals im Wasserrecht der Themenbereich der Anlagen zum Lagern, Abfüllen und Umschlagen (LAU-Anlagen) von wassergefährdenden Stoffen in den §§ 19g bis l verankert [31]. Der Kernpunkt der Regelungen wurde im § 19g WHG definiert. Auch wurde im § 19l erstmals der Fachbetrieb verankert, der durch die zuständige Behörde zugelassen werden musste. Diese Zulassung musste, wie auch heute alle 2 Jahre erneuert werden.

Im Rahmen der weiteren Bearbeitung wuchs dann die Erkenntnis, dass man hinsichtlich eines flächendeckenden Grundwasserschutzes nicht alle Anlagen erfasst hatte. Deshalb wurden in der 5. Novelle zum WHG 1986 auch die Anlagen zum Herstellen, Behandeln und Verwenden von wassergefährdenden Stoffen (HBV-Anlagen) sowie die werksinternen Rohrleitungen in die Regelungen einbezogen. Der § 19l WHG wurde dahingehend geändert, dass die Fachbetriebsqualifikation durch eine baurechtlich anerkannte Güte- und Überwachungsgemeinschaft oder eine Technische Überwachungsorganisation zu erteilen sei.

Im Jahre 2006 erhielt der Bund auf dem Gebiet der Wasserwirtschaft die konkurrierende Gesetzgebungskompetenz (Vollkompetenz). Daraufhin wurde 2009 das WHG novelliert. Mit der 8. Novelle 2009 wurden die Regelungen von 1976 und 1986 in den Formulierungen gestrafft. Als zentrale Regelungen zum anlagenbezogenen Umgang mit wassergefährdenden Stoffen wurden folgende Paragraphen eingeführt:

- § 62 „Anforderungen an den Umgang mit wassergefährdenden Stoffen",
- § 63 „Eignungsfeststellung".

Mit § 62 Abs. 4 WHG wurde eine Ermächtigungsgrundlage für eine Rechtsverordnung festgelegt für:

- Bestimmung der wassergefährdenden Stoffe und ihre Einstufung entsprechend ihrer Gefährlichkeit
- Anforderungen an die Beschaffenheit von Anlagen
- Technische Regeln
- Pflichten bei Planung, Errichtung und Betrieb von Anlagen zum Umgang mit wassergefährdenden Stoffen

- Anforderungen an Fachbetriebe, Sachverständige, Sachverständigenorganisationen, Güte- und Überwachungsgemeinschaften.

Diese Regelungsbereiche sind Inhalt der Anlagen-Verordnung (AwSV) von 2017 [2]. In der AwSV wurden die bisherigen Regelungen übernommen und weiter präzisiert bzw. konkretisiert. Neu eingeführt wurde die Verpflichtung des Betreibers einer Anlage zum Umgang mit wassergefährdenden Stoffen, mindestens eine **betrieblich verantwortliche Person** (im Folgenden als **bvP** bezeichnet) zu bestellen, die als Beauftragte für den Regelungsbereich des Umgangs mit wassergefährdenden Stoffen fungiert. Diese bvP ist somit parallel zum Gewässerschutzbeauftragten, in dessen Zuständigkeit der anlagenbezogene Umgang mit wassergefährdenden Stoffen nicht fällt, eingeführt worden und ist somit eine der vielen gesetzlich eingeführten Beauftragten in den unterschiedlichen Rechtsbereichen. Dieses entspricht sowohl dem Vorsorge- als auch dem Kooperationsprinzip.

Weiter sind die Güte- und Überwachungsgemeinschaften nicht mehr baurechtlich anerkannt, sondern bedürfen eines Anerkennungsbescheids durch die zuständige Landeswasserbehörde.

Für den Bereich „**Gefahrstoffe**" forderte das Umweltprogramm [5] u. a.:

> *Es ist erforderlich, die Gesamtmenge eines aus verschiedenen Quellen auf Lebewesen, besonders den Menschen, einwirkenden Stoffes zu erfassen und das Zusammenwirken der einzelnen Stoffe im Organismus zu berücksichtigen.*
>
> *Aufgabe der Bundesregierung ist es, dafür zu sorgen, dass schädliche Belastungen durch Umweltchemikalien vermindert oder ausgeschlossen werden.*
>
> *Die Belastung durch Umweltchemikalien und Biozide muss systematisch erfasst werden. Man wird deshalb*
>
> *eine zentrale Erfassungs- und Bewertungsstelle beim Bundesgesundheitsamt einrichten. Sie soll*
>
> - *alle Messungen über die Belastung der Umwelt durch Umweltchemikalien und Biozide erfassen und auswerten sowie alle diejenigen Maßnahmen erfassen, die zur Verminderung dieser Belastungen getroffen worden sind;*
> - *das gesundheitliche Risiko bei Anwendung der Umweltchemikalien und Biozide bewerten.*

Spätestens mit dem Einsetzen der Liberalisierungswelle seit etwa 2000 kann den 3 zuvor genannten Prinzipien ein viertes Prinzip, das man als **Verantwortungsprinzip** bezeichnen kann, hinzugefügt werden [4].

Es untermauert sowohl das Vorsorgeprinzip als auch das Kooperationsprinzip und ist Ausdruck der Eigenverantwortlichkeit von Arbeitgebern und Betreibern. Es besagt in Abwandlung des Kategorischen Imperativs:

> *Handle so, dass die Wirkungen Deines Handelns verträglich sind mit der Permanenz menschlichen Lebens auf Erden.*

Denn über den Liberalisierungsprozess der letzten zwei Jahrzehnte ist alles nur noch **Arbeitgeber- und Betreiberverantwortung.** Der Staat hat seine „Spielregeln" (Gesetze, Verordnungen) erlassen, sich dann aber weitgehend aus der

Überprüfung der von ihm eingeführten Regelungen herausgezogen. Dafür hat der Gesetzgeber die Bestellung von Beauftragten in Gesetzen und Verordnungen eingeführt. Er hat weiter zu zertifizierende Fachbetriebe vorgesehen, die über von ihm anerkannte Sachverständigenorganisationen und Güte- und Überwachungsgemeinschaften als beliehene Institutionen auditiert und zertifiziert werden (siehe **Kap. 6**).

Analysiert man die Gesetze und Verordnungen, so kommt die Arbeitgeber- und Betreiberverantwortung über Formulierungen wie „Der Arbeitgeber hat festzustellen/hat zu ermitteln/ist verpflichtet" bzw. „Der Betreiber hat zu kontrollieren/hat eine Dokumentation zu führen" zum Ausdruck.

Dieses bedeutet für die Angesprochenen, dass sie zunächst dafür die organisatorischen Voraussetzungen schaffen müssen. Und dann erst kommt es darauf an, wie sie das Thema inhaltlich gestalten. Deshalb wird, wenn ein Unternehmen „auffällig" wird, als erstes geprüft, ob ein Organisationsverschulden vorliegt. Wenn das z. B. durch den Staatsanwalt testiert wird, dann entfällt i. d. R. der Versicherungsschutz, da gegen gesetzliche Anforderungen verstoßen wurde. Insofern sind Unternehmen gut beraten, die organisatorische Struktur für den jeweiligen Bereich so schriftlich niederzulegen, dass Dritte die Realisierung der gesetzlichen Anforderungen nachvollziehen können. Aussagen wie „Wir sitzen jeden Montag in der Baubude zusammen und sprechen über alles" helfen nicht weiter, da die Aussage nicht belastbar ist.

An dieser Stelle kommt dann immer das Argument der Überbürdung der Bürokratie ins Spiel. Der Gerechtigkeit wegen muss aber an dieser Stelle gesagt werden, dass der Ruf der großen Industrieverbände in den 1990iger Jahren nach **weniger Staat** und mehr **Eigenverantwortung** (weil man auch auf dem Standpunkt stand, dass man fachlich viel besser ist als die Mitarbeiter des Staates) zu dieser Entwicklung geführt hat. Diese gewollte Liberalisierung hat dazu geführt, dass die Bürokratie bei der Verwaltung zurückgefahren wurde, aber gleichzeitig bei den Betroffenen, den Unternehmen, zwangsläufig aufgebaut wurde.

Bei der Umsetzung der gesetzlichen Anforderungen ist der Arbeitgeber und Betreiber weitgehend allein gelassen. Es ist sein Geschick, wie er die notwendigen Instrumente zur Erfüllung der gesetzlichen Anforderungen gestaltet. Im Normalfall kommt keine Behörde/keine Berufsgenossenschaft mehr in die Unternehmen und fragt ab, ob und wie der gesetzliche Anspruch (z. B. Führung eines Gefahrstoffkatasters, vollständige Geräteliste und Nachweis der Arbeitsmittelüberprüfungen) realisiert wurde.

Erst wenn das Unternehmen auffällig geworden ist, dann kommen alle diese Dinge auf den Tisch. Analysiert man z. B. die Begründungen zu Gerichtsurteilen, insbesondere wenn Todesfälle Verhandlungsgegenstand waren, dann findet man als Hauptbegründung Aussagen wie „Es lagen keine Gefährdungsbeurteilungen vor. Man hätte den Unfall voraussehen können".

2 Unternehmer-/Betreiberpflichten beim Umgang mit wassergefährdenden Stoffen und Gefahrstoffen

In den einschlägigen Fachgesetzen des Umweltrechts sind jeweils Beauftragte mit verschiedenen Aufgaben und Verantwortlichkeiten verankert, die der Arbeitgeber/Betreiber zu erfüllen hat. Dazu zählen u. a.

- Fachkraft für Arbeitssicherheit,
- Immissionsschutzbeauftragter,
- Störfallbeauftragter,
- Abfallbeauftragter,
- Gewässerschutzbeauftragter,
- Gefahrgutbeauftragter,
- Brandschutzbeauftragter,
- Strahlenschutzbeauftragter,
- Explosionsschutzbeauftragter.

Ihre Stellung im Unternehmen und ihre Verantwortlichkeiten sind sehr unterschiedlich in den jeweiligen Gesetzen definiert. Sie variieren von rein beratender Funktion bis zur Entscheidungs- und Weisungsbefugnis.

In diesem Buch soll die Beauftragtensituation im Hinblick auf Anlagen zum Umgang mit wassergefährdenden Stoffen und auf den Umgang mit Gefahrstoffen im gewerblichen und Produktionsbereich beleuchtet werden[1]. Für den Bereich **„Anlagen zum Umgang mit wassergefährdenden Stoffen"** hat der Gesetzgeber die **betrieblich verantwortliche Person (bvP)** eingeführt. Für den Bereich **„Gefahrstoffe"** hat der Gesetzgeber keinen Beauftragten vorgesehen. Hier sollen **Fachkundige und Sachkundige** sich dieses Themas annehmen.

Welche Unternehmen sind davon betroffen?

In dem Bereich **„Anlagen zum Umgang mit wassergefährdenden Stoffen"** sind Unternehmen betroffen, die für Dritte Anlagen zum Umgang mit wassergefährdenden Stoffen errichten, instandsetzen, reinigen und stilllegen. Hierunter fallen u. a. Unternehmen der technischen Gebäudeausrüstung, des Tankschutzes, der Tanktechnik, des Maschinenbaus, der Kälte- und Klimatechnik.

Weiter sind Unternehmen betroffen, die diese Anlagen betreiben. Hierunter fallen u. a. Chemiebetriebe, aber auch Unternehmen, die als Betreiber im Rahmen eines technischen Gebäudemanagements entsprechender Anlagen fungieren.

1 Zu dem Immissionsschutz- und Störfallbeauftragten sei auf die Publikation [21] hingewiesen, ebenso zu dem Abfallbeauftragten auf [22].

In dem Bereich **„Gefahrstoffe“** sind alle Unternehmen betroffen, in denen Mitarbeiter bei ihren Tätigkeiten mit den Gefahrstoffen in Berührung kommen können.

Wo liegen die Probleme in den Unternehmen?

Die Realisierung der gesetzlichen Anforderungen liegt ausschließlich beim Arbeitgeber und beim Betreiber. Deshalb ist es äußerst wichtig, dass sie sich über ihre Verpflichtungen im Klaren sind und dass sie dafür die entsprechenden organisatorischen Maßnahmen und Entscheidungen treffen. Es ist ihre Verantwortung, dafür geeignete, sprich qualifizierte Mitarbeiter und/oder qualifizierte Externe ans Unternehmen zu binden, um nicht ordnungswidrig oder sogar straffällig zu werden.

In großen Unternehmen sind dafür mittlerweile ganze Abteilungen eingerichtet. Bei großen und größeren Mittelständlern sind Mitarbeiter ausschließlich für diese Aufgaben eingestellt worden. Hier sind die Verantwortlichkeiten erkannt worden. Aber je kleiner die Unternehmen sind, umso problematischer wird die Situation, da Mitarbeiter diese Aufgaben neben ihrer Hauptbeschäftigung mitübernehmen müssen. Dieses führt i. d. R. zu einer Überforderung der Personen, da für die Wahrnehmung dieser Aufgaben ganz andere Voraussetzungen und Ausbildungen im Verhältnis zu ihrer fachlichen Qualifikation, für die sie eingestellt wurden, erforderlich sind.

Grundsätzliche Voraussetzung aber ist, dass die Realisierung der gesetzlichen Verpflichtungen vom Kopf des Unternehmens, der Geschäftsführung, gewollt wird, wobei klar ist, dass diese Realisierung Geld kostet. Aber es gehört zum Management eines Unternehmens, dieses intelligent und pragmatisch zu organisieren. Es zu negieren, zieht automatisch im Ernstfall Organisationsverschulden mit allen daraus folgenden Konsequenzen nach sich.

Behandelt werden die Bestellungspflicht, die Rechtstellung, die Voraussetzungen, die Aufgaben und die daraus folgenden Kompetenzen. Weiter werden einige Hinweise aus der Praxis für die Praxis gegeben.

3 Rechtliche Stellung von Beauftragten

3.1 Allgemeines

Die rechtlichen und sonstigen Regelungen, die bei Tätigkeiten an Anlagen und beim Betrieb von Anlagen zu beachten sind, richten sich zunächst einmal an den Arbeitgeber/Betreiber. Aber bereits in kleineren oder mittelständischen Unternehmen ist davon auszugehen, dass sich der Arbeitgeber/Betreiber nicht persönlich und vollständig täglich um alle Belange und den damit zusammenhängenden Pflichten kümmern kann. Aus diesem Grund ist eine Delegation von Verantwortung auf Mitarbeiter erforderlich, wenn sie nicht bereits zu den arbeitsvertraglichen Aufgaben eines Mitarbeiters gehören. Ist dieses nicht derFall, dann muss eine ausdrückliche, schriftliche Beauftragung durch den Arbeitgeber/Betreiber erfolgen. Dabei hat er dafür zu sorgen, dass der Beauftragte sowohl fachlich als auch persönlich zur Erfüllung der Aufgabe in der Lage ist. Dieses muss vor der Übertragung sichergestellt sein. Allerdings verbleibt beim Übertragenden (Arbeitgeber/Betreiber), d.h. also den gesetzlichen Vertretern des Unternehmens, stets die Gesamtverantwortung für den Betrieb der Anlagen und die Tätigkeiten an eigenen und fremden Anlagen und eine grundsätzliche Aufsichtspflicht.

In den verschiedenen Rechtsbereichen sind solche Aufgaben und Funktionen vorgeschrieben, die die Unternehmen zu realisieren haben.

Wasserhaushaltsgesetz	§ 64	Gewässerschutzbeauftragte
AnlagenVO (AwSV)	§ 62	betrieblich verantwortliche Person (bvP)
Kreislaufwirtschaftsgesetz	§ 59	Betriebsbeauftragter für Abfall
EntsorgungsfachbetriebeVO	§ 3	Für die Leitung und Beaufsichtigung des Betriebes verantwortliche Person (Entsorgungsverantwortlicher)
AbfallbeauftragtenVO	§ 2	Pflicht zur Bestellung
Immissionsschutzgesetz	§ 53	Immissionsschutzbeauftragter
	§ 58a	Störfallbeauftragter
Gefahrgutbeförderungsgesetz	§ 3	Gefahrgutbeauftragter
BetriebssicherheitsVO	§ 14	befähigte Personen
Arbeitssicherheitsgesetz	§ 5	Fachkraft für Arbeitssicherheit (FaSi)
Strahlenschutzgesetz	§ 70	Strahlenschutzbeauftragter

Diesen Funktionen sind unterschiedliche Verantwortlichkeiten zugewiesen. Sie haben überwiegend beratende Aufgaben. Können aber auch mit Weisungs- und Entscheidungsbefugnissen ausgestattet sein. **Deshalb ist es für die jeweils beauftragte Person äußerst wichtig, wie die Funktion in dem Bestellungsschreiben definiert ist.**

3.2 Betrieblich verantwortliche Person (bvP)

Mit der bvP nach Wasserrecht ist ein Instrument zur betrieblichen Selbstüberwachung geschaffen worden und stellt ein „innerbetriebliches Kontrollorgan“ dar. Sie ist somit kein „verlängerter Arm der Überwachungsbehörde“, sondern unterstützt die Unternehmensleitung bei der Realisierung der gesetzlichen Anforderungen. Die Behörde muss sich immer an den Betriebsinhaber bzw. Vertretungsberechtigten wenden.

Die betriebliche Selbstüberwachung entspricht dem Kooperationsprinzip und realisiert das Verantwortungsprinzip.

Sowohl im Wasserhaushaltsgesetz (WHG) als auch in der Anlagenverordnung (AwSV) ist die Rechtsstellung der bvP nicht näher geregelt.

Die AwSV verlangt gemäß § 62 Abs. 2 Punkt 2 eine **förmliche Bestellung** durch den Betriebsinhaber bzw. Vertretungsberechtigten.

§ 62 AwSV Fachbetriebe; Zertifizierung von Fachbetrieben

(2) Eine Sachverständigenorganisation oder eine Güte- und Überwachungsgemeinschaft darf einen Betrieb nur als Fachbetrieb zertifizieren, wenn dieser Betrieb

2. eine betrieblich verantwortliche Person bestellt hat, (...).

In der förmlichen Bestellung muss eindeutig definiert sein, für welche Aufgabenbereiche im Unternehmen die bvP zuständig ist. Dieses kann für alle Bereiche des Unternehmens oder nur für den Servicebereich oder den Bereich Anlagenbau oder für einen Standort des Unternehmens und auch da wieder für den Gesamtbereich oder für Teile davon.

Diese Bestellung muss mit einer **Weisungsbefugnis** gemäß Punkt 5.1.3 des LAWA-Merkblattes [6] verbunden sein, die sich auf die zu erfüllenden Aufgaben bezieht. **Damit hat die bVP nicht nur eine Beratungsfunktion, sondern auch eine Entscheidungsbefugnis.**

Es gibt keine Regelung, dass der Arbeitgeber bzw. Betreiber der bvP keine fachliche Weisung erteilen darf, da die bvP gemäß AwSV nicht nur berechtigt, sondern auch verpflichtet ist, die dort beschriebenen Aufgaben durchzuführen. Die Entscheidungen der bvP im Einzelfall sollten jedoch im Zweifel mit der Geschäftsführung abgesprochen sein, dies umso mehr, je relevanter und weitreichender die Auswirkungen sein können.

Eine Beteiligung des Betriebs- oder Personalrats ist nicht wie beim Gewässerschutz- und Immissionsschutz- oder Störfallbeauftragten erforderlich.

Die bvP muss eine natürliche Person sein. Eine juristische Person scheidet somit aus. Die zuständige Behörde kann nicht bestimmen, welche Person bestellt wird. Sie kann aber Voraussetzungen von der Person verlangen, die an diese Funktion geknüpft sind.

In der Regel wird die bvP für eine unbestimmte Zeit bestellt. Eine Abberufung oder eine Niederlegung der Funktion kann jederzeit erfolgen, es sei denn, im Arbeitsvertrag oder in der Bestellung ist etwas anderes vereinbart worden.

Eine nicht fachlich qualifizierte bvP kann im Grundsatz nicht bestellt werden, da im Rahmen der regelmäßigen Audits durch eine Sachverständigenorganisation bzw. Güte- und Überwachungsgemeinschaft zur Erlangung der Fachbetriebsqualifikation dieses überprüft wird. Das Vorhandensein einer nicht fachlich qualifizierten bvP stellt ein KO-Kriterium für das Unternehmen dar, das die WHG-Fachbetriebsqualifikation zur Ausführung von Tätigkeiten an Anlagen zum Umgang mit wassergefährdenden Stoffen gesetzlich benötigt.

Als bvP kann ein Betriebsangehöriger oder ein Betriebsfremder bestellt werden. Das Gesetz macht dazu keine Aussage, so dass grundsätzlich auch ein Externer als bvP bestellt werden kann. Sichergestellt sein muss, dass er Kenntnis über alle fachbetriebsrelevanten Tätigkeiten des Betriebes hat. Das ginge jedoch nur, wenn es dann zusätzlich im Betrieb eine Person gibt, die sich mit den Regeln und Anforderungen der AwSV auskennt. Sinnvoll und zweckmäßig ist jedoch ein Betriebsangehöriger, da er die innerbetrieblichen Abläufe kennt. Mit einem externen bvP wäre also nichts gewonnen.

5.1.3 LAWA-Merkblatt Aufgaben der betrieblich verantwortlichen Person

Der Betrieb muss für die fachbetriebspflichtigen Tätigkeiten eine betrieblich verantwortliche Person benennen, die in geeigneter Funktion mit Weisungsbefugnis tätig ist.

Die Aufgaben dieser Person erstrecken sich auf:

- die Erkennung der Relevanz der konkreten Tätigkeiten für die Sicherheit der Anlage im Sinne des Gewässerschutzes und die Sicherstellung der notwendigen Anforderungen der §§ 62 und 63 WHG sowie der AwSV,
- die Sicherstellung, dass nur Personen eingesetzt werden, die aufgrund ihrer fachlichen Ausbildung, ihrer Spezialkenntnisse und entsprechenden Fähigkeiten sowie Erfahrung mit den konkreten Tätigkeiten die übertragenen Arbeiten ordnungsgemäß durchführen und die erforderliche Sorgfalt insbesondere gemäß § 5 WHG walten lassen,
- die Erstellung erforderlicher schriftlicher Arbeitsanweisungen,
- die regelmäßige und sachgerechte Unterweisung des eingesetzten Personals,
- die Verfügung über und die Verwendung der erforderlichen Geräte, Hilfsmittel und Ausrüstungen,
- die Sicherstellung, dass das eingesetzte Personal an regelmäßigen Fortbildungsveranstaltungen teilnimmt,
- die Sicherstellung, dass die im Betrieb verfügbaren anzuwendenden Regelwerke und Vorschriften sowie die erforderlichen bauaufsichtlichen Verwendbarkeitsnachweise der verwendeten Bauprodukte, Bauarten oder Bausätze aktuell sind.

Bei einer nicht betriebsangehörigen bvP kann ein Dienstvertrag nach §§ 611 ff. BGB, ein Werkvertrag nach §§ 631 ff. BGB oder ein Geschäftsbesorgungsvertrag gemäß § 675 BGB vorgenommen werden.

Die Funktion und die Aufgaben der bvP können auch von einem gemäß § 66 WHG bestellten Gewässerschutzbeauftragten, einem gemäß § 53 BImSchG bestellten Immissionsschutzbeauftragten oder ein nach § 59 KrWG bestellten Abfallbeauftragten übernommen werden. Dabei ist sicherzustellen, dass dieser fachlich in der Lage ist, die Aufgaben zu erfüllen und dass die Person nicht überfordert wird.

Folgende Punkte, die im Bundesimmissionsschutzgesetz für den Immissionsschutzbeauftragten geregelt sind, wie

- Stellungnahme zu Entscheidungen des Arbeitgebers bzw. Betreibers,
- Berichtspflichten,
- unmittelbares Vortragsrecht beim Arbeitgeber bzw. Betreiber,
- Benachteiligungsverbot,
- Kündigungsschutz,

sind für die bvP in der AwSV nicht festgelegt worden.

3.3 Sach- und Fachkundige

Weder nach dem Chemikaliengesetz [12] noch nach der Gefahrstoffverordnung [11] wird gefordert, dass ein Unternehmen, in dem mit Gefahrstoffen umgegangen wird, mindestens eine Person vorzusehen ist, die für den sorgsamen Umgang mit den Gefahrstoffen hinsichtlich Umwelt und Gesundheit der Mitarbeiter verantwortlich ist. Das Gefahrstoffrecht hat keine hervorgehobene Position für einen Beauftragten vorgesehen, wie es u. a. im Immissionsschutzrecht, Wasserrecht oder Abfallrecht geregelt ist. Es fragt sich an dieser Stelle, warum der Gesetzgeber für diesen großen Bereich des Umgangs mit Gefahrstoffen keinen zu bestellenden Beauftragten etabliert hat. Gefahrstoffe haben nicht nur Einfluss auf die Umwelt, sondern insbesondere auf die Gesundheit der Menschen, die im Rahmen der von ihnen auszuführenden Tätigkeiten mit diesen Gefahrstoffen umgehen und umzugehen haben. Gefahrstoffe und Arbeitsschutz sind ein untrennbares Paar!

Vielmehr ist alles Arbeitgeber- und Betreiberverantwortung. Arbeitgeber und Betreiber haben im Rahmen einer Gefährdungsbeurteilung als Bestandteil der Beurteilung der Arbeitsbedingungen nach § 5 Arbeitsschutzgesetz [13] festzustellen, ob die Beschäftigten Tätigkeiten mit Gefahrstoffen ausüben oder ob bei Tätigkeiten Gefahrstoffe entstehen oder freigesetzt werden können. Wenn dies der Fall ist, so hat er alle hiervon ausgehenden Gefährdungen der Gesundheit und Sicherheit der Beschäftigten zu beurteilen und Maßnahmen abzuleiten sowie durchzusetzen.

In diesem Zusammenhang haben Arbeitgeber und Betreiber zu entscheiden, wie sie zu den erforderlichen Informationen kommen und wie sie die notwendigen Maßnahmen treffen. Sie müssen allerdings sicherstellen, dass die sie beratenden Personen die nötige Sach- und/oder Fachkunde haben. Diese Personen können Mitarbeiter des Unternehmens, aber auch externe Personen sein, die vertraglich gebunden sind.

Was die vertraglich Gebundenen zu machen haben, entscheidet der Arbeitgeber bzw. Betreiber über das Leistungsverzeichnis des Auftrags. Hier beginnt oft schon das Problem, da der Arbeitgeber bzw. Betreiber nicht den Umfang der gesetzlichen Anforderungen kennt.

Die Gefahrstoffverordnung [11] verlangt gemäß § 6 Abs. 11 vom Arbeitgeber, dass **Gefährdungsbeurteilungen nur von fachkundigen Personen durchgeführt** werden dürfen. Und sofern der Arbeitgeber nicht selbst über die entsprechenden Kenntnisse verfügt, hat er sich fachkundig beraten zu lassen.

Bei der Frage, wer fachkundig ist, bleibt der Gesetzgeber weitgehend im Ungefähren. Er legt nur fest, dass insbesondere die Fachkraft für Arbeitssicherheit (FaSi) und der Betriebsarzt fachkundig sein können.

In Unternehmen mit firmeneigener FaSi und/oder Betriebsarzt sind die Voraussetzungen damit weitgehend gegeben, um die gesetzlichen Anforderungen an den Umgang mit Gefahrstoffen realisieren zu können. In der Regel haben Unternehmen zwar eine firmeneigene FaSi, aber keinen firmeneigenen Betriebsarzt. In der Praxis zeigt sich aber, dass eine FaSi bei dem ohnehin weiten Spektrum ihres Aufgabengebietes die stoffrelevanten Fragestellungen nicht automatisch mitabdeckt.

In den Situationen, in denen weder eine FaSi noch ein Betriebsarzt im Unternehmen vorhanden ist, ist die Umsetzung der gesetzlichen Anforderungen in der Regel notleidend. Und je kleiner die Unternehmen sind, umso notleidender ist die Umsetzung der gesetzlichen Anforderungen.

Auch eine Beauftragung eines Büros für Arbeitssicherheit deckt dieses Aufgabenfeld nicht automatisch mit ab. Hier kommt es entscheidend darauf an, wie konkret das Leistungsverzeichnis im Auftrag gestaltet ist. Und das liegt in der Verantwortung des Arbeitgebers bzw. Betreibers. Ein pauschaler Beratungsauftrag an ein Büro für Arbeitssicherheit ist oftmals nicht die Lösung, da viele Büros für Arbeitssicherheit nicht über qualifiziertes Personal im Bereich „Gefahrstoffe“ verfügen.

Da die Sach- und Fachkundigen ausschließlich beratende Funktion haben, liegen automatisch die **Ordnungswidrigkeiten** beim Arbeitgeber bzw. dem Betreiber, wenn er keine oder ungenügende Gefährdungsbeurteilungen, Unterweisungen und Maßnahmen durchführt und regelmäßig aktualisiert. Welche Konsequenzen es für die Sach- und Fachkundigen dann hat, hängt im Einzelfall vom Arbeitgeber bzw. dem Betreiber ab.

Die Sach- und Fachkundigen können jedoch **strafrechtlich** betroffen sein, wenn sie vorsätzlich falsche Auskünfte und Empfehlungen erteilen.

Bei externen Sach- und Fachkundigen gilt das zuvor Beschriebene und hängt im Einzelfall von den Auftragsbedingungen ab.

3.4 Ordnungswidrigkeiten und Schadensersatzansprüche

Für die Überwachung von und Tätigkeiten an Anlagen ist grundsätzlich der Betreiber bzw. der Arbeitgeber verantwortlich, um betriebsbedingte Schäden für Mensch und Umwelt zu vermeiden. Das im Gesetz über Ordnungswidrigkeiten (OWiG) geregelte Verfahren kann sich sowohl gegen das Unternehmen als auch gegen den Inhaber oder Geschäftsführer oder den direkt verantwortlichen Mitarbeiter richten. Im Gegensatz zum Strafverfahren hat die Behörde einen Ermessensspielraum bei der Entscheidung, ob das öffentliche Interesse im jeweiligen Fall die Einleitung eines Verfahrens erfordert. Voraussetzung für die Verhängung eines Bußgeldes ist das persönliche Verschulden, also der Vorwurf fahrlässig oder vorsätzlich rechtswidrigen Handelns, wobei Handeln ein Tun oder ein Unterlassen darstellen kann.

So regelt das **Ordnungswidrigkeitengesetz (OWiG)** in § 130:

§ 130 OWiG Verletzung der Aufsichtspflicht

(1) Wer als Inhaber eines Betriebes oder Unternehmens vorsätzlich oder fahrlässig die Aufsichtsmaßnahmen unterläßt, die erforderlich sind, um in dem Betrieb oder Unternehmen Zuwiderhandlungen gegen Pflichten zu verhindern, die den Inhaber treffen und deren Verletzung mit Strafe oder Geldbuße bedroht ist, handelt ordnungswidrig, wenn eine solche Zuwiderhandlung begangen wird, die durch gehörige Aufsicht verhindert oder wesentlich erschwert worden wäre. **Zu den erforderlichen Aufsichtsmaßnahmen gehören auch die Bestellung, sorgfältige Auswahl und Überwachung von Aufsichtspersonen.**

Dabei ist zu beachten, dass die Unternehmensführung (Inhaber, Geschäftsführer, Vorstand) die Organisationspflichten nicht vollständig auf einen Mitarbeiter delegieren kann. Eine Überwachungspflicht verbleibt immer beim Leitungsorgan.

Die Geldbuße kann, wenn die erforderlichen Aufsichtsmaßnahmen – wie die ordnungsgemäße Bestellung, sorgfältige Auswahl, Anleitung und Überwachung von Aufsichtspersonen – nicht erfolgt sind, bis zu 1 Mio. Euro betragen, wenn die Pflichtverletzung mit Strafe bedroht ist. Ein Bußgeld kann allein wegen fehlender oder nicht funktionierender betrieblicher Kontrollmechanismen gegen die Geschäftsleitung verhängt werden, ohne dass diese von der Fehlhandlung eines Mitarbeiters auch nur Kenntnis gehabt hätte.

Aus dem hohen Bußgeldrahmen wird deutlich, welche große Bedeutung der Gesetzgeber einer funktionierenden Organisation im Unternehmen als Garant für die Minimierung von Rechtsverstößen aller Art beimisst. Dabei ist auch zu beachten, dass zu den erforderlichen Aufsichtsmaßnahmen auch die ordnungsgemäße Bestellung, sorgfältige Auswahl und Überwachung von Aufsichtspersonen gehört. Ein erheblicher Teil von Störfällen und sonstigen Umweltbeeinträchtigungen erfolgt, weil ungeeignete Personen mit der Tätigkeiten oder der Überwachung von Anlagen beauftragt waren, oder Mitarbeiter nicht genügend angeleitet oder überwacht wurden. Dies gilt nicht nur für die Unterweisungen bei der Einstellung, sondern auch für die regelmäßige Fortbildung. Der Nachweis einer ordnungsgemäßen Organisation ist nur über eine entsprechende Dokumentation möglich.

Auch wenn am Ende immer der Betreiber oder Arbeitgeber in der Verantwortung ist, so schützt dies die Beauftragten nicht davor, selbst und direkt in Anspruch genommen zu werden. So heißt es in **§ 9 OWiG „Handeln für einen anderen“**:

(2) Ist jemand von dem Inhaber eines Betriebes oder einem sonst dazu Befugten

1. beauftragt, den Betrieb ganz oder zum Teil zu leiten, oder
2. ausdrücklich beauftragt, in eigener Verantwortung Aufgaben wahrzunehmen, die dem Inhaber des Betriebes obliegen,
   und handelt er auf Grund dieses Auftrages, so ist ein Gesetz, nach dem besondere persönliche Merkmale die Möglichkeit der Ahndung begründen, auch auf den Beauftragten anzuwenden, wenn diese Merkmale zwar nicht bei ihm aber bei dem Inhaber des Betriebes vorliegen. …

Vor diesem Hintergrund lohnt sich der mit der Einführung und Aufrechterhaltung einer ordnungsgemäßen Organisation verbundene Aufwand. Die Dokumentation z.B. durch ein Organigramm, eine Beschreibung der Aufbau- und/oder Ablauforganisation einschließlich Stellenbeschreibungen, die ordnungsgemäße, schriftliche Delegation von Verantwortung, der Nachweis laufender Schulungen/Unterweisungen bieten die beste Grundlage zur Vermeidung einer persönlichen straf- oder bußgeldrechtlichen Haftung.

Auch das **Wasserhaushaltsgesetz (WHG)** definiert in § 89 Ordnungswidrigkeiten, die zu Sanktionen führen.

§ 89 WHG Haftung für Änderungen der Wasserbeschaffenheit

(1) Wer in ein Gewässer Stoffe einbringt oder einleitet oder wer in anderer Weise auf ein Gewässer einwirkt und dadurch die Wasserbeschaffenheit nachteilig verändert, ist zum Ersatz des daraus einem anderen entstehenden Schadens verpflichtet. Haben mehrere auf das Gewässer eingewirkt, so haften sie als Gesamtschuldner.

(2) Gelangen aus einer Anlage, die bestimmt ist, Stoffe herzustellen, zu verarbeiten, zu lagern, abzulagern, zu befördern oder wegzuleiten, derartige Stoffe in ein Gewässer, ohne in dieses eingebracht oder eingeleitet zu sein, und wird dadurch die Wasserbeschaffenheit nachteilig verändert, so ist der

Betreiber der Anlage zum Ersatz des daraus einem anderen entstehenden Schadens verpflichtet. Absatz 1 Satz 2 gilt entsprechend. Die Ersatzpflicht tritt nicht ein, wenn der Schaden durch höhere Gewalt verursacht wird.

Und in der Anlagenverordnung zum Umgang mit wassergefährdenden Stoffen (AwSV) werden ebenfalls Ordnungswidrigkeiten in § 65 Nr. 25 iVm. § 103 Abs. 1 Satz 1 Nr. 3a WHG definiert, und zwar:

> *Ordnungswidrig handelt, wer vorsätzlich oder fahrlässig entgegen § 45 Abs. 1 AwSV eine Anlage errichtet, reinigt, instandsetzt oder stilllegt.*

Das bedeutet im Klartext, dass die fachbetriebspflichtigen Tätigkeiten an den in Frage kommenden Anlagen eindeutig in einem gültigen Zertifikat über die WHG-Fachbetriebsqualifikation ausgewiesen sein müssen. Die Bußgelder können bis zu 50.000 Euro betragen.

Das Ordnungswidrigkeitsverfahren kann sich dabei gegen das Unternehmen, den Inhaber oder Geschäftsführer oder den direkt verantwortlichen Mitarbeiter richten.

Für den Arbeitgeber bzw. den Betreiber liegt **keine Ordnungswidrigkeit** vor, wenn er keine bvP bestellt. Allerdings kann er dann kein Zertifikat als WHG-Fachbetrieb erwirken (**Kap. 4**), da die Bestellung eine Voraussetzung für die Zertifizierung ist.

Eine **Ordnungswidrigkeit beim Betreiber** einer Anlage zum Umgang mit wassergefährdenden Stoffen liegt jedoch vor, wenn er

- entgegen § 44 Abs. 1 AwSV eine Betriebsanweisung nicht vorhält,
- entgegen § 44 Abs. 2 AwSV das Betriebspersonal nicht oder nicht rechtzeitig unterweist,
- entgegen § 44 Abs. 4 AwSV ein Merkblatt nicht, nicht in der vorgeschriebenen Weise oder nicht für die vorgeschriebene Dauer anbringt,
- entgegen § 45 Abs. 1 eine Anlage errichtet, reinigt, instand setzt oder stilllegt,
- entgegen § 46 Absatz 2, Absatz 3 oder Absatz 5 eine Anlage nicht oder nicht rechtzeitig prüfen lässt,
- einer vollziehbaren Anordnung nach § 46 Absatz 4 zuwiderhandelt,
- entgegen § 47 Absatz 1 eine Prüfung durchführt,
- entgegen § 47 Absatz 3 Satz 1 einen Prüfbericht nicht oder nicht rechtzeitig vorlegt,
- entgegen § 48 Absatz 1 Satz 1 oder Satz 2 einen Mangel nicht, nicht richtig, nicht in der vorgeschriebenen Weise oder nicht rechtzeitig beseitigt,
- entgegen § 48 Absatz 2 Satz 1 eine Anlage nicht oder nicht rechtzeitig außer Betrieb nimmt oder nicht oder nicht rechtzeitig entleert,
- entgegen § 48 Absatz 2 Satz 2 eine Anlage wieder in Betrieb nimmt,

- entgegen § 49 Absatz 1, Absatz 2 Satz 1 oder § 50 Absatz 1 eine dort genannte Anlage errichtet, betreibt oder erweitert oder
- entgegen § 53 Absatz 1 Satz 1 Nummer 2 eine Person als Sachverständigen bestellt.

Diese **Ordnungswidrigkeiten** kommen auch **für die bvP** in Frage, sofern ihr diese Aufgaben mit der Bestellung und der damit verbunden Entscheidungs- und Weisungsbefugnis übertragen wurden. Nicht rechtlich fixiert ist, ob eine **Ordnungswidrigkeit** vorliegt, wenn die bvP gegen die ihr per AwSV automatisch übertragenen Pflichten und Aufgaben (siehe zuvor LAWA-Merkblatt Kap. 5.1.3 [6]) verstößt.

Ein Risiko für eine **Strafbarkeit der bvP** besteht darin, wenn sie die ihr mit der schriftlichen Bestellung übertragenen Aufgaben und Pflichten nicht oder nicht ordnungsgemäß wahrnimmt und dadurch Menschen und/oder Umwelt zu Schaden kommen. So kann es zum Beispiel zu einem Straftatbestand kommen, wenn der bvP der Vollzug von Auflagen übertragen wurden und sie der Aufgabe nicht nachkommt.

Schadensersatzansprüche regelt grundsätzlich § 823 Bürgerliches Gesetzbuch (BGB).

§ 823 BGB Schadensersatzpflicht aus unerlaubter Handlung

(1) Wer vorsätzlich oder fährlässig das Leben, den Körper, die Gesundheit, die Freiheit, das Eigentum oder ein sonstiges Recht eines anderen widerrechtliche verletzt, ist dem anderen zum Ersatz des daraus entstehenden Schadens verpflichtet.

Dazu muss Arbeitgeber/Betreiber ein Verschulden nachgewiesen werden. Ein bewusstes Herbeiführen, also Vorsatz ist nicht zwingend erforderlich. Bereits die Fahrlässigkeit ist grundsätzlich ausreichend, d. h. wenn die „verkehrsübliche Sorgfalt" außer Acht gelassen wurde.

Die Schadensersatzansprüche verbleiben vollumfänglich bei der Geschäftsführung, die letztendlich die Gesamtverantwortung trägt. Die bvP ist nur der „verlängerte Arm" der Geschäftsführung in fachbetriebsrelevanten Angelegenheiten. Schadensersatzansprüche gegen die bvP sind jedoch denkbar, wenn sie weitreichende Entscheidungen trifft, ohne diese vorher mit der Geschäftsführung abzusprechen oder sich ihre Weisungen als falsch und schadensursächlich herausstellen.

Die Entlastung der Geschäftsleitung wird nur beim Nachweis der korrekten betrieblichen Organisation gelingen. D. h., es muss zweifelsfrei nachgewiesen werden können, dass Auswahl, Qualifikation, Anweisung, Schulung sowie Überwachung des verursachenden Mitarbeiters den Anforderungen seines Arbeitsplatzes entsprachen.

Dieses ist nur belastbar mit entsprechender **Dokumentation**, die eine eindeutige und nachvollziehbare Darstellung des Organisationsaufbaus ausweist und aus der der Nachweis einer sorgfältigen Auswahl, Anweisung und Überwachung der Mitarbeiter auf allen Ebenen hervorgeht.

Gelingt das nicht, dann besteht die Haftung aus Gründen eines Organisationsverschuldens, auch wenn keine direkte Beteiligung der Unternehmensleitung an der Schadensverursachung gegeben war.

In diesem Zusammenhang sind noch das **Umwelthaftungsgesetz (UmweltHG)** und das **Umweltschadensgesetz (USchadG)** zu beachten, wonach bei Auftreten von Schäden an der Umwelt zivil- oder strafrechtliche Haftungen für die Betroffenen erwachsen können.

Das **UmweltHG** [25] gilt u. a. gemäß Anhang 1 für Anlagen zum Lagern, Be- und Entladen von Stoffen. Und gemäß § 1 sind Geschädigten entsprechende Schäden zu ersetzen.

§ 1 UmweltHG Anlagenhaftung bei Umwelteinwirkungen
Wird durch die Umwelteinwirkung, die von einer im Anhang 1 des Gesetzes genannten Anlage ausgeht, jemand getötet, sein Körper oder seine Gesundheit verletzt oder eine Sache beschädigt, so ist der Inhaber der Anlage verpflichtet, dem Geschädigten den daraus entstehenden Schaden zu ersetzen.

Da der Geschädigte gemäß § 8 einen Auskunftsanspruch gegenüber dem Inhaber einer Anlage hat, ist der Betreiber der Anlage in der Pflicht, einen Nachweis über den bestimmungsgemäßen Betrieb zu führen, um den Entschädigungsanspruch abzuwehren. Hierfür ist das Vorliegen einer **lückenlosen Betriebsdokumentation** zwingend erforderlich.

Das **USchadG** [26] regelt die Anforderungen für die Sanierung von Schäden an der Umwelt, die durch Unfälle bei beruflichen Tätigkeiten entstanden sind. Jeder, der eine berufliche Tätigkeit ausübt, bei der die Umwelt beeinträchtigt werden kann, ist zur Schadensvermeidung verpflichtet. In Anhang 1 des Gesetzes sind als berufliche Tätigkeiten u. a. aufgeführt:

- Sammlung, Beförderung, Verwertung und Beseitigung von Abfällen,
- Einbringung, Einleitung und sonstige Einträge von Schadstoffen in Oberflächengewässer und Grundwasser,
- Herstellung, Verwendung, Lagerung, Verarbeitung, Abfüllen, Freisetzung in die Umwelt und innerbetriebliche Beförderung von Gefahrstoffen.

In jedem Fall ist der **Betreiber**, dessen Anlagen einen Umweltschaden oder die unmittelbare Gefahr eines solchen Schadens verursacht haben, dafür **direkt** verantwortlich.

4 Betrieblich verantwortliche Person (bvP) für den Umgang mit wassergefährdenden Stoffen

4.1 WHG-Fachbetriebe und Gewässerschutzbeauftragte

Betreiber von Anlagen zum Umgang mit wassergefährdenden Stoffen oder Unternehmen (**Fachbetriebe** gemäß § 62 Abs. 4 WHG), die Anlagen zum Umgang mit wassergefährdenden Stoffen errichten, instandhalten, instandsetzen oder stilllegen, erzeugen in der Regel kein Abwasser, so dass sie nicht verpflichtet sind, Gewässerschutzbeauftragte zu bestellen. Hierzu sind gemäß § 64 Abs. 1 Wasserhaushaltsgesetz [1] nur Anlagenbetreiber verpflichtet, einen oder mehrere Gewässerschutzbeauftragte zu bestellen, wenn sie mehr als 750 m^3/Tag Abwasser erzeugen und in ein Gewässer (Direkteinleiter) bzw. eine Abwasseranlage (Indirekteinleiter) einleiten und damit zum Gewässerbenutzer werden. Wenn ein Gewässerschutzbeauftragter zu bestellen ist, kann er gemäß § 64 Abs. 2 Punkt 3 auch die Aufgaben des bvP durch die zuständige Behörde übertragen bekommen, wenn es sich beim Betreiber um Anlagen zum Umgang mit wassergefährdenden Stoffen handelt.

§ 64 WHG Bestellung von Gewässerschutzbeauftragten

(1) Gewässerbenutzer, die an einem Tag mehr als 750 Kubikmeter Abwasser einleiten dürfen, haben unverzüglich einen oder mehrere Betriebsbeauftragte für Gewässerschutz (Gewässerschutzbeauftragte) zu bestellen.

(2) Die zuständige Behörde kann anordnen, dass

1. die Einleiter von Abwasser in Gewässer, für die eine Pflicht zur Bestellung von Gewässerschutzbeauftragten nach Absatz 1 nicht besteht,
2. die Einleiter von Abwasser in Abwasseranlagen,
3. **die Betreiber von Anlagen nach § 62 Absatz 1,**
4. die Betreiber von Rohrleitungsanlagen nach Nummer 19.3 der Anlage 1 des Gesetzes über die Umweltverträglichkeitsprüfung

einen oder mehrere Gewässerschutzbeauftragte zu bestellen haben.

4.2 Gesetzliche Grundlage für die betrieblich verantwortliche Person

Für den anlagenbezogenen Umgang mit wassergefährdenden Stoffen ist der § 62 WHG maßgebend. Er definiert in Absatz 1 zunächst, welche Anlagen zu betrachten sind, nämlich Anlagen zum

- **L**agern,
- **A**bfüllen,
- **U**mschlagen,

} **LAU**-Anlagen

- **H**erstellen,
- **B**ehandeln
- **V**erwenden,

} **HBV**-Anlagen

sowie Rohrleitungsanlagen, die den Bereich eines Werksgeländes nicht überschreiten oder zu einer Anlage gehören bzw. Anlagen verbinden. Auch für die Anlagen zum Verwenden von wassergefährdenden Stoffen ist eine Einschränkung definiert. Hier sind die privat betriebenen Anlagen ausgenommen.

§ 62 WHG Anforderungen an den Umgang mit wassergefährdenden Stoffen

(1) Anlagen zum Lagern, Abfüllen, Herstellen und Behandeln wassergefährdender Stoffe sowie Anlagen zum Verwenden wassergefährdender Stoffe im Bereich der gewerblichen Wirtschaft und im Bereich öffentlicher Einrichtungen müssen so beschaffen sein und so errichtet, unterhalten, betrieben und stillgelegt werden, dass eine nachteilige Veränderung der Eigenschaften von Gewässern nicht zu besorgen ist. Das Gleiche gilt für Rohrleitungsanlagen, die

1. den Bereich eines Werksgeländes nicht überschreiten,
2. Zubehör einer Anlage zum Umgang mit wassergefährdenden Stoffen sind oder
3. Anlagen verbinden, die in einem engen räumlichen und betrieblichen Zusammenhang miteinander stehen.

Für Anlagen zum Umschlagen wassergefährdender Stoffe sowie zum Lagern und Abfüllen von Jauche, Gülle und Silagesickersäften sowie von vergleichbaren in der Landwirtschaft anfallenden Stoffen gilt Satz 1 entsprechend mit der Maßgabe, dass der bestmögliche Schutz der Gewässer vor nachteiligen Veränderungen ihrer Eigenschaften erreicht wird.

Weiter definiert das WHG bestimmte Tätigkeiten an diesen Anlagen, nämlich das Errichten, Unterhalten[2], Betreiben und Stilllegen.

Diese Tätigkeiten werden von gewerblichen Unternehmungen durchgeführt. Durch eine Rechtsverordnung gemäß § 62 Abs. 4 WHG ist festgelegt, dass für die aufgeführten Tätigkeiten an diesen Anlagen die gewerblichen Unternehmungen **Fachbetriebe** (§ 62 Abs. 4 Punkt 7 WHG) sein müssen.

2 Gemäß AwSV ist „Instandhalten" das Aufrechterhalten des ordnungsgemäßen Zustands einer Anlage. Es impliziert auch das „Instandsetzen", das Wiederherstellen dieses Zustands.

§ 62 WHG Anforderungen an den Umgang mit wassergefährdenden Stoffen

(4) Durch Rechtsverordnung nach § 23 Absatz 1 Nummer 5 bis 11 können nähere Regelungen erlassen werden über

3. Anforderungen an die Beschaffenheit und Lage von Anlagen nach Absatz 1,
4. technische Regeln, die den allgemein anerkannten Regeln der Technik entsprechen,
5. Pflichten bei der Planung, der Errichtung, dem Betrieb, dem Befüllen, dem Entleeren, der Instandhaltung, der Instandsetzung, der Überwachung, der Überprüfung, der Reinigung, der Stilllegung und der Änderung von Anlagen nach Absatz 1 sowie Pflichten beim Austreten wassergefährdender Stoffe aus derartigen Anlagen; in der Rechtsverordnung kann die Durchführung bestimmter Tätigkeiten Sachverständigen oder Fachbetrieben vorbehalten werden,
6. Befugnisse der zuständigen Behörde, im Einzelfall Anforderungen an Anlagen nach Absatz 1 festzulegen und den Betreibern solcher Anlagen bestimmte Maßnahmen aufzuerlegen,
7. Anforderungen an Sachverständige und Sachverständigenorganisationen sowie an **Fachbetriebe** und Güte- und Überwachungsgemeinschaften.

Die Einzelheiten sind in der Anlagen-Verordnung (§ 62 Abs. 2 AwSV)[3] von 2017 [2] definiert und in dem Merkblatt der LAWA[4] [6] weiter präzisiert worden.

§ 62 AwSV Fachbetriebe; Zertifizierung von Fachbetrieben

(2) Eine Sachverständigenorganisation oder eine Güte- und Überwachungsgemeinschaft darf einen Betrieb nur als **Fachbetrieb** zertifizieren, wenn dieser Betrieb

1. über die Geräte und Ausrüstungsteile verfügt, durch die die Erfüllung der Anforderungen nach § 62 Absatz 1 und 2 des Wasserhaushaltsgesetzes und dieser Verordnung gewährleistet wird,
2. eine **betrieblich verantwortliche Person** bestellt hat mit
   a. erfolgreich abgeschlossener Meisterprüfung in einem einschlägigen Handwerk, mit erfolgreichem Abschluss eines ingenieurwissenschaftlichen Studiums in einer für die ausgeübte Tätigkeit einschlägigen Fachrichtung oder mit einer geeigneten gleichwertigen Ausbildung,
   b. mindestens zweijähriger Praxis in dem Tätigkeitsgebiet des Fachbetriebs und

3 Für die AwSV ist eine Novellierung in Vorbereitung. Zum Zeitpunkt der Drucklegung dieses Buches ist die Novellierung noch nicht verabschiedet worden.

4 Das Merkblatt befindet sich in der Überarbeitung und ist zum Zeitpunkt der Drucklegung dieses Buches noch nicht verabschiedet worden.

c. ausreichenden Kenntnissen in den in Satz 2 genannten Bereichen, die in einer Prüfung nachgewiesen wurden,
3. nur Personal einsetzt, das über die erforderlichen Fähigkeiten für die vorgesehenen Tätigkeiten verfügt, beispielsweise auch an Schulungen von Herstellern zu einzusetzenden Produkten teilgenommen hat, und
4. Arbeitsbedingungen schafft, die eine ordnungsgemäße Ausführung der Tätigkeiten gewährleisten.

Die Kenntnisse nach Satz 1 Nummer 2 Buchstabe c müssen Folgendes umfassen:

1. Aufbau und Funktionsweise der Anlagen sowie deren Gefährdungspotenzial,
2. Eigenschaften der Stoffe, mit denen in den Anlagen umgegangen wird, insbesondere hinsichtlich ihrer Wassergefährdung,
3. maßgebliche Vorschriften des Wasser-, Bau-, Betriebssicherheits-, Immissionsschutz- und Abfallrechts und
4. Anforderungen an das Verarbeiten von bestimmten Bauprodukten und Anlagenteilen.

(3) Die Sachverständigenorganisation oder die Güte- und Überwachungsgemeinschaft stellt nach abgeschlossener Zertifizierung eine Urkunde über die Zertifizierung aus. Die Urkunde muss folgende Angaben enthalten:

1. Name und Anschrift des Fachbetriebs,
2. Name und Anschrift der Sachverständigenorganisation oder der Güte- und Überwachungsgemeinschaft, die den Betrieb zertifiziert hat,
3. eine Beschreibung des Tätigkeitsbereichs des Fachbetriebs sowie
4. die Geltungsdauer der Zertifizierung.

Um an Anlagen zum Umgang mit wassergefährdenden Stoffen bestimmte Tätigkeiten, die zuvor aufgezählt wurden, ausführen zu dürfen, ist zunächst zu klären, wie man Fachbetrieb werden kann. Die Fachbetriebsqualifikation ist gebunden an folgende Voraussetzungen:

- Zertifizierung durch eine Sachverständigenorganisation oder Güte- und Überwachungsgemeinschaft,
- **Bestellung einer betrieblich verantwortlichen Person (bvP),**
- Ausreichende und besondere Fachkenntnisse, um die sicherheitstechnischen Arbeiten an den Anlagen durchführen zu können,
- Verfügbarkeit über die geeigneten Gerätschaften und technischen Ausrüstungen,
- fachkundiges Personal mit den erforderlichen handwerklichen Fähigkeiten,
- Organisation von Arbeitsbedingungen zur ordnungsgemäßen Ausführung der Tätigkeiten unter Beachtung der Gewährleistung der geltenden Arbeitsschutz-bedingungen.

Die Bestellung der bvP hat durch die Geschäftsleitung des Fachbetriebs schriftlich zu erfolgen und muss auch eine Weisungsbefugnis enthalten, damit die bvP auch ihre Aufgaben und Pflichten wahrnehmen kann. Weiter muss die Bestellung auch die Anlagenarten und die Tätigkeitsbereiche eindeutig definieren. So kann eine bvP für den gesamten anlagenbezogenen Umgang mit wassergefährdenden Stoffen des Betriebes verantwortlich sein oder z. B. nur für den Servicebereich (also für instandhalten, instandsetzen, reinigen) oder nur für den Herstellungsbereich (also für herstellen, errichten, umbauen).

Ein Fehlen dieser Bestellung mit Weisungsbefugnis stellt für eine erfolgreiche Zertifizierung ein KO-Kriterium dar! Auch wenn der Fachbetrieb durch Weggang der bvP nicht zeitnah eine neue bvP bestellt, verliert das Unternehmen seine WHG-Fachbetriebsqualifikation (KO-Kriterium).

Der Inhalt der Bestellung findet auch seinen Niederschlag im Zertifikat des WHG-Fachbetriebs. Denn wenn die bvP z. B. nur für den Servicebereich zuständig ist, dann kann die Fachbetriebsqualifikation auf dem Zertifikat nicht für das Errichten von Anlagen zum Umgang mit wassergefährdenden Stoffen ausgewiesen werden. Weiter bedeutet das auch, wenn die bvP für den gesamten WHG-relevanten Teil verantwortlich ist, dass sie über alle Projekte informiert sein muss (siehe **Kap. 4.5**).

Eine Bestellung kann z. B. wie folgt aussehen:

Hiermit bestellen wir

Herrn/Frau ...

mit Wirkung vom tt.mm.jjjj zur ***betrieblich verantwortlichen Person (bvP) gemäß*** *Wasserhaushaltsgesetzt.*

Gleichzeitig erteilen wir die Weisungsbefugnis zur Erfüllung ihrer/seiner Aufgaben als bvP im Rahmen ihres/seines Zuständigkeitsbereiches (siehe Funktionsbeschreibung im Anstellungsvertrag) im Rahmen der Durchführungsbestimmungen der Güte- und Überwachungsgemeinschaft xxxxxxx gegenüber allen Mitarbeitern, soweit es sich um gewässerschutzrelevante Tätigkeiten handelt.

Der Verantwortungsbereich erstreckt sich auf

– den gesamten Bereich ☐
– den folgenden Standort des Betriebes ☐
– alle Tätigkeitsbereiche ☐
– folgenden Tätigkeitsbereich ☐

____

Ort, Datum *Unterschrift des Geschäftsführers*

4.3 Anforderungen an die betrieblich verantwortliche Person

An die bvP werden gemäß § 62 Abs. 2 AwSV (siehe auch Anlage 9 in [6]) eine Reihe von Anforderungen bzw. Voraussetzungen gestellt. Dazu gehören:

- Ausbildung als Meister in einem einschlägigen Handwerk

oder

- Ingenieurabschluss in einem einschlägigen Fachgebiet

oder

- geeignete gleichwertige Ausbildung.

Die Akzeptanz einer geeigneten, gleichwertigen Ausbildung liegt im Ermessen der zertifizierenden Sachverständigenorganisation bzw. der Güte- und Überwachungsgemeinschaft. Als gleichwertig kann die Qualifizierung zum Techniker mit langjähriger Praxiserfahrung oder eine langjährige Praxiserfahrung in dem einschlägigen Handwerk in verantwortungsvoller Position angesehen werden. Alle Voraussetzungen sind mit belastbaren Dokumenten wie Lebenslauf, Zeugnisse von Ausbildungsinstitutionen und Arbeitgebern etc. nachzuweisen.

Die praktische Erfahrung der bvP in dem ihr per Bestellung zugewiesenen Aufgabenbereich muss wenigstens 2 Jahre betragen.

Wenn diese formalen Voraussetzungen gegeben sind, dann hat die bvP ihre Kenntnisse in einem sog. **Grundseminar mit Sachkundeprüfung** nachzuweisen. Diese Grundseminare werden von den Sachverständigenorganisationen und den Güte- und Überwachungsgemeinschaften angeboten.

Ein Fehlen des Nachweises eines Grundseminars mit erfolgreicher Sachkundeprüfung bedeutet, dass keine bvP bestellt werden kann und stellt somit für eine erfolgreiche Zertifizierung ein KO-Kriterium dar!

Die bvP muss gemäß § 62 AwSV über allgemeine und grundlegende Kenntnisse auf dem Gebiet des Wasserrechts einschließlich des entsprechenden technischen Regelwerks sowie benachbarter Rechtsbereiche wie Bau-, Betriebssicherheits-, Immissionsschutz- und Abfallrecht verfügen. Weiter sind ausreichende technische Kenntnisse über

- Aufbau und Funktionsweise der Anlagen, deren Sicherheitstechnik und Gefährdungspotenzial,
- Anforderungen an das Verarbeiten der verwendeten Bauprodukte und Anlagenteile

und

- Eigenschaften der wassergefährdenden Stoffe, mit denen in den Anlagen umgegangen wird und deren Auswirkungen auf Gewässer

erforderlich.

Der Nachweis ist über Bescheinigungen von Fortbildungsveranstaltungen, Lehrgängen oder Schulungen sowie erfolgreich absolvierter Prüfungen zu führen.

4.4 Pflichten und Aufgaben der betrieblich verantwortlichen Person

Die bvP berät primär in Angelegenheiten, die für den Gewässerschutz bedeutsam sein können. Somit können auch Fragen aus dem Stoffrecht, Bodenschutzrecht, Immissionsschutzrecht, Pflanzenschutzrecht und Düngemittelrecht Beratungsgegenstand sein.

Die bvP nimmt auch Kontroll- und Überwachungsfunktionen wahr. Sie ist berechtigt und auch verpflichtet, die Einhaltung von Vorschriften, Nebenbestimmungen und Anordnungen im Interesse des Gewässerschutzes zu überwachen. Dazu zählen auch alle mittelbar dem Gewässerschutz dienenden Vorschriften, wie z. B. das Stoffrecht, das Immissionsschutzrecht oder das Abfallrecht. Werden Mängel festgestellt, sind diese dem Arbeitgeber mitzuteilen sowie Maßnahmen zu Ihrer Beseitigung vorzuschlagen. So können die Mängel abgestellt und Fehlentwicklungen abgewendet werden.

Die Aufgaben der bvP ergeben sich aus den Anforderungen für eine erfolgreiche Zertifizierung und Überwachung als WHG-Fachbetrieb (Anlage 9 in [6]). Die Pflichten und Aufgaben der bvP erstrecken sich somit auf:

- Erkennen der Relevanz der konkreten Tätigkeiten für die Sicherheit der Anlage im Sinne des Gewässerschutzes und die Sicherstellung der notwendigen Anforderungen der §§ 62 und 63 WHG sowie der AwSV,
- Erstellung und Aktualisierung erforderlicher schriftlicher Betriebs- oder Arbeitsanweisungen und Gefährdungsbeurteilungen,
- Verfügung über und die Verwendung von erforderlichen Geräten, Hilfsmitteln und Ausrüstungen (Gewährleistung der Vollständigkeit, Funktionstüchtigkeit und regelmäßiger Prüfung gemäß § 3 Betriebssicherheitsverordnung [10]),
- regelmäßige und sachgerechte Unterweisung des für WHG-relevante Arbeiten eingesetzten Personals,
- Sicherstellung, dass das eingesetzte Personal an regelmäßigen Fortbildungsveranstaltungen teilnimmt, d. h. Mitwirkung beim Erstellen des jährlichen Fortbildungsplans und Überwachung der Realisierung sowie der Umsetzung der gewonnenen Kenntnisse im Unternehmen,
- Sicherstellung, dass nur Personen eingesetzt werden, die aufgrund ihrer fachlichen Ausbildung, ihrer Spezialkenntnisse und entsprechenden Fähigkeiten sowie ihren Erfahrungen mit den konkreten Tätigkeiten die übertragenen Arbeiten ordnungsgemäß durchführen und die erforderliche Sorgfalt insbesondere gemäß § 5 WHG (sog. Jedermannparagraph) walten lassen,

§ 5 WHG Allgemeine Sorgfaltspflichten

(1) Jede Person ist verpflichtet, bei Maßnahmen, mit denen Einwirkungen auf ein Gewässer verbunden sein können, die nach den Umständen erforderliche Sorgfalt anzuwenden, um

1. eine nachteilige Veränderung der Gewässereigenschaften zu vermeiden,
2. (...)

- Sicherstellung, dass die im Betrieb anzuwendenden Regelwerke und Vorschriften sowie die erforderlichen bauaufsichtlichen Verwendbarkeitsnachweise der verwendeten Bauprodukte, Bauarten oder Bausätze verfügbar und aktuell sind.

Weiter gehören zu den Aufgaben und Pflichten:

- Kontaktpflege zur Zertifizierungsinstitution und zu Fachbehörden,
- Vorbereitung und Koordination der Überwachungsprüfungen,
- innerbetriebliche Organisation hinsichtlich Gewässerschutz,
- Berichterstattung gegenüber der Geschäftsleitung,
- Überwachung der ausführenden Mitarbeiter, so weit wie möglich; ggf. Beauftragte vor Ort einsetzen,
- Koordination der Aufsicht bei Zusammenarbeit mit Subunternehmern, die WHG-relevante Arbeiten durchführen,
- Organisation und Durchführung von Baustellenbegehungen,
- Wahrnehmung der persönlichen Weiterbildung in Fragen des Gewässerschutzes, insbesondere der **mindestens zweijährlichen Fortbildungsverpflichtung** gemäß - 63 AwSV.

§ 63 AwSV Pflichten der Fachbetriebe

(1) Der Fachbetrieb hat sicherzustellen, dass die betrieblich verantwortliche Person mindestens alle zwei Jahre sowie das eingesetzte Personal regelmäßig an Schulungen nach § 61 Absatz 2 oder an anderen gleichwertigen Fortbildungsveranstaltungen teilnimmt.

Ein Fehlen des Nachweises der zweijährlichen Fortbildungsverpflichtung stellt für eine erfolgreiche Zertifizierung ein KO-Kriterium dar!

Die bvP sollte auch im Unternehmen dafür sorgen, dass bei Beendigung eines Auftrags und spätestens mit der Rechnungslegung der Kunde, sprich Betreiber der Anlage, alle erforderlichen Unterlagen wie u. a. Beschreibungen der Anlagen und Anlagenteile, eingesetzte wassergefährdende Stoffe mit Sicherheitsdatenblatt, Dichtigkeitsprüfungsunterlagen, verwendete Materialien erhält, damit der Betreiber seinen Dokumentationspflichten gemäß § 43 AwSV nachkommen kann. Denn nur der ausführende WHG-Fachbetrieb kann den Betreiber in diese Lage versetzen. Außerdem hat der WHG-Fachbetrieb gemäß § 43 Abs. 3 AwSV ein Recht darauf, die Dokumentation einzusehen, wenn er zum Kunden/Betreiber kommt. Insofern ist der Fachbetrieb auch Nutznießer dieses Services.

Führung des Betriebsbuchs

Die Dokumentation dient u.a. dem Nachweis, dass die bvP in dem ihr per Bestellung zugewiesenen Aufgabenbereich **Kenntnis von allen fachbetriebsrelevanten Projekten** und/oder Tätigkeiten hat. Darüber hinaus dient das Betriebsbuch dem Sachverständigen bzw. dem Fachprüfer als belastbare Grundlage für die Überprüfung der Fachbetriebsvoraussetzungen.

Hierzu zählen gemäß LAWA-Merkblatt [6] mindestens folgende Nachweise:

- Fortbestand bzw. Wechsel der benannten bvP,
- Teilnahme an Schulungen, Fortbildungsveranstaltungen, Erfahrungsaustauschen etc.,
- Kenntnisse des Fachbetriebs über die Entwicklung der Fortschreibung der fachbetriebsrelevanten rechtlichen Vorschriften,
- Ergebnisse und Qualitätsbeurteilung von praktischen, vom Fachbetrieb ausgeführten Tätigkeiten,
- durchgeführte Unterweisung/Überwachung der Mitarbeiter,
- Fortbestand bzw. Veränderungen bei der Ausrüstung (Geräteliste).

Dieses ist zweckmäßigerweise in einem **Betriebsbuch** zu dokumentieren, das die bvP führt. Es stellt das belastbare Dokument zum Nachweis einer ordnungsgemäßen und verantwortlichen Wahrnehmung der Pflichten und Aufgaben der bvP dar.

Das Fehlen eines Betriebsbuches stellt quasi ein KO-Kriterium für eine erfolgreiche Zertifizierung als Fachbetrieb dar und schließt somit das Unternehmen von fachbetriebspflichtigen Tätigkeiten an Anlagen zum Umgang mit wassergefährdenden Stoffen aus.

Das Betriebsbuch ist beim Audit zur Rezertifizierung dem Sachverständigen bzw. Fachprüfer vorzulegen. Es kann in Aktenform, jedoch besser DV-mäßig angelegt sein. Die DV-mäßige Version hat den Vorteil, dass es im IT-System des Unternehmens vorhanden ist und somit eine durchgängige Verfügbarkeit und auch Historie gewährleistet. Denn die Praxis zeigt immer wieder, dass bei einem Wechsel der bvP die aktenmäßige Führung des Betriebsbuchs verloren geht, und zwar wenn die Vakanz der Funktion der bvP zu lang wird und der Arbeitsplatz der ausgeschiedenen bvP „entsorgt" wurde.

Das Betriebsbuch sollte dreiteilig aufgebaut sein.

Teil 1: Dokumentation der Projekte

Teil 2: bvP bezogene Aktivitäten

Teil 3: Mitarbeiter bezogene Maßnahmen

Der **Teil 1** enthält eine aktuelle Auflistung aller AwSV relevanten Anlagen und aller Tätigkeiten an diesen Anlagen. Das gilt nicht nur für Neuanlagen und Instandsetzungsarbeiten, sondern auch für Wartungs- und sonstige Servicearbeiten.

a) Bei Neuanlagen und Instandsetzungsarbeiten sind für jedes Projekt die jeweiligen Informationen für die nachfolgenden Kriterien einzutragen.

1. Projekt-Nummer
   Damit wird der unmittelbare Zugang zur betrieblichen Registratur hergestellt.
2. Datum
   Beginn und Ende der Arbeiten.
3. Anlagenstandort
   Name des Auftraggebers und Adresse.
4. Anlagekurzbeschreibung
   Stichwortartig beschreiben, dass die Anlage leicht identifiziert werden kann, z.B. Ölheizungsanlage, Wasseraufbereitungsanlage, Kühlanlage, Rohrleitungsanlage.
5. Medium
   Die in der Anlage gelagerten, abgefüllten, umgeschlagenen, hergestellten, behandelten oder verwendeten wassergefährdenden Stoffe sind entweder mit ihrer chemischen Bezeichnung oder ihrem Handelsnamen anzugeben.
6. WGK (1, 2, 3)
   Die maßgebliche Wassergefährdungsklasse der unter Punkt 5 aufgeführten wassergefährdenden Stoffe ist einzutragen.
7. Vorgefundene Mängel
   Alle vor Beginn der Tätigkeit festgestellten Mängel eintragen, die Auswirkungen auf die Sicherheit der Anlage haben könnten. Hierzu zählen bei Neuanlagen auch z.B. unzureichende Fundamente oder bei Ölheizungsanlagen nicht fertiggestellte oder nicht mit Schutzanstrich versehene Auffangwannen.
8. Art der Tätigkeit
   Die Gesamttätigkeit mit Stichworten bezeichnen wie z.B. Neuanlage, Einbau, Aufstellung, Anlagenbeseitigung, Reparatur, Umstellung, Wartung, Reinigung, Befüllung, Entleerung, Stilllegung.
9. Tätigkeit von Fremdfirma (Nachunternehmer)
   Namen von anderen Unternehmen, die an der Anlage gearbeitet haben (z.B. Einlagerung unterirdischer Behälter, Entsorgung von Abfällen).
10. Art der Abnahme
    Eintragen, wie die Abnahme durchgeführt worden ist, z.B. durch Inaugenscheinnahme, durch Abdrücken mit inertem Gas oder einem anderen Medium, durch Probelauf mit Messungen oder ausschließlich durch Messungen.

11. Abnahme durch
    Namen, Stellung der Person und Organisation eintragen, die die Abnahme durchgeführt hat.
12. Entsorgung von Abfällen durch
    Verbleib angefallener (auch kleinster) Restmengen oder verunreinigter wassergefährdender Stoffe. Auch die Mitnahme zum Betrieb in die dortige Sammeltonne. Evtl. Dokumentation entsprechend NachweisVO [9] für gefährliche Abfälle. Name der Firma und Angabe, ob sie ein Entsorgungsfachbetrieb gemäß Kreislaufwirtschaftsgesetz ist.

Die Struktur des Betriebsbuches für Teil 1 könnte wie folgt aussehen:

Betriebsbuch Teil 1

lfd.-Nr./Projekt-Nr.	
1. Datum	
2. Anlagenstandort	
3. Anlagekurzbeschreibung	
4. Medium	
5. WGK (1, 2, 3)	
6. vorgefundene Mängel	
7. Art der Tätigkeit	
8. Tätigkeit von Fremdfirma (wer/was?)	
9. Art der Abnahme	
10. Abnahme durch	
11. Entsorgung von Abfällen durch	
12. Unterschrift (bvP oder Bauleiter)	

b) Wartungs- und sonstige Servicearbeiten

In diesem Bereich bestehen neben Einzelaufträgen oftmals Jahres- bzw. Rahmenverträge für bestimmte, kleine WHG-relevante Leistungen wie Austausch und Auffüllen von Betriebsmitteln, Ölfilterwechsel, Grenzwertgeberkontrolle etc. Für die Dokumentation gibt es grundsätzlich 2 Möglichkeiten

- Die bvP dokumentiert alle WHG-relevanten Tätigkeiten wie unter a).

oder

- Die bvP verweist auf ein Auftragsbuch o. ä., das in jedem Unternehmen mit Sicherheit vorhanden ist, da u. a. Rechnungen gestellt werden, aus dem sich Betreiber, Standort, Anlagenart und die durchgeführte Tätigkeit ergeben. Um den Bürokratieaufwand zu reduzieren, kann es wie folgt gestaltet werden.

Betriebsbuch Teil 1

Die WHG-relevanten Tätigkeiten im Service-/Kundendienstbereich sind für Einzelaufträge chronologisch im Auftragsbuch dokumentiert. Das Auftragsbuch wird zentral in der Abteilung xxxxx geführt (und kann elektronisch eingesehen werden). Der bV hat kontinuierlich Zugriff auf das Dokument und dokumentiert halbjährlich die Einsichtnahme in das Register.		
Datum	**Sachstand des Auftragsbuches**	**Unterschrift der bvP**
tt.mm.jjjj	**Die Einsichtnahme ins Auftragsbuch ergab keine Hinweise auf Mängel.**	

Bei dieser Variante hat die bvP eine regelmäßige Überprüfung im Betriebsbuch mit einer Kommentierung zu dokumentieren. Diese kann betrieblich in einer Betriebsanweisung festgelegt werden, z. B. monatlich, vierteljährig oder ...

Im **Teil 2** dokumentiert die bvP die Durchführung ihrer Aufgaben und Pflichten. Zunächst sollte in einer Übersicht die Bestellung und das Ausscheiden der bvP dokumentiert sein. Diese Übersicht könnte wie folgt gestaltet sein.

Betriebsbuch Teil 2
2a, Bestellung und Ausscheiden der bvP

Name	bestellt am	Bestellungsschreiben und Weisungsbefugnis liegen vor	ausgeschieden am
Max Albrecht	**tt.mm.jjjj**	**ja**	**tt.mm.jjjj**
Heinz Mann	**tt.mm.jjjj**	**ja**	
Otto Mustermann	**tt.mm.jjjj**	**ja**	

Die Wahrnehmung der Verpflichtung zur Fortbildung, insbesondere der mindestens zweijährlichen Fortbildungsverpflichtung gemäß § 63 Abs. 1 AwSV, kann wie folgt dargestellt werden.

Betriebsbuch Teil 2b, Teilnahme der bvP an Fortbildungsmaßnahmen

Datum	Veranstalter	Thema	Teilnahmebestätigung liegt wo?
tt.mm.jjjj	**GTGA**	**WHG-Grundkurs**	**Personalbüro**
tt.mm.jjjj	**TÜV**	**Seminar „Sicherer Gefahrguttransport“**	**Personalbüro**
tt.mm.jjjj	**IHK Aburg**	**Seminar „Erdwärmeanlagen“**	**Personalbüro**

Ein wichtiges Element ist, dass gemäß § 62 Abs. 2 Punkt 1 die erforderlichen Gerätschaften, Hilfsmittel und Ausrüstungen zur ordnungsgemäßen Durchführung der WHG-relevanten Tätigkeiten an den Anlagen zum Umgang mit wassergefährdenden Stoffen vorhanden und verfügbar sind.

Bis zur Einführung der Betriebssicherheits-Verordnung [10] in 2002 war es in der Regel im Verantwortungsbereich der bvP, für die Vollständigkeit und Funktionstüchtigkeit der betrieblichen Ausstattung einschließlich der Montagewagen zu sorgen, sich zu informieren und dieses zu dokumentieren. Anforderungen und Vorgehensweisen für die Überprüfung waren bis dahin nicht systematisch eingeführt und somit in den Unternehmen organisatorisch nicht implementiert. Und je kleiner die Unternehmen waren, desto notleidender war die Situation.

Die Überprüfung der Vollständigkeit und Funktionstüchtigkeit der betrieblichen Ausstattung muss nicht von der bvP durchgeführt werden. Die bvP muss sich aber davon überzeugen, dass sie im Unternehmen realisiert wird. Der Nachweis für die Vollständigkeit und Funktionstüchtigkeit der betrieblichen Ausstattung kann wie folgt aussehen.

2c, Überprüfung der betrieblichen Ausstattung einschließlich Montagewagen auf Vollständigkeit und Funktionstüchtigkeit (1x/Jahr)

<table>
<tr><th colspan="3">Beschreibung der Organisation zur Umsetzung von § 3 BetrSichV in der Betriebsstätte</th></tr>
<tr><td colspan="3">Die Überprüfung der Arbeitsmittel auf Vollständigkeit, Funktionsfähigkeit und Einhaltung der Prüffristen ist wie folgt organisiert:
Die organisatorischen Abläufe sind in der Verfahrensanweisung xxxxx festgeschrieben. Verantwortlich ist die FaSi zusammen mit den bestellten befähigten Personen. Die in der Betriebsstätte vorhandenen Arbeitsmittel sind DV-mäßig erfasst. Für die einzelnen Arbeitsmittel ist ein Lebenslaufprotokoll angelegt, aus dem insbesondere die festgelegten und durchgeführten Prüftermine ersichtlich sind sowie evtl. Reparaturen. Sämtliche elektronischen Geräte werden über eine externe Firma (hier kann der Name der Firma genannt werden) überprüft. Die Ergebnisse werden in das DV-System integriert.
Die geforderten Gefährdungsbeurteilungen liegen vor und werden regelmäßig zweijährlich überprüft und bei Bedarf aktualisiert.
Monteure dürfen nur Arbeitsmittel verwenden, die ein gültiges Prüfsiegel haben (siehe Verfahrensanweisung yyyyy).</td></tr>
<tr><th>Datum</th><th>Was hat die Überprüfung ergeben? Wurden Maßnahmen ergriffen? Wenn ja, welche?</th><th>Unterschrift der bvP</th></tr>
<tr><td>tt.mm.jjjj</td><td>Die gemeinsame Analyse des Systems der Arbeitsmittelüberprüfung mit der FaSi ergab keine Hinweise auf Mängel. Die Gefährdungsbeurteilungen sind aktuell.</td><td></td></tr>
<tr><td></td><td></td><td></td></tr>
</table>

Darüber hinaus sollte die bvP auch weitere Maßnahmen dokumentieren, die die Wahrnehmung und Ausfüllung ihrer Funktion belegt. Dieses kann wie folgt gestaltet sein.

2d, Baustellenbegehungen sowie sonstige Arbeitshinweise

Datum	Thema	Unterschrift der bvP
tt.mm.jjjj	Merkblatt Nr. 22 und 31 an alle Mitarbeiter	
tt.mm.jjjj	Begehung der Baustelle „Firma Hintertal" in Adorf, Protokoll im Projektordner unter Projektnummer 206 abgelegt.	
tt.mm.jjjj	Gewässerschutzrelevante Hinweise im Rahmen der jährlichen Arbeitsschutzunterweisung	

Im **Teil 3** dokumentiert die bvP die Wahrnehmung der Fortbildung und Unterweisungen der Mitarbeiter des Unternehmens. Dieses kann wie folgt gestaltet sein.

Betriebsbuch Teil 3
Fortbildungsmaßnahmen und Unterweisungen der Mitarbeiter

Datum	Durchführender/ Veranstalter	Thema	Teilnehmer
tt.mm.jjjj	bvP	Betriebsanweisung „Umgang mit Vorkommnissen"	Teilnahmelisten im Personalbüro
tt.mm.jjjj	Wasserbetriebe Astadt	Kurs „DIN 1988/EN1717"	Teilnahmelisten im Personalbüro
tt.mm.jjjj	bvP	jährliche Sicherheitsbelehrung in Bezug auf WHG	Teilnahmelisten im Personalbüro

Wenn das Unternehmen über eine zentrale Dokumentation über die Fortbildungen, Schulungen, Qualifikationen, arbeitsmedizinischen Untersuchungen für alle Mitarbeiter verfügt, dann kann wie folgt darauf im Betriebsbuch verwiesen werden.

Fortbildungsmaßnahmen und Unterweisungen der Mitarbeiter		
Im Unternehmen werden in einem zentralen Datenbanksystem (Qualifizierungsmatrix) für alle Mitarbeiter die personenbezogenen Informationen über Qualifikationen, Schulungen, Fortbildungen, arbeitsmedizinischen Untersuchungen geführt. Aus dem System geht auch hervor, wann bestimmte Aktionen wieder zu realisieren sind. Teilnahmebescheinigungen werden ebenfalls zentral verwaltet. Das Datenbanksystem wird im Personalbüro geführt und kann von der bvP eingesehen werden.		
Datum	**Was hat die Überprüfung ergeben?**	**Unterschrift der bvP**
28.01.24	**Die Analyse der Qualifizierungsmatrix ergab, dass alle erforderlichen Maßnahmen zeitnah erfolgt sind. Mitarbeiter sind über ihre nächsten Termine informiert. Die Unterweisungs- und Fortbildungsplanung für das laufende Jahr ist aktualisiert worden.**	

Abschließend ist zur Führung des Betriebsbuches festzuhalten:

1. Ein Betriebsbuch muss als physisch verfügbares Instrument vorhanden sein.
2. Ein Betriebsbuch kann in Aktenform oder DV-mäßig angelegt sein.
3. Wenn im Unternehmen bestimmte Bereiche zentral organisiert sind, dann muss, um nicht alles im Betriebsbuch zu „doppeln" auf diese Bereiche verwiesen werden, so dass Dritte, wozu auch die Sachverständigen und Fachprüfer im Rahmen ihrer Audittätigkeit gehören, darauf zugreifen können.

4.5 Weitere Aufgaben einer bvP

Unternehmen, die zur Bestellung einer bvP verpflichtet sind, sind i.d.R. keine abfallproduzierenden Einrichtungen, so dass eine Bestellung eines Abfallbeauftragten nicht in Frage kommt. Und dennoch haben sie mit Abfall zu tun, insbesondere solche Firmen, die bei ihren Auftraggebern (Kunden) im Rahmen von Umbaumaßnahmen und Instandsetzungsarbeiten an technischen Einrichtungen Abfall erzeugen. Für diesen Abfall ist der Auftraggeber der Abfallerzeuger. Doch wer organisiert die ordnungsgemäße Entsorgung, insbesondere wenn es sich um private Auftraggeber handelt oder mittlere bis kleine Firmen als Auftraggeber?

Wenn z.B. Rohrleitungen, die durch Wände hindurch verlegt und die Durchbrüche mit Asbestbeton oder alter Mineralwolle geschlossen sind, rückgebaut werden müssen, bedarf es einer sorgfältigen Planung, damit die dabei tätigen Mitarbeiter keinen gesundheitlichen Schaden nehmen und der dabei anfallende Abfall richtig verpackt und formal auf den Entsorgungsweg gebracht wird.

Diese Situation tritt sehr oft im Zusammenhang mit Arbeiten an Anlagen zum Umgang mit wassergefährdenden Stoffen auf, die eines WHG-Fachbetriebs bedürfen. Und die Auftraggeber, insbesondere die privaten und die mittleren bis kleineren Firmen erwarten, dass der Fachbetrieb das „Abfallgeschäft" für sie organisiert. Und da die bvP in die WHG-fachbetriebsspezifischen Fragen involviert ist, bleibt am Ende auch die Organisation des Abfalls aus dem jeweiligen Projekt an ihm hängen. Das bedeutet, dass er sich auf dem Gebiet des Abfallrechts auskennen muss, aber auch z.B. in der Handhabung von Asbest (z.B. TRGS 519 [23]) und alter Mineralwolle (z.B. TRGS 521 [24]).

4.6 Organisatorische Einbindung der bvP

Gemäß WHG und AwSV gibt es keine Regelungen hinsichtlich der organisatorischen Einbindung der bvP in die **Organisationsstruktur** des Unternehmens. Die Organisationsstruktur wird anhand eines Organigramms abgebildet und zeigt auf, welche Funktionen und Aufgaben im Unternehmen durch wen wahrgenommen werden. Dabei unterscheidet man zwischen Linien- und Stabsorganisation, die sich durch die Weisungsbefugnis in disziplinarischen und fachlichen Fragen unterscheiden. Die Ansiedlung der Beauftragten kann in beiden Organisationsstrukturen erfolgen (Abb. 1, Abb. 2).

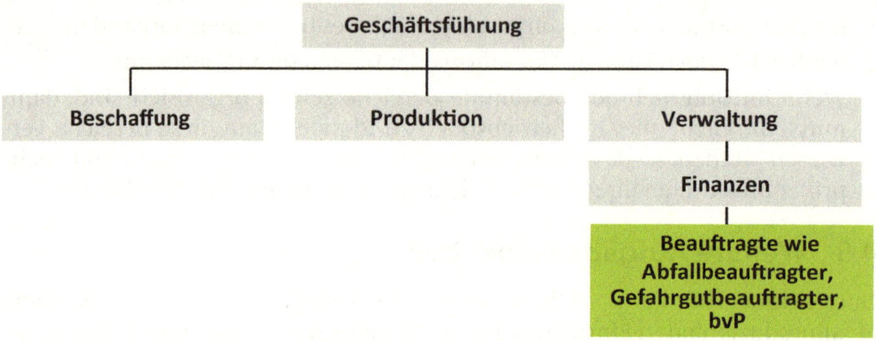

Abb. 1: Steuerung über Linienfunktion

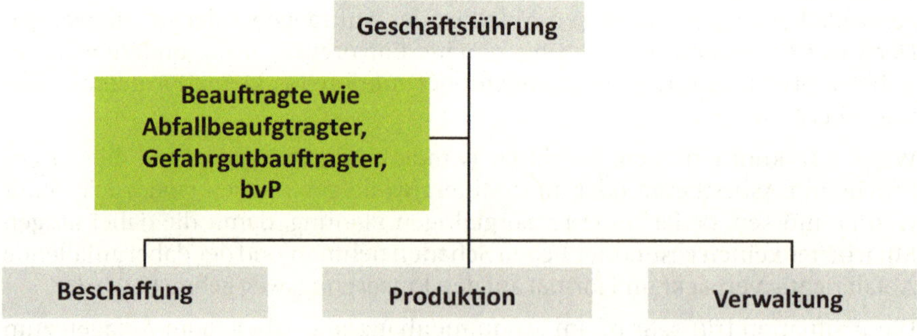

Abb. 2: Steuerung über Stabsfunktion

Eine **Stabsfunktion** hat vor allem beratende und unterstützende Aufgabenschwerpunkte und ist damit in der Regel direkt **der Geschäftsführung unterstellt**. Anders als Linienverantwortliche haben Mitarbeiter in Stabsfunktionen keine Begründungsbefugnisse anderen gegenüber.

Unabhängig von der Organisationsstruktur des Unternehmens ist in jedem Fall durch die Geschäftsleitung sicherzustellen und zu gewährleisten, dass die bvP über alle Projekte so früh wie möglich informiert und beteiligt sein muss, um entscheiden zu können, ob es sich in den Projekten um fachbetriebsrelevante Anlagen und Tätigkeiten handelt, damit sie ihren Pflichten und Aufgaben überhaupt nachkommen kann.

Deshalb ist es wichtig, in der Bestellung den Zuständigkeitsbereich eindeutig festzulegen. Oft ist in der Praxis festzustellen, dass eine bvP nicht ausreichend ist, insbesondere wenn im Unternehmen Anlagen hergestellt und errichtet werden und parallel dazu Serviceleistungen wie Überprüfung der Sicherheitseinrichtungen oder Betriebsmittelaustausche stattfinden. In derartigen Situationen sollte für jeden Bereich eine bvP bestellt werden.

Das ist vor allem auch von Bedeutung, wenn das Unternehmen verschiedene Betriebsstätten hat, die weit entfernt voneinander sind und die weitgehend oder ganz eigenständig die Projekte bearbeiten. In diesen Fällen ist insbesondere im Rahmen des Erstaudits als WHG-Fachbetrieb durch den Sachverständigen oder Fachprüfer zu prüfen, ob jede Betriebsstätte einen eigenständigen WHG-Fachbetrieb mit einer oder mehreren bvP darstellt.

Die rechtzeitige Einbindung der bvP in die Projektarbeit und -begleitung sollte bereits in der Angebotsphase und bei der Teilnahme an Ausschreibungen stattfinden. Dieses setzt voraus, dass die bvP organisatorisch im Rahmen der zu beteiligenden Personen eingebunden ist, was bei Unternehmen mit mehreren Niederlassungen zu Problemen führen kann. Die Beteiligung kann z.B. über einen Laufzettel erfolgen, auf dem die bvP zu prüfen und zu bestätigen hat, ob fachbetriebspflichtige Leistungen zu erbringen sind. Wenn das der Fall ist, kann die bvP sehr frühzeitig die fachlichen und ordnungsrechtlichen Notwendigkeiten einbringen und kann u.a. Einfluss nehmen auf ein fachlich fundiertes Leistungsverzeichnis.

Wenn es zu einer Beauftragung kommt, kennt die bvP bereits das Projekt und kann u.a. für rechtzeitige Erstellung von Gefährdungsbeurteilungen und Bereitstellung von ordnungsgemäßen Arbeitsmitteln sorgen, Einfluss auf die Arbeitsvorbereitung nehmen, Unterweisungen der Mitarbeiter vornehmen, Baustellenbegehungen planen.

Im Rahmen der Audits zur Erlangung der Fachbetriebsqualifikation als WHG-Fachbetrieb hat die bvP darzulegen, dass sie und wie sie über alle in ihren Zuständigkeitsbereich fallenden fachbetriebsrelevanten Projekte in der Betriebsstätte informiert ist.

Eine fehlende belastbare Darlegung der bvP, dass sie über alle fachbetriebsrelevanten Projekte der Betriebstätte informiert ist, kann somit für eine erfolgreiche Zertifizierung ein KO-Kriterium darstellen!

Bei größeren Betrieben und mehreren Beauftragten ist zu empfehlen, dass die bvP in einem organisierten, regelmäßigen Austausch mit den anderen Beauftragten wie Immissionsschutzbeauftragten, Abfallbeauftragen und Fach- und Sachkundigen für die stofflichen Angelegenheiten steht. Auf diese Weise kann Parallel- und Doppelarbeit vermieden werden und es kann sichergestellt werden, dass hinsichtlich der Maßnahmen aufeinander abgestimmte und nachhaltige Regelungen zum Schutz der Umwelt und der Mitarbeiter realisiert werden.

5 Fach- und Sachkundige für Gefahrstoffe

5.1 Behandlung von Gefahrstoffen in der betrieblichen Praxis

Mit der 2024 vorgenommenen Novellierung der **Gefahrstoffverordnung (GefStoffV)** [11] ist der Arbeitgeber nach § 7 Abs. 1a verpflichtet, die Belange des Arbeitsschutzes bei Tätigkeiten mit Gefahrstoffen angemessen in seine betriebliche Organisation einzubinden und hierfür die erforderlichen personellen, finanziellen und organisatorischen Voraussetzungen zu schaffen.

§ 7 GefStoffV Grundpflichten

(1a) Der Arbeitgeber hat die Belange des Arbeitsschutzes bei Tätigkeiten mit Gefahrstoffen angemessen in seine betriebliche Organisation einzubinden und die dafür erforderlichen personellen, finanziellen und organisatorischen Voraussetzungen zu schaffen. Insbesondere hat er dafür zu sorgen, dass bei der Gestaltung der Arbeitsorganisation, des Arbeitsverfahrens und des Arbeitsplatzes sowie bei der Auswahl und Bereitstellung der Arbeitsmittel alle Faktoren ausreichend berücksichtigt werden, die mit der Sicherheit und Gesundheit, einschließlich der psychischen Gesundheit, der Beschäftigten zusammenhängen.

Sowohl Arbeitgeber von Unternehmen, in denen die Mitarbeiter im Rahmen ihrer Tätigkeiten mit Gefahrstoffen umgehen als auch Betreiber von Anlagen, in denen mit Gefahrstoffen umgegangen wird, sind gleichermaßen verpflichtet, die Gesundheit der Mitarbeiter durch unsachgemäßen Umgang und Verwendung vor nachhaltigen Gefährdungen im Sinne des Vorsorgeprinzips zu schützen.

Das wichtigste Instrument zur Umsetzung dieser Verpflichtung ist die **Gefährdungsbeurteilung**, anhand derer der Arbeitgeber potenzielle Gefährdungen zu ermitteln, zu beurteilen und Sicherheitsmaßnahmen festzulegen hat.

Auch wenn die GefStoffV gemäß § 6 primär die Gefährdungen für die **Gesundheit und Sicherheit der Beschäftigten** im Fokus hat, ist automatisch der Umweltschutz über die Regelungen mitbetroffen, da unsachgemäß freigesetzte Gefahrstoffe nachteilige Auswirkungen auf die Umwelt haben können.

§ 6 GefStoffV Informationsermittlung und Gefährdungsbeurteilung

(1) Im Rahmen einer Gefährdungsbeurteilung als Bestandteil der Beurteilung der Arbeitsbedingungen nach § 5 des Arbeitsschutzgesetzes hat der Arbeitgeber festzustellen, ob die Beschäftigten Tätigkeiten mit Gefahrstoffen ausüben oder ob bei Tätigkeiten Gefahrstoffe entstehen oder freigesetzt wer-

den können. Ist dies der Fall, so hat er alle hiervon ausgehenden Gefährdungen der Gesundheit und Sicherheit der Beschäftigten unter folgenden Gesichtspunkten zu beurteilen:

1. gefährliche Eigenschaften der Stoffe oder Gemische, einschließlich ihrer physikalisch-chemischen Wirkungen,
2. Informationen des Lieferanten zum Gesundheitsschutz und zur Sicherheit insbesondere im Sicherheitsdatenblatt, einschließlich der Angaben zu Zulassungspflicht und zu Herstellungs- und Verwendungsbeschränkungen,

2a. Informationen des Veranlassers nach § 5a Absatz 1 und 2,

3. Art und Ausmaß der Exposition unter Berücksichtigung aller Expositionswege; dabei sind die Ergebnisse der Messungen und Ermittlungen nach § 7 Absatz 8 zu berücksichtigen,
4. Möglichkeiten einer Substitution,
5. Arbeitsbedingungen und Verfahren, einschließlich der Arbeitsmittel und der Gefahrstoffmenge,
6. Grenzwerte und Konzentrationen nach § 2 Absatz 8 bis 9,
7. Wirksamkeit der ergriffenen oder zu ergreifenden Schutzmaßnahmen,
8. tätigkeitsbezogene Erkenntnisse
   a. über Belastungs- und Expositionssituationen, einschließlich psychischer Belastungen,
   b. aus der arbeitsmedizinischen Vorsorge nach der Verordnung zur arbeitsmedizinischen Vorsorge, einschließlich Erkenntnissen aus dem Biomonitoring, soweit solche Erkenntnisse vorliegen.

5.2 Gesetzliche Grundlage

Das **Arbeitsschutzgesetz (ArbSchG)** [13] verpflichtet den Arbeitgeber gemäß § 5, für die Beschäftigten, die mit ihrer Arbeit (Prozessbeurteilung) verbundenen Gefährdungen zu ermitteln und festzulegen, welche Maßnahmen des Arbeitsschutzes erforderlich sind. Dabei können sich Gefährdungen insbesondere ergeben durch

- die Gestaltung und die Einrichtung der Arbeitsstätte und des Arbeitsplatzes,
- physikalische, chemische und biologische Einwirkungen,
- die Gestaltung, die Auswahl und den Einsatz von Arbeitsmittel, insbesondere von **Arbeitsstoffen,** Maschinen, Geräten und Anlagen sowie den Umgang damit,
- die Gestaltung von Arbeits- und Fertigungsverfahren, Arbeitsabläufen und Arbeitszeit und deren Zusammenwirken,
- unzureichende Qualifikation und Unterweisung der Beschäftigten,
- psychische Belastungen bei der Arbeit.

Gemäß §§ 7 und 13 ArbSchG kann der Arbeitgeber die Aufgaben auf Beschäftige auch in eigener Verantwortung schriftlich übertragen. Er hat dabei darauf zu achten, dass die Personen zuverlässig und fachkundig sind.

Das Arbeitssicherheitsgesetz [14] sieht vor, dass der Arbeitgeber gemäß § 5 **Fachkräfte für Arbeitssicherheit (FaSi)** schriftlich zu bestellen und ihnen die in § 6 genannten Aufgaben zu übertragen hat, wobei die FaSi nur eine beratende Funktion hat und den Arbeitgeber bei seinen Aufgaben hinsichtlich des Arbeitsschutzes unterstützt. Dazu gehören insbesondere:

- Planung, Ausführung und Unterhaltung von Betriebsanlagen und von sozialen und sanitären Einrichtungen,
- Beschaffung von technischen Arbeitsmitteln und die Einführung von Arbeitsverfahren und **Arbeitsstoffen,**
- Auswahl und Erprobung von Körperschutzmitteln,
- Gestaltung der Arbeitsplätze, des Arbeitsablaufs, der Arbeitsumgebung und in sonstigen Fragen der Ergonomie,
- Beurteilung der Arbeitsbedingungen,
- Überprüfung von Betriebsanlagen, Arbeitsverfahren und technischen Arbeitsmitteln insbesondere vor der Inbetriebnahme,
- Beobachtung der Durchführung des Arbeitsschutzes und der Unfallverhütung,
- Begehung der Arbeitsstätten in regelmäßigen Abständen,
- Mitteilung festgestellter Mängel an den Arbeitgeber oder die sonst für den Arbeitsschutz und die Unfallverhütung verantwortlichen Personen,
- Vorschläge von Maßnahmen zur Beseitigung dieser Mängel zu machen,
- Hinwirken, dass sich alle im Betrieb Beschäftigten den Anforderungen des Arbeitsschutzes und der Unfallverhütung entsprechend verhalten.

Das Aufgabengebiet einer FaSi ist sehr umfassend, wobei die Arbeitsstoffe im Sinne des Stoffrechts als Gefahrstoffe zu bezeichnen sind und nur ein Detail der umfangreichen Aufgaben darstellt. Und hier beginnt in der Regel das Problem, dass eine Person nicht in allen Aufgabengebieten fachlich zu Hause sein kann. Ohne den Bereich der Gefahrstoffe[5] ist das Aufgabengebiet schon groß genug.

Die GefStoffV [11] spricht nur von Fach- und Sachkundigen, wobei sowohl die FaSi als auch der Betriebsarzt gemäß § 6 Abs. 11 fachkundig sein können.

5 Gefahrstoffe im Sinne der Gefahrstoffverordnung (GefStoffV) sind
1. Gemäß § 3 gefährliche Stoffe und Gemische,
2. Stoffe, Gemische und Erzeugnisse, die explosionsfähig sind,
3. Stoffe, Gemische und Erzeugnisse, aus denen bei der Herstellung oder Verwendung Stoffe nach Nummer 1 oder Nummer 2 entstehen oder freigesetzt werden,
4. Stoffe und Gemische, die die Kriterien nach den Nummern 1 bis 3 nicht erfüllen, aber auf Grund ihrer physikalisch-chemischen, chemischen oder toxischen Eigenschaften und der Art und Weise, wie sie am Arbeitsplatz vorhanden sind oder verwendet werden, die Gesundheit und die Sicherheit der Beschäftigten gefährden können,
5. alle Stoffe, denen ein Arbeitsplatzgrenzwert zugewiesen worden ist.

§ 6 GefStoffV Informationsermittlung und Gefährdungsbeurteilung

(11) Die Gefährdungsbeurteilung darf nur von fachkundigen Personen durchgeführt werden. Verfügt der Arbeitgeber nicht selbst über die entsprechenden Kenntnisse, so hat er sich fachkundig beraten zu lassen. Fachkundig können insbesondere die Fachkraft für Arbeitssicherheit und die Betriebsärztin oder der Betriebsarzt sein.

In den Begriffsbestimmungen gemäß § 2 Abs. 16 und 17 definiert die GefStoffV, was unter fach- und sachkundig zu verstehen ist. Aus den Definitionen geht hervor, dass der **Sachkundige die qualifiziertere Person** ist, da sie die erforderlichen Fachkenntnisse über einen behördlich anerkannten Sachkundelehrgang, teilweise auch mit erfolgreich abgeschlossener Prüfung, nachgewiesen haben muss.

§ 2 GefStoffV „Begriffsbestimmungen"

(16) Fachkundig ist, wer zur Ausübung einer in dieser Verordnung bestimmten Aufgabe über die erforderlichen Fachkenntnisse verfügt. Die Anforderungen an die Fachkunde sind abhängig von der jeweiligen Art der Aufgabe. Zu den Anforderungen zählen eine entsprechende Berufsausbildung oder eine entsprechende Berufserfahrung oder eine zeitnah ausgeübte entsprechende berufliche Tätigkeit sowie die Teilnahme an spezifischen Fortbildungsmaßnahmen.

(17) Sachkundig ist, wer seine bestehende Fachkunde durch Teilnahme an einem behördlich anerkannten Sachkundelehrgang erweitert hat. In Abhängigkeit vom Aufgabengebiet kann es zum Erwerb der Sachkunde auch erforderlich sein, den Lehrgang mit einer erfolgreichen Prüfung abzuschließen. Sachkundig ist ferner, wer über eine von der zuständigen Behörde als gleichwertig anerkannte oder in dieser Verordnung als gleichwertig bestimmte Qualifikation verfügt.

In Verbindung mit § 11 ChemikalienverbotsVO [37] wird für den Erwerb bzw. die Prüfung der Sachkunde, die alle 6 Jahre zu erneuern ist, auf den inhaltlichen Prüfungsumfang in Form von Hinweisen und Empfehlungen zum Sachkundenachweis verwiesen [38]

Für bestimmte Gefahrstoffe wie

- Biozid-Produkte,
- Pflanzenschutzmittel,
- explosionsfähige Gemische,
- Asbest,
- Ammoniumnitrat

wird beim Umgang mit diesen Gefahrstoffen besonders auf den Nachweis der Fach- und Sachkunde der dafür verantwortlichen Personen abgehoben, die hinsichtlich ihrer Qualifikation über einen von der Behörde ausgestellten Befähigungsschein verfügen müssen. Dieser Befähigungsschein ist auf 6 Jahre befristet und ist rechtzeitig zu erneuern.

So kann z. B. in einem Unternehmen gemäß Anhang I Nr. 3 GefStoffV mit Asbest umgegangen werden, wenn die Qualifikationsnachweise über entsprechende Lehrgänge vorhanden sind.

Betrachtet man die dem Arbeitgeber per GefStoffV übertragenen Aufgaben, die er zu erfüllen hat, dann ist es eine Herausforderung, die ein Geschäftsführer als Person i. d. R. nicht bewältigen kann. Hinzu kommt, dass i. d. R. im Unternehmen, insbesondere in kleinen und mittleren Unternehmen (KMU), kein Personal mit ausreichendem chemischem und toxikologischem Fachwissen verfügbar ist und die vom Arbeitgeber beauftragten Fach- und Sachkundigen die ihnen übertragenen Aufgaben parallel zu ihren sonstigen Projekttätigkeiten wahrnehmen müssen.

Auch eine Übertragung der per GefStoffV geforderten Verpflichtungen auf Externe, z. B. ein Büro für Arbeitssicherheit, löst das Problem nicht automatisch. Denn es kommt auf das Leistungsverzeichnis und auf die Kontrolle der dem Büro übertragenden Aufgaben an.

Da die Aufgaben in die Arbeitgeberverantwortung fallen, hat er zunächst die organisatorischen Voraussetzungen zur Realisierung der Aufgaben zu treffen. In zweiter Linie kommt es dann auf die Ausführung an. Wenn die erste Stufe der organisatorischen Voraussetzungen, insbesondere im Schadensfall nicht nachweisbar ist, dann liegt ein **Organisationsverschulden** vor, so dass dem Arbeitgeber eine Vernachlässigung seiner Aufsichts- und Kontrollpflichten unterstellt werden kann und ihm widerrechtliches Verhalten im Sinne von § 823 BGB vorgeworfen werden kann, was wiederum Schadensersatzansprüche oder Bußgelder nach sich ziehen kann.

§ 823 BGB Schadensersatzpflicht

(1) Wer vorsätzlich oder fahrlässig das Leben, den Körper, die Gesundheit, die Freiheit, das Eigentum oder ein sonstiges Recht eines anderen widerrechtlich verletzt, ist dem anderen zum Ersatz des daraus entstehenden Schadens verpflichtet.

So gibt es mittlerweile verantwortungsbewusste Geschäftsführer von Unternehmen, die das Problem erkannt haben und freiwillig die Funktion eines **„Gefahrstoffbeauftragten“** eingeführt haben, um auch die FaSi zu entlasten.

5.3 Anforderungen an die Fach- und Sachkundigen

Der Fach- und Sachkundige, der den Arbeitgeber beratend unterstützt, muss sich auf dem gesamten über die GefStoffV auf den Arbeitgeber übertragenden Aufgabengebiet fachlich und sachlich auskennen, es sei denn der Arbeitgeber überträgt mehreren Fach- und Sachkundigen jeweils Teilbereiche davon. Zu den Aufgaben zählen alle die Punkte, die für die jeweiligen Gefährdungsbeurteilungen gemäß § 6 GefStoffV erforderlich sind, u. a. Informationen zu:

- gefährliche Eigenschaften der Stoffe oder Gemische, einschließlich ihrer physikalisch-chemischen Wirkungen,
- Sicherheitsdatenblatt, Angaben zu Zulassungspflicht und zu Herstellungs- und Verwendungsbeschränkungen,
- Art und Ausmaß der Exposition unter Berücksichtigung aller Expositionswege,
- Möglichkeiten einer Substitution,
- Arbeitsbedingungen und Verfahren, einschließlich der Arbeitsmittel und der Gefahrstoffmenge,
- Zu beachtende Grenzwerte und Konzentrationen,
- Wirksamkeit der zu ergreifenden Schutzmaßnahmen,
- Belastungs- und Expositionssituationen, einschließlich psychischer Belastungen,
- Erkenntnissen aus dem Biomonitoring.

Weitere Aufgabenfelder ergeben sich aus den Grundpflichten, die der Arbeitgeber gemäß § 7 GefStoffV zu erfüllen hat. Dazu zählen u. a.

- Aufnahme der Tätigkeiten nach Gefährdungsbeurteilung,
- Einbindung der Belange des Arbeitsschutzes in die Organisation des Unternehmens,
- Gestaltung der Arbeitsverfahren und des Arbeitsplatzes beim Umgang mit Gefahrstoffen,
- Durchführung von Substitutionen von Gefahrstoffen,
- Minimierung von Gefahrenpotenzialen,
- Zurverfügungstellung geeigneter Schutzausrüstungen,
- Einhaltung von Grenzwerten,
- Durchführung von Arbeitsplatzmessungen.

5.4 Ausgewählte obligatorischer Pflichten

Im Folgenden werden einige Pflichten dargestellt, die organisatorisch und inhaltlich im Unternehmen bzw. beim Betreiber auf Grund der gesetzlichen Anforderungen zu realisieren sind und somit in den Aufgabenbereich der Fach- und Sachkundigen fällt.

5.4.1 Gefahrstoffverzeichnis

Am Beginn der verschiedenen zu etablierenden Organisationselemente steht das Gefahrstoffverzeichnis über alle im Betrieb verwendeten Gefahrstoffe, das der Arbeitgeber gemäß § 6 Abs. 12 GefStoffV zu führen hat. Es muss alle chemischen und biologischen Stoffe und Produkte enthalten. Die Informationen darüber sind im Unternehmen vorhanden, denn sie sind eingekauft worden und es liegen somit Rechnungen vor.

Wenn z. B. bei den Audits nach dem Gefahrstoffverzeichnis gefragt wird und die Antwort lautet *„Die paar Stoffe, die haben wir doch im Griff!"*, dann ist das ein Indiz dafür, dass die gesetzlichen Anforderungen für den Umgang mit Gefahrstoffen im Unternehmen nicht oder sehr unzulänglich umgesetzt sind. Und das bedeutet am Ende, dass ein Organisationsverschulden vorliegt.

Das Verzeichnis muss mindestens folgende Angaben enthalten:

1. Bezeichnung des Gefahrstoffs,
2. Einstufung des Gefahrstoffs oder Angaben zu den gefährlichen Eigenschaften,
3. Angaben zu den im Betrieb verwendeten Mengenbereichen,
4. Bezeichnung der Arbeitsbereiche, in denen Beschäftigte gegenüber dem Gefahrstoff exponiert sein können,
5. durchgeführte Gefährdungsbewertungen,
6. durchgeführte Substitutionsprüfungen,
7. Verweis auf die entsprechenden Sicherheitsdatenblätter.

Für die **Gestaltung des Gefahrstoffverzeichnisses** hat der Gesetzgeber keine Vorgaben gemacht. Hier ist es dem einzelnen Unternehmen freigestellt, welche Kriterien und Informationen es für seine Bedürfnisse für sinnvoll, zweckmäßig oder erforderlich erachtet.

In Tabelle 1 wird ein Vorschlag dargestellt, wobei die grau unterlegte Zeile die Gesamtkopfzeile des Verzeichnisses ist.

5.4.2 Gefährdungsbeurteilung

Aufbauend auf den über das Gefahrstoffverzeichnis zusammengetragenen Informationen sind dann für die einzelnen Gefahrstoffe Gefährdungsbeurteilungen durchzuführen und Maßnahmen abzuleiten, die dann Grundlagen für Betriebsanweisungen und die Unterweisungen der Mitarbeiter sind.

Der Arbeitgeber ist verpflichtet, das Ergebnis der Gefährdungsbeurteilung zu dokumentieren (§ 6 Abs. 8 GefStoffV). Er kann diese Dokumentation selbst durchführen, innerhalb des Unternehmens delegieren oder an zuverlässige und fachkundige Personen fremdvergeben. In jedem Fall bleibt der Arbeitgeber für die korrekte Organisation und Durchführung der Gefährdungsbeurteilung, die wirksame Umsetzung von Schutzmaßnahmen und die Dokumentation verantwortlich. Bei Fremdvergaben von Arbeiten verbleiben beim Auftraggeber umfassende Aufsichts- und Kontrollpflichten hinsichtlich des gebundenen Unterauftragnehmers.

Tab. 1: Muster eines Gefahrstoffverzeichnisses

Gefahrstoffverzeichnis Unternehmen/Betriebsstätte: Gefahrstoff-Verantwortlicher:						
lfd.-Nr.	**Stoffname**	**CAS-Nr.**	**Arbeitsplatz/-bereich**	**Verwendungszweck**	**SDB (Datum)**	**Aggregatzustand**
1	2	3	4	5	6	7
Fortsetzung						
Einstufung und Kennzeichnung gemäß GHS-VO					**WGK**	**LGK gemäß TRGS 510**
Gefahrenklasse + Piktogramm		**Signalwort**	**H-Kriterien**	**S-Kriterien**		
8		9	10	11	12	13
Fortsetzung						
Gefährdungsbewertung						
Ergebnis der Bewertung		**Substitutionsprüfung**		**Gefährdungsbeurteilung**		**Arbeitsanweisung**
14		15		16		17
Fortsetzung				**erstellt am: überprüft am:**		**tt.mm.jjjj tt.mm.jjjj**
1.000-Punkte-Regelung						
UN-Nr.		**Menge/Gebinde**	**Beförderungsklasse**	**Multiplikator**	**Punkte pro Einheit**	**Höchstmenge je Beförderungseinheit**
18		19	20	21	22	23

Bei nicht ordnungsgemäßer Durchführung der Gefährdungsbeurteilung bzw. bei Vernachlässigung der Aufsichts- und Kontrollpflichten kann ein „Organisationsverschulden" unterstellt werden, so dass dem Arbeitgeber widerrechtliches Verhalten im Sinne von § 823 BGB vorgeworfen werden kann, was wiederum Schadensersatzansprüche oder Bußgelder nach sich ziehen kann.

Auf Gefährdungsbeurteilungen und damit auch auf das Führen eines Gefahrstoffverzeichnisses kann gemäß § 6 Abs. 13 GefStoffV verzichtet werden, wenn nachgewiesen werden kann, dass nur Tätigkeiten mit geringer Gefährdung ausgeübt werden.

§ 6 GefStoffV Informationsermittlung und Gefährdungsbeurteilung

(13) Ergibt sich aus der Gefährdungsbeurteilung für bestimmte Tätigkeiten auf Grund

1. der gefährlichen Eigenschaften des Gefahrstoffs,
2. einer geringen verwendeten Stoffmenge,
3. einer nach Höhe und Dauer niedrigen Exposition und
4. der Arbeitsbedingungen

insgesamt eine nur geringe Gefährdung der Beschäftigten und reichen die nach § 8 zu ergreifenden Maßnahmen zum Schutz der Beschäftigten aus, so müssen keine weiteren Maßnahmen des Abschnitts 4 ergriffen werden.

Doch wer prüft und bewertet die jeweilige firmeninterne Situation und die Situation auf den jeweiligen Baustellen? Und wie soll z. B. ein Auditor im Zusammenhang mit der Zertifizierung zum WHG-Fachbetrieb damit umgehen, wenn nichts vorgelegt werden kann?

Da der Gesetzgeber es nicht weiter konkretisiert hat, an welchen weitergehenden Kriterien eine Gefährdung als *„gering"* einzustufen ist, ist es sinnvoll und zweckmäßig, um nicht in die Falle *„Organisationsverschulden"* zu tappen, auf die Möglichkeit gemäß § 6 Abs. 13 GefStoffV zu verzichten.

5.4.3 Substitutionsprüfung

Im Zusammenhang mit der Gefährdungsbeurteilung gemäß § 6 Abs. 1 GefStoffV ist gemäß des sog. Minimierungsgebots (§ 7 GefStoffV) in Abhängigkeit vom Grad der von einem Gefahrstoff bzw. Verfahren ausgehenden Gefahr eine Substitutionsprüfung durchzuführen. Das Ziel ist, einen Ersatz für einen „hoch gefährlichen" Gefahrstoff oder ein Verfahren mit einem anderen Arbeitsstoff oder ein anderes Verfahren für die gleiche Anwendung und mit gleicher Produktqualität, jedoch mit insgesamt geringerem Gefährdungspotenzial für die Beschäftigten zu finden.

Die Erfüllung dieser Anforderungen gemäß Gefahrstoffverordnung liegt ausschließlich in der Verantwortung des Arbeitgebers/Betreibers.

Eine besondere Aufgabe kommt den Fach- und Sachkundigen bei der Substitutionsprüfung zu. Für die Gefährdungsbeurteilung und die Substitution liegen die 2 Technischen Regeln für Gefahrstoffe, die TRGS 400 [16] und die TRGS 600 [17] vor. Sie geben den Stand der Technik, Arbeitsmedizin und Arbeitshygiene sowie sonstige gesicherte wissenschaftliche Erkenntnisse für Tätigkeiten mit Gefahrstoffen einschließlich deren Einstufung und Kennzeichnung wieder und konkretisieren im Rahmen ihres Anwendungsbereiches die Anforderungen der Gefahrstoffverordnung (GefStoffV).

Die Konkretisierung geht jedoch nicht so weit, dass die TRGS 600 mit ihrem Spaltenmodell für jeden Gefahrstoff und jede Arbeitssituation automatisch die Substitutionsfrage beantwortet. Deshalb wurde eine Reihe von Modellen entwickelt, um den Unternehmen eine Hilfestellung zu geben. Hierzu zählen u. a. Modelle wie das „Einfache Maßnahmenkonzept Gefahrstoffe (EMKG)" der Bundesanstalt für Arbeitsschutz und Arbeitsmedizin [18], das Gefahrzahlensystem für Gefahrstoffe der BAD Gesundheitsvorsorge und Sicherheitstechnik GmbH [19] und der GTGA-Leitfaden [20].

Der GTGA-Leitfaden stellt ein einfach zu handhabendes, formalisiertes System dar sowohl für eine systematische Bewertung von Art und Ausmaß einer möglichen Gefährdung bei einer Tätigkeit mit Gefahrstoffen als auch für die Durchführung einer Substitutionsprüfung.

5.4.4 Krebserzeugende, keimzellmutagene und reproduktionstoxische Gefahrstoffe

Ganz besonderes Augenmerk ist gemäß § 10 GefStoffV auf die krebserzeugenden, keimzellmutagenen oder reproduktionstoxischen Gefahrstoffe der Kategorie 1A oder 1B zu legen. Das setzt voraus, dass im Unternehmen sorgfältig zu prüfen ist, ob derartige Gefahrstoffe vorhanden sind und eingesetzt werden.

Wenn das der Fall ist, dann sind gemäß § 10a GefStoffV bestimmte Dokumentations- und Mitteilungspflichten zu erfüllen. Insbesondere ist ein Verzeichnis für jeden betroffenen Mitarbeiter zu führen und stets aktuell zu halten. In dem Verzeichnis sind die Tätigkeiten sowie die Höhe und die Dauer der Exposition der Beschäftigten anzugeben.

Diese personenbezogenen Informationen und Daten sind bei einem Wechsel des Arbeitnehmers zu einem anderen Arbeitgeber ihm zu übergeben und für die krebserzeugenden und keimzellmutagenen Gefahrstoffe der Kategorie 1A oder 1B vierzig Jahre und für die reproduktionstoxischen Gefahrstoffe der Kategorie 1A oder 1B fünf Jahre aufzubewahren.

5.4.5 Diisocyanat

Gemäß Anhang XVII Nr. 74 der REACH-Verordnung [15] gelten EU-weit neue Beschränkungsregelung für Produkte, die Diisocyanate enthalten. Die Regelungen gelten für gewerbliche Produkte mit einer Diisocyanatkonzentration ab 0,1 Gewichts-Prozent und sieht Beschränkungen u. a. zur Verwendung der Produkte vor.

Die von Diisocyanate ausgehenden Gefahren sind:

- Atemwegserkrankungen durch Aufnahme überwiegend durch Einatmen als Dampf oder Aerosol, aber auch in geringeren Mengen über die Haut oder den Magen-Darm-Trakt.
- Einschränkung der Lungenfunktion, chronische Bronchitis und Asthma
- Sensibilisierung der Atemwege und über den Hautkontakt (sog. Isocyanat-Asthma).
- Reizung der Atemwege, u. a. auch durch Einatmen bei Spritz- oder Heißanwendungen
- Einige Diisocyanate stehen im Verdacht krebserzeugend zu sein.
- Brandgefahr bei Handhabung von diisocyanathaltigen Produkten, wenn entzündbare Hilfsstoffe (z. B. Lösemittel) verwendet werden oder wenn Stäube entstehen können. Auch durch die Reaktionswärme, Betriebsstörungen oder falschem Mischungsverhältnis der Komponenten kann es zu Bränden kommen.
- Explosionsgefahr, wenn entzündbare Lösemittel zum Einsatz kommen und die Bildung einer gefährlichen explosionsfähigen Atmosphäre nicht ausgeschlossen werden kann.
- dermale Gefährdung durch Hautkontakt beim Handhaben von noch nicht vollständig ausreagierten Produkten, durch kontaminierte Oberflächen oder das Nachbearbeiten (z. B. Schneiden, Schleifen) von Erzeugnissen; isocyanathaltige Spritzer können Hornhautschäden am Auge hinterlassen.

Produkte mit diesen Bestandteilen kommen in einem großen Anwendungsgebiet zum Einsatz (**Abb. 3**), da sie technisch wichtige Rohstoffe sind, u. a. für die Herstellung von Polyurethanen und Polyharnstoffen. Ihr Einsatzgebiet ist in vielen Bereichen der Bauwirtschaft, z. B. in Klebstoffen, Bauschäumen, Lacken, Beschichtungsstoffen, Gießharzen, Lacken, Schaumstoffen und Dichtstoffen.

Abb. 3: Typische Anwendungsgebiete von Diisocyanaten

Quelle: engie Deutschland GmbH und Beratungsgesellschaft für Arbeits- und Gesundheitsschutz mbH (BfGA)

Schon geringe Konzentration können zu einer Sensibilisierung führen und sind häufig Auslöser von berufsbedingten Atemwegserkrankungen und Hauterkrankungen.

Auf Grund der hohen Zahl von in der EU anerkannten Erkrankten (rund 5.000 Beschäftigten jährlich) an Asthma auf Grund von Diisocyanaten wurde über die letzte Novellierung der REACH-Verordnung EU-weit eingeführt, dass ab dem 24. August 2023 vor der industriellen oder gewerblichen Verwendung von Produkten mit Diisocyanaten ab 0,1 Gewichts-Prozent eine angemessene **Schulung** zu erfolgen hat.

Diese Diisocyanatschulungen stellen zusätzliche Schulungen dar und sind ein wichtiger Baustein des Gefahrstoffmanagements in den Unternehmen. Die in Deutschland grundsätzlich bestehende Verpflichtung der Arbeitgeber zu einer fachkundig durchgeführten Gefährdungsbeurteilung und Substitutionsprüfung inkl. Betriebsanweisung für das jeweilige zum Einsatz kommende Produkt und jährlicher mündlicher Unterweisung mit allgemeiner arbeitsmedizinisch-toxikologischer Beratung der Beschäftigten nach Gefahrstoffverordnung (GefStoffV §§ 6 und 14) bleibt hiervon unberührt.

Das bedeutet:

- Nach dem 24. 08. 2023 dürfen Diisocyanate weder als Stoff noch als Bestandteil in anderen Stoffen oder Gemischen industriell oder gewerblich verwendet werden, es sei denn die Konzentration von Diisocyanaten einzeln und in Kombination beträgt weniger als 0,1 Gewichtsprozent oder der Arbeitgeber stellt sicher, dass der Anwender vor der Verwendung des Stoffes erfolgreich eine dokumentierte Schulung mit Erfolgskontrolle zur sicheren Verwendung von Diisocyanaten abgeschlossen haben.
- Ohne Schulungsnachweis besteht nach dem 24.08.23 ein Verwendungsverbot!

Verstöße gegen diese Regelungen der REACH-Verordnung werden über das ChemG [12] sanktioniert. Gemäß § 27b ChemG „Zuwiderhandlungen gegen die Verordnung (EG) Nr. 1907/2006“ wird die Zuwiderhandlung mit Freiheitsstrafe bis zu zwei Jahren oder mit Geldstrafe bestraft. Auch der Versuch ist strafbar. Und handelt der Täter fahrlässig, so ist die Strafe Freiheitsstrafe bis zu einem Jahr oder Geldstrafe.

5.4.6 Beispiel 1.000-Punkte-Regelung

Viele Unternehmen, insbesondere im Bereich des anlagenbezogenen Umgangs mit wassergefährdenden Stoffen, befördern im Rahmen ihres wirtschaftlichen Unternehmens zu ihren Einsatzstandorten Gefahrstoffe unterschiedlichster Art. Für dieses nicht gewerbsmäßige Befördern hat der Gesetzgeber Erleichterungen von den Beförderungsvorschriften vorgesehen [29], wenn bestimmte Mengen nicht überschritten werden. Dieses ist die 1.000-Punkte-Regelung oder auch die sog. Handwerker-Regelung.

Dabei beziehen sich die Höchstmengen auf ein Fahrzeug oder auf die „Beförderungseinheit", bestehend aus Fahrzeug und Anhänger. Mit dieser Beförderungseinheit dürfen nur in Versandstücken verpackte gefährliche Güter befördert werden. Unter Versandstücken sind auch Großverpackungen, Großpackmittel (IBC) und Druckgefäße für Gase zu verstehen, wohingegen Tanks, Tankcontainer und Gefahrgut in loser Schüttung keine Versandstücke sind. Die Versandstücke müssen korrekt gekennzeichnet sein, d. h. in der Regel mit UN-Nummer, Gefahrzettel, evtl. Kennzeichen für umweltgefährdende Stoffe. Weiter ist zu beachten, dass die Mengen je Verpackung 450 Liter nicht überschreiten, da dann die Gefahrgutvorschriften wieder beachtet werden müssen.

Für jede Fahrt ist die Gesamtpunktzahl aller auf der Beförderungseinheit vorhandenen Gefahrstoffe zu ermitteln und zu dokumentieren. Dieses Dokument ist auf dem Fahrzeug mitzuführen. Ein Nichtvorhandensein bei polizeilichen Kontrollen ist bußgeldbewährt. Damit Mitarbeiter dieser Situation nicht ausgesetzt sind, sind die organisatorischen Maßnahmen im Unternehmen einzuführen.

Da jeder Mitarbeiter vor jeder Fahrt die Ermittlung der Gesamtpunktzahl und damit den Nachweis der Einhaltung der 1.000 Punkte führen kann, sollte das Instrument zur Ermittlung organisatorisch und inhaltlich im Unternehmen eingeführt sein. Die notwendigen Informationen sollten ein Informationsbereich des Gefahrstoffverzeichnisses sein, auf das die Mitarbeiter zugreifen können.

Dazu sind die nach UN-Nummern bezifferten Gefahrstoffe einer der Beförderungskategorien 0, 1, 2, 3 oder 4 zugeordnet (Kapitel 3.2 ADR, Tabelle A, Spalte 15 [30]). Die UN-Nummer findet man u. a. im Sicherheitsdatenblatt des Gefahrstoffes. Jeder gefundenen Beförderungskategorie ist eine höchstzulässige Gesamtmenge, die stets zu beachten ist und ein Multiplikator zugeordnet (Tab. 2).

Tab. 2: Berechnungsgrundlagen für die Punkteermittlung

Beförderungs-kategorie (BK)	höchstzulässige Gesamtmenge je Beförderung	Multiplikator
0	Kleinmengen nicht zugelassen	kein Faktor
1	20 kg bzw. Liter für die Gefahrstoffe unter [a)] 50 kg bzw. Liter	50 20
2	333 kg bzw. Liter	3
3	1.000 kg bzw. Liter	1
4	unbegrenzt	kein Faktor

a) Für die UN-Nummern 0081, 0082, 0084, 0241, 0331, 0332, 0482, 1005 und 1017 beträgt die höchstzulässige Gesamtmenge je Beförderungseinheit 50 kg bzw. Liter.

- Ungereinigte leere Verpackungen, die Stoffe enthalten haben, die der Beförderungskategorie BK0 zugeordnet sind, werden ebenfalls der Beförderungskategorie BK0 zugeordnet.
- Ungereinigte leere Verpackungen, die Stoffe enthalten haben, die anderen Beförderungskategorien als der Beförderungskategorie BK0 zugeordnet sind, werden der Beförderungskategorie BK4 zugeordnet.

Mit diesen Informationen kann dann die Punktzahl je Beförderungseinheit ermittelt werden.

Fallbeispiel

Es sollen auf die Baustelle gefahren werden:

- 3 Fässer Kerosin
- 8 Kanister Natriumhydroxydlösung
- 3 Kisten Trichlorethylen

Gefahrstoff	UN-Nr.	Beförderungskategorie gemäß Teil 3 ADR, Kapitel 2, Tabelle A	Multiplikator	Gebindegröße Menge kg oder Liter
Farbe (einschließlich Farbe, Lack, Emaille, Beize, Schellack, Firnis, Politur, flüssiger Füllstoff und flüssige Lackgrundlage) oder Farbzubehörstoffe (einschließlich Farbverdünnung und -lösemittel)	**1263**	**3**	**1**	**40 × 0,5 Liter = 20 Liter**
Acetylen, gelöst	**1001**	**2**	**3**	**2 Gasflaschen á 40 Liter = 80 Liter**
ätzender basischer anorganischer flüssiger Stoff, N.A.G.	**3266**	**2**	**3**	**10 × 20 kg = 200 kg**

Lösung

UN 1263: Beförderungskategorie 3 hat Faktor 1: also 20 × 1 = 20 Punkte

UN 1001: Beförderungskategorie 2 hat Faktor 3: also 80 × 3 = 240 Punkte

UN 3266: Beförderungskategorie 2 hat Faktor 3: also 200 × 3 = 600 Punkte

gesamt = 860 Punkte

Für die Situation, dass stets nur geringe Mengen befördert werden, die mit Sicherheit weit unter den 1.000 Punkten liegt, wie es z. B. bei AwSV-Fachbetrieben i. d. R. der Fall ist, kann ein **vereinfachter Nachweis** der 1.000 Punkte-Regelung herangezogen werden. Damit nicht bei jeder Beförderung immer wieder ein neues Dokument (siehe zuvor) erstellt werden muss, womit der sich ständig wiederholende bürokratische Aufwand reduziert wird.

Dazu ist zunächst die aktuelle Situation im Unternehmen sorgfältig zu analysieren.

a) Überprüfen der Gefahrstoffliste auf Vollständigkeit,
b) Feststellen der maximalen Gebindegröße (Menge in kg bzw. Liter) für jeden Gefahrstoff, der im Einzelfall befördert werden soll,
c) Ermittlung der größten Beförderungseinheit und der dafür größten Menge an Gefahrstoffen. Die dafür ermittelte Gesamtpunktzahl stellt dann die Obergrenze dar, die dokumentiert wird.
d) Diese Analyse ist regelmäßig (z. B. jährlich) zu überprüfen und zu dokumentieren.
e) Das Dokument ist auf jedem Fahrzeug mitzuführen.

Das Dokument kann wie in Abbildung 4 und 5 aussehen.

Firmenlogo

vereinfachter Nachweis der Einhaltung der 1.000 Punkte
Im Unternehmen werden in einem begrenzten Umfang geringfügige Mengen an Gefahrstoffen zwischen dem Firmenstandort und den Standorten der Auftraggeber befördert. **Die Analyse ist im Gefahrstoffmanagementsystem des Unternehmens dokumentiert und wird jährlich überprüft (Anlage).**

Maximale Anzahl der beförderten Stoffe	**19**
Maximale Einzelgebindegröße (kg bzw. Liter)	**11 Liter**
Maximale Punktezahl	**430**
Die höchstzulässige Gesamtmenge je Gefahrstoff wird eingehalten.	
Ort/Datum	verantwortlich für das Dokument Name: **xxxxxxxx** Unterschrift:

Abb. 4: Vereinfachter Nachweis

Anlage

Ermittlung der aktuellen Punkte gemäß 1.000-Punkte-Regelung

Stoffname	UN-Nr.	Beförderungs-kategorie	Multi-plikator	Gebindegröße (kg oder Liter)	Punkte pro Einheit	max. Anzahl	Punkte
Propangas (Flasche)	1965	2	3	2,5	7,5	1	7,5
Sauerstoff (Flasche)	1072	2	3	5	15	1	15
Kältemittel R134a	3159	3	1	12	12	1	12
Kältemittel R32	3252	2	3	9	27	2	54
Kältemittel R404a	3337	2	3	10	30	1	30
Kältemittel R407c	3340	2	3	11	33	1	33
Kältemittel R410a	3163	2	3	10	30	1	30
Stickstoff, verdichtet	1066	2	3	10	30	4	120
Kältespray Anti-Static 90 Servisol	1950	2	3	0,4	1,2	2	2,4
Kettenspray	1950	2	3	0,4	1,2	1	1,2
Lecksuchspray	1950	2	3	0,4	1,2	2	2,4
Prüfgas Abus RM	1950	2	3	0,125	0,375	1	0,375
Prüfgas Hekatron 918/5	1950	2	3	0,25	0,75	1	0,75
Prüfgas Siemens REF8	1950	2	3	0,25	0,75	1	0,75
Reinigungsmittel RTU; SuperClean; Konzentratverflüssiger	1719	3	1	5	5	2	10
Silikonspray	1950	2	3	0,25	0,75	1	0,75
WD40 Spray	1950	1	50	0,5	25	1	25
Zink-Alu-Spray	1950	2	3	0,4	1,2	4	4,8
Zink-Spray	1950	1	50	0,4	20	4	80
						Summe	430

aufgestellt von *Name eintragen* **Unterschrift**
Datum *tt.mm.jjjj*
Revisionsdatum *tt.mm.jjjj*

Abb. 5 Anlage zu vereinfachtem Nachweis

Sollte man für das Unternehmen in den Bereich der 1.000 Punkte kommen oder sie sogar im Einzelfall überschreiten, dann ist grundsätzlich für jede Beförderung ein entsprechendes Dokument immer wieder neu zu erstellen!

5.4.7 Beförderung von Abfällen

Unternehmen, die bei ihren Auftraggebern Anlagen errichten, instandsetzen, warten und stilllegen, haben i. d. R. im Zusammenhang mit ihren Arbeiten anfallende Abfälle zu transportieren. Für diese Situation hat der Gesetzgeber im Kreislaufwirtschaftsgesetz [27] die Anzeigen gemäß §§ 63 und 64 vorgesehen.

Denn diese Unternehmen befördern keine Abfälle gewerbsmäßig, sondern sie werden im Rahmen ihres wirtschaftlichen Unternehmens die bei ihren Arbeiten anfallenden gefährlichen und nicht gefährlichen Abfälle auf ihre Betriebshöfe oder zu einem Entsorger gefahren. Mit dieser Anzeige bzw. der Erlaubnis, die nur einmalig durchzuführen ist, unterliegen die Unternehmen nicht den aufwendigen gefahrgutrechtlichen Anforderungen, was eine erhebliche Vereinfachung bedeutet.

§ 53 KrWG Sammler, Beförderer, Händler und Makler von Abfällen

(1) Sammler, Beförderer, Händler und Makler von Abfällen haben die Tätigkeit ihres Betriebes vor Aufnahme der Tätigkeit der zuständigen Behörde anzuzeigen, es sei denn, der Betrieb verfügt über eine Erlaubnis nach § 54 Absatz 1. Die zuständige Behörde bestätigt dem Anzeigenden unverzüglich schriftlich den Eingang der Anzeige. Zuständig ist die Behörde des Landes, in dem der Anzeigende seinen Hauptsitz hat.

§ 54 KrWG Sammler, Beförderer, Händler und Makler von gefährlichen Abfällen

(1) Sammler, Beförderer, Händler und Makler von gefährlichen Abfällen bedürfen der Erlaubnis.

Die Anzeige und Erlaubnis ist gemäß § 13 der Anzeige- und Erlaubnisverordnung [28] in Kopie auf den Fahrzeugen des Unternehmens mitzuführen. Ein Nichtvorhandensein bei polizeilichen Kontrollen ist bußgeldbewährt. Damit Mitarbeiter dieser Situation nicht ausgesetzt sind, sind die organisatorischen Maßnahmen im Unternehmen einzuführen.

5.5 Pflichten und Aufgaben der Fach- und Sachkundigen

Da die Funktion eines Fach- und Sachkundigen nicht gemäß GefStoffV vorgesehen ist, gibt es auch keine Pflicht zur formalen Bestellung dieser Person. Die Verantwortung zur Erfüllung der Verpflichtungen aus der GefStoffV liegt ausschließlich beim Arbeitgeber. Er kann sich dazu aber Dritter bedienen, der Fach- und Sachkundigen. Sie beraten den Arbeitgeber.

Deshalb ist es für diese Personen wichtig, dass ihnen eindeutig schriftlich mitgeteilt wird, für welche Themen aus dem umfänglichen Aufgabengebiet des Stoffrechts sie zuständig sind und in welcher Form sie Aufgaben umzusetzen haben. Dieses ist eine wichtige Komponente eines nachhaltigen Gefahrstoffmanagements, um im Streitfall klare Verhältnisse zu haben.

So gehören u. a. zu ihren Aufgaben

- Führung einer Gefahrstoffliste einschließlich der aktuellen Sicherheitsdatenblätter,
- Gefährdungsbeurteilungen der Gefahrstoffe,
- Durchführung der Substitutionsprüfungen,
- Erstellen von Arbeitsanweisungen,
- Unterweisungen der Mitarbeiter,

- Auswahl von mit den auftretenden Gefährdungen und den erforderlichen Schutzmaßnahmen vertrauten Mitarbeitern vor einem Projektstart,
- Arbeitsfreigaben vor Beginn der Tätigkeiten,
- Überwachung der Durchführung der Regelmäßigkeit der arbeitsmedizinischen Untersuchungen,
- Einführung der Organisation der 1.000-Punkte-Regelung (sog. Handwerkerregelung für den Transport von Gefahrstoffen) und Überwachung der Durchführung,
- Berichterstattung an den Arbeitgeber.

Werden im Rahmen der Aufgabenerfüllung Mängel festgestellt, sind diese dem Arbeitgeber mitzuteilen sowie Maßnahmen zu Ihrer Beseitigung vorzuschlagen. So können die Mängel abgestellt und Fehlentwicklungen abgewendet werden.

5.6 Organisatorische Einbindung

Da gemäß GefStoffV keine Funktion als Gefahrstoffbeauftragter und als Fach- und Sachkundiger vorgesehen ist, sondern nur die Forderung besteht, dass die Aufgaben aus der GefStoffV fach- und sachkundig durchzuführen sind, gibt es auch keine Regelungen hinsichtlich der organisatorischen Einbindung der Fach- und Sachkundigen in die Organisationsstruktur des Unternehmens.

In Unternehmen, die die Aufgaben aus der GefStoffV bei der SiFa angesiedelt oder einen Gefahrstoffbeauftragten freiwillig installiert haben, ist die organisatorische Einbindung wie in **Kap. 4.5** beschrieben zu realisieren.

In Unternehmen, die diese Aufgaben von Mitarbeitern zusätzlich zu ihren Projekttätigkeiten wahrnehmen lassen, sollte seitens des Arbeitgebers/der Geschäftsleitung im Unternehmen der gesamten Belegschaft schriftlich mitgeteilt sein, wer mit welchen Aufgaben als Fach- und Sachkundiger die verantwortliche Person im Sinne eines nachhaltigen Gefahrstoffmanagements betraut worden ist.

Wichtig ist es für den Fach- und Sachkundigen, dass er in den Informationsfluss (Monteurs-, Baustellentagebuch, Berichte über Baustellenbegehungen) zeitnah eingebunden ist, so dass er Einfluss nehmen und Hinweise im Sinne seiner Beratungsfunktion geben kann.

5.7 Externe Sach- und Fachkundige

Werden die Aufgaben auf Externe, z. B. ein Büro für Arbeitssicherheit, per Vertrag übertragen, so ist ein Fach- und Sachkundiger als Ansprechpartner für den Externen durch den Arbeitgeber zu benennen, der die per Leistungsverzeichnis festgelegten Aufgaben kontrolliert. Diese Person hat in regelmäßigen Abständen den Arbeitgeber/die Geschäftsleitung entsprechend zu unterrichten und dabei auf eventuelle Problemlagen aufmerksam zu machen.

Die Praxis zeigt, dass die vertragliche Bindung von Externen (z. B. Büro für Arbeitssicherheit oder auch Einzelpersonen) über eine überwiegend allgemeine

Aufgabenbeschreibung mit Pauschalkosten erfolgt, so dass z. B. Aufgaben wie Erstellung und Pflege eines Gefahrstoffkatasters, Aktualisierung von Sicherheitsdatenblättern oder Substitutionsprüfungen bei Gefahrstoffen und insbesondere Unterweisungen der Mitarbeiter zu Gefahrstoffen komplett unter den Tisch fallen.

Geschäftsführer wähnen sich z. B. auf der sicheren Seite, wenn sie ein Büro für Arbeitssicherheit für die Bestellung einer Fachkraft für Arbeitssicherheit gebunden haben. Damit ist aber nicht automatisch sichergestellt, dass die Aufgaben rund um das Gefahrstoffmanagement behandelt werden. Dieses ist über ein präzises Leistungsverzeichnis zu definieren, wozu bereits eine qualifizierte Sachkunde erforderlich ist.

6 Betrieblich verantwortliche Person für den Umgang mit Abfällen

6.1 Allgemeines

Im Abfallbereich sind neben der Funktion eines Betriebsbeauftragten für Abfall (Abfallbeauftragter)[6] gemäß § 59 Kreislaufwirtschaftsgesetz (KrWG) [27] noch 3 weitere Beauftragtenfunktionen zu berücksichtigen. Dabei handelt sich um verantwortliche Personen für die

- Leitung und Beaufsichtigung des Betriebes gemäß § 9 EntsorgungsfachbetriebeVO (EfbV) [32],
- Leitung und Beaufsichtigung des Betriebes gemäß § 5 Anzeige- und ErlaubnisVO (AbfAEV) [33],
- Leitung des Betriebes einer Deponie gemäß § 4 DeponieVO (DepV) [34].

6.2 Entsorgungsfachbetriebe

Analog zum WHG-Fachbetrieb (siehe Kap. 4) etablierte der Gesetzgeber 10 Jahre später in 1996 im KrWG den Entsorgungsfachbetrieb. Das Ziel ist auch hier, mit der Zertifizierung die Qualität der Entsorgungsbetriebe, die Abfälle

- sammeln,
- befördern,
- lagern,
- behandeln,
- verwerten,
- beseitigen,
- mit diesen handeln oder
- makeln,

durch Eigenverantwortung zu verbessern. Gleichzeitig ist damit für den einzelnen Entsorgungsbetrieb auch eine Deregulierung, z. B. in Form des Verzichts auf eine Erlaubnis gemäß § 54 KrWG oder der Nutzung des privilegierten Nachweisverfahrens, verbunden.

Während die WHG-Fachbetriebsqualifikation für bestimmte Tätigkeiten und an bestimmten Anlagen gesetzlich vorgeschrieben ist, ist diese gesetzliche Bestimmung für den Entsorgungsfachbetrieb nicht gegeben. Ein Entsorgungsfachbetrieb wirkt gemäß § 56 KrWG „nur" mit.

6 Die Funktion des Abfallbeauftragten wird hier nicht behandelt, da sie ausführlich in [22] dargelegt ist.

§ 56 KrWG Zertifizierung von Entsorgungsfachbetrieben

(1) Entsorgungsfachbetriebe wirken an der Förderung der Kreislaufwirtschaft und der Sicherstellung des Schutzes von Mensch und Umwelt bei der Erzeugung und Bewirtschaftung von Abfällen nach Maßgabe der hierfür geltenden Rechtsvorschriften mit.

Allerdings hat hier der Markt weitgehend regulierend Einfluss genommen. Insbesondere bei BImSchG-genehmigten Abfallanlagen und größeren Projekten (z.B. bei Bahnbau- und Altlastenprojekten) wird die Fachbetriebsqualifikation eines Entsorgungsfachbetriebs vorausgesetzt.

Die Voraussetzung für die Zertifizierung zum Entsorgungsfachbetrieb bezieht sich gemäß § 57 KrWG in Verbindung mit der Ermächtigung für nähere Regelungen gemäß § 68 KrWG unter anderem auf die Anforderungen an

- personelle Ausstattung,
- Versicherungsschutz,
- gerätetechnische Ausstattung,
- Betriebsorganisation,
- Dokumentation (Betriebstagebuch).

Dieses ist jährlich durch Sachverständige einer Entsorgergemeinschaft oder einer Technischen Überwachungsorganisation zu überprüfen.

Die Zertifizierung eines Unternehmens ist bezüglich der Standorte, Tätigkeiten und Abfälle auf die tatsächlichen Verhältnisse zu beschränken. Eine Vorratszertifizierung ist ausgeschlossen.

6.2.1 Entsorgungsverantwortlicher (EV)

Die spezifischen Anforderungen sind in der EfbV [32] und der Vollzugshilfe der LAGA [35] enthalten. Dabei ist ein zentraler Punkt, dass, wenn nicht der Inhaber ausschließlich selbst die Leitung und Beaufsichtigung des Betriebes innehat, eine Bestellung mindestens einer Person, die für Leitung und Beaufsichtigung des Betriebes verantwortlich ist, erforderlich ist. In der Praxis hat sich für den langen Namen des Verantwortlichen der Begriff „Entsorgungsverantwortlicher (EV)“ eingebürgert.

§ 3 EfbV Anforderungen an die Betriebsorganisation

(2) Für die im Betrieb durchgeführten abfallwirtschaftlichen Tätigkeiten sind die Verantwortung sowie die Entscheidungs- und Mitwirkungsbefugnisse folgender Personen festzulegen:

1. des Inhabers,
2. **der für die Leitung und Beaufsichtigung des Betriebes verantwortlichen Personen,**
3. des sonstigen Personals sowie

4. der Betriebsbeauftragten, die nach Umwelt- oder Gefahrgutvorschriften für den Betrieb zu bestellen sind.

Die Festlegungen nach Satz 1 sind schriftlich, elektronisch oder in gleich geeigneter Weise in Form von Funktionsbeschreibungen und Organisationsplänen darzustellen und den betroffenen Mitarbeitern bekannt zu geben.

Entscheidend ist, dass insbesondere mit der Bestellung des Entsorgungsverantwortlichen (EV) die Verantwortung sowie die Entscheidungs- und Mitwirkungsbefugnisse schriftlich, elektronisch oder in gleich geeigneter Weise festgelegt werden. So ist der Umfang der Beauftragung der fachlichen Leitung, Überwachung und Kontrolle genau zu bezeichnen. Bei mehreren verantwortlichen Personen sind die Verantwortungs- und Aufgabenbereiche klar abzugrenzen. Weiter ist zu definieren, für welche Bereiche der EV Entscheidungsbefugnisse hat und für welche Bereiche „nur" Mitwirkungsbefugnisse bestehen. Auch ist eine geeignete Vertretungsregelung festzulegen und zu dokumentieren.

6.2.2 Anforderungen an den Entsorgungsverantwortlichen (EV)

Für die Wahrnehmung der Funktionen „Leitung, Überwachung und Kontrolle" sind gemäß § 9 EfbV bestimmte Voraussetzungen geknüpft. So muss der EV auf einem Fachgebiet, dem der Betrieb hinsichtlich seiner Betriebsvorgänge zuzuordnen ist,

- ein Hochschul- oder Fachhochschulstudium abgeschlossen haben,
- eine kaufmännische oder technische Fachschul- oder Berufsausbildung besitzen oder
- eine Qualifikation als Meister

vorweisen können.

EVs, die vor dem 01. Juni 2017 bereits in der Funktion tätig waren, konnten die Voraussetzungen auch über einen **Nachweis gleichwertiger Qualifikationen** (Berufsausbildung, langjährige Berufserfahrung und Leitungsfunktion auf dem einschlägigen Gebiet) erfüllen. Dieser Nachweis gleichwertiger Qualifikation ist mit der jetzigen EfbV **nicht mehr möglich**.

Weiter muss der EV mindestens eine zweijährige praktische Tätigkeit in der Abfallwirtschaft nachweisen, in der die Kenntnisse erworben wurden, um die Leitungs- oder Beaufsichtigungsfunktion wahrnehmen zu können. Eine weitere Voraussetzung ist die Teilnahme an einem von der zuständigen Behörde anerkannten viertägigen Grundlehrgang. Der Inhalt ist der Anlage 1 in [32] zu entnehmen.

Um jederzeit über den für ihre Tätigkeit erforderlichen aktuellen Wissensstand zu verfügen, müssen die EV mindestens alle zwei Jahre an behördlich anerkannten Lehrgängen teilnehmen. Dabei beginnt die Zweijahresfrist mit dem Besuch des letzten Lehrgangs.

Ein wichtiger Punkt ist der Nachweis der Zuverlässigkeit. Diese erfolgt über zwei Dokumente und ist bei jeder dritten jährlichen Überprüfung zu wiederholen:

- Führungszeugnis
- personenbezogene Auskunft aus dem Gewerbezentralregister.

6.2.3 Aufgaben des Entsorgungsverantwortlichen (EV)

Zu den Aufgaben eines EV gehören sowohl Leitungs- als auch Aufsichtsfunktionen, wobei im Einzelnen über seine Bestellung die Aufgaben, Pflichten und deren Abgrenzungen eindeutig zu definieren sind.

So hat er insbesondere dafür zu sorgen, dass die Mitarbeiter regelmäßig geschult und unterwiesen werden, um eine ordnungsgemäße Durchführung der abfallwirtschaftlichen Tätigkeiten zu gewährleisten. Im Einzelnen hat der EV folgende Aufgaben wahrzunehmen:

- Kontrolle der Abfallanlieferungen oder -auslieferungen einschließlich der abfallrechtlichen Nachweise,
- Überprüfung der Abfalleinstufungen und ggf. Durchführung von Korrekturen,
- Regelmäßige Kontrolle der Anlagen,
- Anpassungen bei veränderten Abfallströmen bzw. Abfallzusammensetzungen,
- Kontrolle und Überprüfung der gerätetechnischen Ausstattung und der einzusetzenden Betriebsmittel wie Geräte und Fahrzeuge,
- Überwachung der insgesamt sach- und fachgerechten Durchführung der zertifizierten abfallwirtschaftlichen Tätigkeiten,
- Führung und/oder Kontrolle des Betriebstagebuchs,
- Auswahl von geeigneten Unternehmen (Beauftragung Dritter) für abfallwirtschaftliche Tätigkeiten.

6.2.4 Organisatorische Einbindung des Entsorgungsverantwortlichen (EV)

Für die organisatorische Einbindung des EV in die Struktur des Unternehmens gilt das Gleiche wie in Kap. 4.6 dargestellt.

6.3 Sammler, Beförderer, Händler und Makler

Für Sammler, Beförderer, Händler und Makler von Abfällen ist zwischen den zugehörigen Tätigkeiten zu unterscheiden, die gewerbsmäßig oder im Rahmen wirtschaftlicher Unternehmen durchgeführt werden.

So ist bei gewerbsmäßiger Tätigkeit mit gefährlichen Abfällen gemäß § 54 KrWG eine Erlaubnis zu erwirken. Beschränkt sich das Unternehmen auf gewerbsmäßige Tätigkeiten mit nicht gefährlichen Abfällen, so ist gemäß § 53 KrWG „nur“ eine Anzeige zu tätigen. Für alle Tätigkeiten mit gefährlichen und nicht gefährlichen Abfällen im Rahmen wirtschaftlicher Unternehmen ist ebenfalls gemäß § 53 KrWG „nur“ eine Anzeige zu tätigen (**Abb. 5**).

Die Erlaubnis bzw. die Anzeige ist bei der für den Hauptsitz des Unternehmens zuständigen Behörde zu stellen.

§ 53 KrWG Sammler, Beförderer, Händler und Makler von Abfällen

(1) Sammler, Beförderer, Händler und Makler von Abfällen haben die Tätigkeit ihres Betriebes vor Aufnahme der Tätigkeit der zuständigen Behörde anzuzeigen, es sei denn, der Betrieb verfügt über eine Erlaubnis nach § 54 Absatz 1. (...)

§ 54 Sammler, Beförderer, Händler und Makler von gefährlichen Abfällen

(1) Sammler, Beförderer, Händler und Makler von gefährlichen Abfällen bedürfen der Erlaubnis. (...)

Unternehmen, die sowohl gewerbsmäßig als auch im Rahmen wirtschaftlicher Unternehmen gefährliche und nicht gefährliche Abfälle „nur“ sammeln und befördern bzw. mit Abfällen handeln und/oder makeln wollen oder alle vier Tätigkeiten ausüben wollen, müssen nicht den Status eines Entsorgungsfachbetrieb anstreben (Abb. 6).

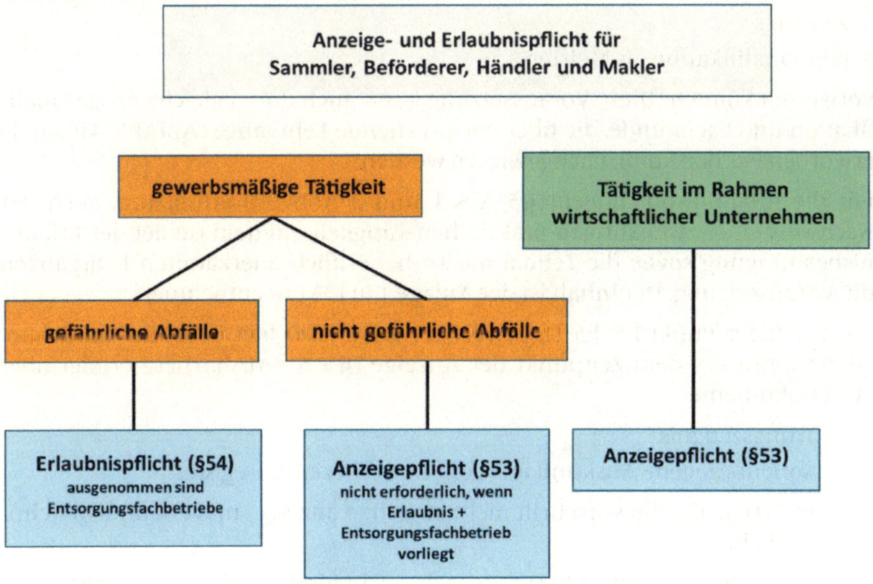

Abb. 6: Anzeige- und Erlaubnispflichten

6.3.1 Verantwortliche Person

Die spezifischen Anforderungen für die Tätigkeiten als Sammler, Beförderer, Händler und Makler von Abfällen sind in der AbfAEV [33] und der Vollzugshilfe des Bundesministeriums für Umwelt, Naturschutz, Bau und Reaktorsicherheit [36] enthalten. Dabei ist ein zentraler Punkt, wenn nicht der Inhaber ausschließlich selber die Leitung und Beaufsichtigung des Betriebes innehat, die Beauftragung mindestens einer Person, die für Leitung und Beaufsichtigung des Betriebes verantwortlich (verantwortliche Person) ist.

Die Wahrnehmung der Leitungsaufgaben kann auch durch Honorarkräfte oder freie Mitarbeiter erfolgen, die hierzu die notwendigen fachlichen Kompetenzen haben.

Die verantwortlichen Personen sind nicht Adressat der Anzeigepflicht nach § 53 KrWG bzw. der Erlaubnispflicht nach § 54 KrWG oder möglicher Ordnungswidrigkeiten.

Für die Wahrnehmung der Funktionen „Leitung und Beaufsichtigung" durch verantwortliche Personen unterscheidet die AbfAEV bei den Voraussetzungen zwischen Anzeigepflichtigen (§ 4 AbfAEV) und Erlaubnispflichtigen (§ 5 AbfAEV).

In beiden Fällen muss die verantwortliche Person auf einem Fachgebiet, dem der Betrieb hinsichtlich seiner Betriebsvorgänge zuzuordnen ist,

- ein Hochschul- oder Fachhochschulstudium abgeschlossen haben,
- eine kaufmännische oder technische Fachschul- oder Berufsausbildung besitzen oder
- eine Qualifikation als Meister

vorweisen können. Diese Voraussetzung kann auch durch gleichwertige Qualifikation und Fachkunde, die über entsprechende Lehrgänge (AbfAEV Anlage 1) erworben werden kann, nachgewiesen werden.

Für die Erlaubnispflichtigen (§ 5 Abs. 1 und 2 AbfAEV) erfüllt u. a. auch der Nachweis einer zweijährigen praktischen Tätigkeit auf dem Gebiet der Erlaubnisbeantragung sowie die Teilnahme an behördlich anerkannten Lehrgängen die Voraussetzung. Der Inhalt ist der Anlage 1 in [33] zu entnehmen.

Ein wichtiger Punkt ist der Nachweis der Zuverlässigkeit über fünf zurückliegende Jahre vor dem Zeitpunkt der Anzeige (§ 3 AbfAEV). Diese erfolgt über zwei Dokumente:

- Führungszeugnis
- personenbezogene Auskunft aus dem Gewerbezentralregister.

Hier unterscheidet die Vorschrift nicht zwischen anzeige- und erlaubnispflichtigen Tätigkeiten.

Aus den rechtlichen Formulierungen geht nicht eindeutig hervor, ob der Nachweis der Zuverlässigkeit wiederholt werden muss. Auch ist nicht geregelt, ob bei einem Wechsel der verantwortlichen Person nach der Anzeige von der neuen

Person ein Nachweis der Zuverlässigkeit zu erbringen ist. Im eigenen Interesse des Unternehmens sollte der Geschäftsführer bei der Übertragung der Aufgaben auf die verantwortliche Person sich von der Zuverlässigkeit überzeugen und es dokumentieren.

Die von der verantwortlichen Person zu tätigen Aufgaben und Befugnisse sind eindeutig und präzise in dem Bestellungsschreiben zu definieren.

6.3.2 Aufgaben der verantwortlichen Person

Eine wichtige Aufgabe ergibt sich aus der Registerpflicht gemäß §49 Abs. 2 KrWG. Daraus resultiert die Installation eines geeigneten Erfassungs- und Dokumentationssystems der Abfälle, die die Sammler, Beförderer, Händler und Makler managen, um Wege und Verbleib der Abfälle eindeutig nachweisen zu können. Auch wenn die Registerpflicht hier nur für die gefährlichen Abfälle formal gilt, ist zu empfehlen auch die nicht gefährlichen Abfälle zu erfassen, um den Gesamtumgang mit Abfällen belastbar nachweisen zu können. Wenn die verantwortliche Person das Register nicht selbst pflegt, dann hat er das System regelmäßig zu kontrollieren und die Kontrolle zu dokumentieren.

Eine weitere Aufgabe besteht bei Unternehmen, die Abfälle befördern, dass die Fahrzeuge die Anzeige bzw. Erlaubnis in Kopie oder elektronisch mitführen und dass sie entsprechend beschildert sind.

Weiter sollte die verantwortliche Person bei der Fortbildung und Unterweisung des Personals zumindest mitwirken, damit die Personen für ihre jeweilige Tätigkeit über den notwendigen aktuellen Wissensstand verfügen.

Da die Behörde jederzeit die Unterlagen über den Nachweis der Abfallströme, der Zuverlässigkeit und der Fach- und Sachkunde verlangen kann, ist ein Dokumentationssystem einzurichten und zu pflegen.

6.3.3 Organisatorische Einbindung der verantwortlichen Person

Für die organisatorische Einbindung des EV in die Struktur des Unternehmens gilt das Gleiche wie in Kap. 4.6 dargestellt.

6.4 Betrieb von Deponien

Für den Betrieb einer Deponie ist der Betreiber gemäß DeponieV [34] verpflichtet, eine strukturierte Organisation zu etablieren. Dazu zählen im Wesentlichen

- Einrichtung der Einlagerungsbereiche, eines Eingangsbereichs, Sicherung des Deponiegeländes,
- Annahmekontrolle der angelieferten Abfälle anhand der Annahmekriterien aus dem Genehmigungsbescheid,
- Prüfung und Dokumentation der Charakteristika der angenommenen Abfälle,
- Durchführung von Maßnahmen zur Kontrolle, Verminderung und Vermeidung von Emissionen, Immissionen, Belästigungen und Gefährdungen,

- Führen eines Betriebshandbuchs und Abfallregister,
- Informations- und Dokumentationspflichten,
- Beauftragung von für die Leitung verantwortlichen Personen,
- Einrichtung und Betrieb des Messsystem für die Deponie.

6.4.1 verantwortliche Person

Im Rahmen der Verpflichtung zur Ausgestaltung der Organisation hat der Deponiebetreiber mindestens gemäß § 4 DepV eine für die Leitung verantwortliche Person zu bestellen.

§ 4 DepV Organisation und Personal

Der Deponiebetreiber hat die Organisation einer Deponie so auszugestalten, dass

1. (...)
2. die für die Leitung verantwortlichen Personen mindestens alle zwei Jahre an von der zuständigen Behörde oder Stelle anerkannten Lehrgang nach Anhang 5 Nummer 9 teilnehmen,

(...)

An die verantwortliche Person werden gemäß DepV nur Anforderungen an die Fach- und Sachkunde gestellt, die alle zwei Jahre durch Teilnahme an einem von der Behörde anerkannten Lehrgang bestätigt wird.

Die von der verantwortlichen Person zu tätigen Aufgaben und Befugnisse sind eindeutig und präzise in dem Bestellungsschreiben zu definieren.

6.4.2 Aufgaben der verantwortlichen Person

Die Aufgaben ergeben sich aus der geforderten Organisationsstruktur gemäß DepV. Zentrale Aufgaben sind neben den einbautechnischen Maßnahmen:

- Annahmekontrolle der angelieferten Abfälle,
- Führen des Betriebsbuches,
- Führen des Abfallregisters,
- sonstige Informations- und Dokumentationspflichten.

Weiter sollte die verantwortliche Person bei der Fortbildung und Unterweisung des Personals zumindest mitwirken und dafür sorgen, dass das Personal mindestens alle 4 Jahre an fachspezifischen Fortbildungen teilnimmt, damit die Personen für ihre jeweilige Tätigkeit über den notwendigen aktuellen Wissensstand verfügen.

6.4.3 Organisatorische Einbindung der verantwortlichen Person

Für die organisatorische Einbindung des EV in die Struktur des Unternehmens gilt das Gleiche wie in Kap. 4.6 dargestellt.

7 Technische Überwachungsorganisationen und Güte- und Überwachungsgemeinschaften[7]

7.1 Umgang mit wassergefährdenden Stoffen

Für den Bereich der wassergefährdenden Stoffe gibt es 2 Wege, um ein gemäß § 62 Abs. 1 AwSV zertifizierter Fachbetrieb zu werden.

> **§ 62 AwSV Fachbetriebe; Zertifizierung von Fachbetrieben**
>
> 1.1.1. Betriebe, die die in § 45 Absatz 1 genannten Tätigkeiten an den dort genannten Anlagen und Anlagenteilen ausführen, bedürfen der Zertifizierung als Fachbetrieb durch eine **Sachverständigenorganisation** oder eine **Güte- und Überwachungsgemeinschaft.** Die Zertifizierung kann auf bestimmte Tätigkeiten beschränkt werden. Sie ist auf einen Zeitraum von zwei Jahren zu befristen.

Der Betrieb hat also die Wahl, sich an eine Sachverständigenorganisation oder an eine Güte- und Überwachungsgemeinschaft zu wenden (**Anhang 1**).

Eine **Güte- und Überwachungsgemeinschaft (GÜG)** hat grundsätzlich die Rechtsform eines eingetragenen Vereins. Wählt der Betrieb diesen Weg, dann wird er zunächst einmal Mitglied im Verein (analog wie bei einem Tennisverein). Für die Vereinsmitgliedschaft zahlt er einen jährlichen Beitrag und wird dafür auch betreut, indem er Informationen über Rundschreiben, Broschüren und anderweitige Beratungen erhält. Das zweijährige Audit bis zur Überstellung des Zertifikats wird getrennt verrechnet.

Eine **Sachverständigenorganisation (SVO)** kann die Rechtsform eines eingetragenen Vereins oder einer GmbH haben. Die Fachbetriebe schließen mit einer Sachverständigenorganisation einen Überwachungsvertrag ab, wobei der Betrieb im Zweijahresrhythmus die Sachverständigenorganisation wechseln kann. Eine allgemeine Betreuung wie bei einer Güte- und Überwachungsgemeinschaft findet nicht statt.

Beide Organisationsformen bedürfen eines **Anerkennungsbescheids** durch die zuständige Landesbehörde aus dem Bundesland, in dem die Organisation ansässig ist. Mit dem Anerkennungsbescheid wird die Organisation zu einer **beliehenen Einrichtung** und nimmt somit hoheitliche Aufgaben wahr. Beide Organisationsformen sind somit keine Anhängsel eines Industrie- oder Handwerkerverbands und damit keine Lobbyeinrichtung.

Eine **SVO** kann gemäß § 52 Abs. 1 AwSV Sachverständige bestellen, die befugt sind,

7 In dem Merkblatt der LAWA [6] sind die Voraussetzungen und Anforderungen an die Technischen Überwachungsorganisationen (SVO) und Güte- und Überwachungsgemeinschaften (GÜG) im Detail niedergelegt.

- Anlagen zu prüfen

und

- Fachbetriebe zu zertifizieren.

§ 52 AwSV Anerkennung von Sachverständigenorganisationen

(1) Sachverständigenorganisationen bedürfen der Anerkennung durch die zuständige Behörde. Anerkannte Sachverständigenorganisationen sind berechtigt,

2. Sachverständige zu bestellen, die
   1. (...)
   2. Anlagenprüfungen nach § 46 Absatz 2 bis 5 und Anlage 7 Nummer 6.4 und 6.7 Satz 3 durchführen und
   3. (...)
   4. Fachbetriebe nach § 62 Absatz 1 zu zertifizieren und zu überwachen, sofern sich die Anerkennung auch darauf erstreckt.

Eine **GÜG** kann dagegen gemäß § 57 Abs. 1 AwSV Fachprüfer bestellen, die nur befugt sind,

- Fachbetriebe zu zertifizieren.

§ 57 AwSV Anerkennung von Güte- und Überwachungsgemeinschaften

(1) Güte- und Überwachungsgemeinschaften bedürfen der Anerkennung durch die zuständige Behörde. Anerkannte Güte- und Überwachungsgemeinschaften sind berechtigt, **Fachprüfer** zur Zertifizierung und Überwachung von Fachbetrieben nach § 62 Absatz 1 zu bestellen.

Die Voraussetzung für eine erfolgreiche Zertifizierung eines Betriebes ist u. a., dass gemäß § 62 Abs. 2 AwSV der Betrieb eine betrieblich verantwortliche Person (bvP) bestellt hat. Die Anforderungen und die Aufgaben des bvP sind in **Kap. 4** beschrieben worden.

7.2 Umgang mit Gefahrstoffen

Da die Voraussetzungen für eine Qualifizierung eines Betriebes bzw. bestimmter Personen gesetzlich nicht vorgesehen sind, haben sich auch keine rechtlich abgesicherten Organisationsformen entwickelt, über die ein Betrieb seine Qualifikation nachweisen kann.

Einen entsprechenden Nachweis kann ein Betrieb über die nicht rechtsverbindlich verankerten Qualitätsmanagementsysteme gemäß DIN/ISO 14.001:2015-11 „Umweltmanagementsysteme" bzw. DIN/ISO 45.001-2023-12 „Managementsysteme für Sicherheit und Gesundheit bei der Arbeit" führen, wobei das Element „Gefahrstoffmanagement" keiner formalisierten Form unterworfen ist.

8 Verwendete Unterlagen

[1] WHG – Wasserhaushaltsgesetz, Gesetz zur Ordnung des Wasserhaushalts
vom 31. Juli 2009, BGBl. I Nr. 51, zuletzt geändert am 19. 06. 2020

[2] AwSV – Verordnung über Anlagen zum Umgang mit wassergefährdenden Stoffen
vom 18. April 2017, BGBl. I Nr. 22, zuletzt geändert am 19. 06. 2020

[3] Böhme M., Dieter D.
AwSV – Verordnung über Anlagen zum Umgang mit wassergefährdenden Stoffen (Kommentar)
2., völlig neu bearbeitete Auflage, Erich Schmidt Verlag, 2022

[4] Lühr H.-P., Sterger O., Zwirnmann K.-H.
150 Jahre Gewässerschutz in Deutschland – Entwicklung, Ergebnisse und Erkenntnisse
Erich Schmidt Verlag, 2021

[5] Umweltprogramm der Bundesregierung 1971
Bundestags-Drucksache VI/2710 vom 14. 10. 1971

[6] Merkblatt für die Anerkennung von Sachverständigenorganisationen nach § 52 und von Güte- und Überwachungsgemeinschaften nach § 57 der Verordnung über Anlagen zum Umgang mit wassergefährdenden Stoffen (AwSV)
Bund/Länder-Arbeitsgemeinschaft Wasser, Stand vom 29. 06. 2017

[7] Lühr, H.-P.
Anlagenbezogener Umgang mit wassergefährdenden Stoffen
Springer Verlag, 1999

[8] BverwG, ZfW 1974, S. 296, 301

[9] NachwV – Nachweisverordnung
Verordnung über die Nachweisführung bei der Entsorgung von Abfällen
vom 20. Oktober 2006, BGBl. I Nr. 48, zuletzt geändert am 28. 04. 2022

[10] BetrSichV – Betriebssicherheitsverordnung
Verordnung über Sicherheit und Gesundheitsschutz bei der Verwendung von Arbeitsmitteln
vom 27. September 2002
Neufassung vom 3. Februar 2015, zuletzt geändert am 27. 07. 2021

[11] GefStoffV – Verordnung zum Schutz vor Gefahrstoffen
vom 26. November 2010, zuletzt geändert am 02. 12. 2024

[12] ChemG – Chemikaliengesetz
Gesetz zum Schutz vor gefährlichen Stoffen
vom 28. August 2013, zuletzt geändert am 16. 11. 2023

[13] ArbSchG – Arbeitsschutzgesetz
Gesetz über die Durchführung von Maßnahmen des Arbeitsschutzes zur Verbesserung der Sicherheit und des Gesundheitsschutzes der Beschäftigten bei der Arbeit
vom 7. August 1996, zuletzt geändert am 15. 07. 2024

[14] ASiG – Arbeitssicherheitsgesetz
Gesetz über Betriebsärzte, Sicherheitsingenieure und andere Fachkräfte für Arbeitssicherheit
vom 12. Dezember 1973 (BGBl. I), zuletzt geändert am 20. April 2013 (BGBl. I Nr. 19)

[15] Verordnung (EG) Nr. 1907/2006 des Europäischen Parlaments und des Rates vom 18. Dezember 2006 zur Registrierung, Bewertung, Zulassung und Beschränkung chemischer Stoffe (REACH), zur Schaffung einer Europäischen Chemikalienagentur, zur Änderung der Richtlinie 1999/45/EG und zur Aufhebung der Verordnung (EWG) Nr. 793/93 des Rates, der Verordnung (EG) Nr. 1488/94 der Kommission, der Richtlinie 76/769/EWG des Rates sowie der Richtlinien 91/155/EWG, 93/67/EWG, 93/105/EG und 2000/21/EG der Kommission
- REACH-Verordnung -
(ABl. Nr. L 396 vom 30. 12. 2006), zuletzt geändert durch VO (EU) 2024/2929 (ABl. L 2024/2929 vom 28. 11. 2024)

[16] Technische Regeln für Gefahrstoffe (TRGS)
TRGS 400 – Gefährdungsbewertung für Tätigkeiten mit Gefahrstoffen
vom 11. Juli 2017

[17] Technische Regeln für Gefahrstoffe (TRGS)
TRGS 600 – Substitution
vom 24. Juni 2020

[18] Einfaches Maßnahmenkonzept Gefahrstoffe – EMGK-Leitfaden Bundeanstalt für Arbeitsschutz und Arbeitsmedizin
Dortmund, 2014

[19] Gefahrzahlensystem für Gefahrstoffe der BAD Gesundheitsvorsorge und Sicherheitstechnik GmbH,
Hannover, 2018

[20] GTGA-Leitfaden „Gefahrstoffmanagement in der betrieblichen Praxis -Gefährdungsbewertung und Substitution"
GTGA – Güte- und Überwachungsgemeinschaft Technische Gebäudeausrüstung e. V.,
Bonn, Mai 2022

[21] J. Nagel
Der Immissionsschutz- und Störfallbeauftragte
Erich Schmidt Verlag, 2021

[22] J. Nagel
Der Abfallbeauftragte
Erich Schmidt Verlag, 2022

[23] TRGS 519 - Asbest: Abbruch-, Sanierungs- oder Instandhaltungsarbeiten
Technische Regeln für Gefahrstoffe (TRGS)
vom 13. Januar 2014, (GMBl. Nr. 8/9), zuletzt geändert am 17.02.2022

[24] TRGS 521 - Abbruch-, Sanierungs- und Instandhaltungsarbeiten mit alter Mineralwolle
Technische Regeln für Gefahrstoffe (TRGS)
Ausgabe Februar 2008 (GMBl. Nr. 14)

[25] UmweltHG – Umwelthaftungsgesetz
vom 10. Dezember 1990, (BGBl. I), zuletzt geändert am 17.07.2017

[26] USchadG – Umweltschadensgesetz
Gesetz über die Vermeidung und Sanierung von Umweltschäden
vom 5. März 2021, (BGBl. I Nr. 11)

[27] KrWG – Kreislaufwirtschaftsgesetz
Gesetz zur Förderung der Kreislaufwirtschaft und Sicherung der umweltverträglichen Bewirtschaftung von Abfällen
vom 24. Februar 2012 (BGBl. Nr. 10), zuletzt geändert am 02.03.2023

[28] AbfAEV – Anzeige- und Erlaubnisverordnung
Verordnung über das Anzeige- und Erlaubnisverfahren für Sammler, Beförderer, Händler und Makler von Abfällen
vom 5. Dezember 2013, (BGBl. I Nr. 69), zuletzt geändert am 28.04.2022

[29] GGVSEB – Gefahrgutverordnung Straße, Eisenbahn und Binnenschifffahrt
Verordnung über die innerstaatliche und grenzüberschreitende Beförderung gefährlicher Güter auf der Straße, mit Eisenbahnen und auf Binnengewässern
vom 18. August 2023, (BGBl. I Nr. 227)

[30] ADR 2025
Anlagen A und B zu dem Übereinkommen vom 30. September 1957 über die internationale Beförderung gefährlicher Güter auf der Straße (ADR)
vom 16. November 2021, (BGBl. II Nr. 24), zuletzt geändert am 19.02.2025

[31] H.-P. Lühr, O. Sterger, K.-H. Zwirnmann
150 Jahre Gewässerschutz in Deutschland
Entwicklung, Ergebnisse und Erkenntnisse
Erich Schmidt Verlag, Berlin, 2021

[32] EfbV – Entsorgungsfachbetriebeverordnung
Verordnung über Entsorgungsfachbetriebe, technische Überwachungsorganisationen und Entsorgergemeinschaften
vom 02.12 2016 (BGBl. I Nr. 58), zuletzt geändert am 08.12.2022 (BGBl. I Nr. 49)

[33] AbfAEV – Anzeige- und Erlaubnisverordnung
Verordnung über das Anzeige- und Erlaubnisverfahren für Sammler, Beförderer, Händler und Makler von Abfällen
vom 05. Dezember 2013 (BGBl. I Nr. 69), zuletzt geändert am 28.04.2022 (BGBl. I Nr. 15)

[34] DepV – Deponieverordnung
Verordnung über Deponien und Langzeitlager
vom 27. April 2009 (BGBl. I Nr. 22), zuletzt geändert am 03.07.2024 (BGBl. I Nr. 225)

[35] LAGA M36 – Vollzugshilfe „Entsorgungsfachbetriebe"
Mitteilung der Bund/Länder-Arbeitsgemeinschaft Abfall (LAGA)
Fassung vom 31. Januar 2018

[36] Vollzugshilfe „Anzeige- und Erlaubnisverfahren nach §§ 53 und 54 KrWG und AbfAEV"
Stand: 29.01.2014, Bundesministerium für Umwelt, Naturschutz, Bau und Reaktorsicherheit

[37] ChemVerbotsV – Chemikalien-Verbotsverordnung
Verordnung über Verbote und Beschränkungen des Inverkehrbringens und über die Abgabe bestimmter Stoffe, Gemische und Erzeugnisse nach dem Chemikaliengesetz
vom 20. Januar 2017 (BGBl. I Nr. 4) zuletzt geändert am 13.02.2024 (BGBl. I Nr. 43)

[38] Hinweise und Empfehlungen zum Sachkundenachweis gemäß § 11 der Chemikalien-Verbotsverordnung (ChemVerbotsV)
vom 7. Dezember 2021 (BAnz. AT vom 20.01.2022)

Anhang

1 Sachverständigen-Organisationen und Güte- und Überwachungsgemeinschaften für AwSV-Fachbetriebe

Tab. 3: Liste der Güte- und Überwachungsgemeinschaften

Güte- und Überwachungsgemeinschaft	Anerkennungsbehörde
Fachbetriebsgemeinschaft Maschinenbau e. V. Lyoner Straße 18 60528 Frankfurt am Main	Hessisches Landesamt für Naturschutz, Umwelt und Geologie
Güte- und Überwachungsgemeinschaft Techniche Gebäudeausrüstung (GTGA) e. V. Hinter Hoben 149 53129 Bonn	Landesamt für Natur, Umwelt und Verbraucherschutz NRW
Gemeinschaft für Überwachung im Bauwesen e. V. (GüB) Kurfürstenstr. 130 10787 Berlin	Senatsverwaltung für Umwelt, Mobilität, Verbraucher- und Klimaschutz
üWG Überwachungsgemeinschaft Kälte- und Klimatechnik Kaiser-Friedrich-Str. 7 53113 Bonn	Landesamt für Natur, Umwelt und Verbraucherschutz NRW
Überwachungsgemeinschaft Technische Anlagen der SHK-Handwerke e. V. Rathausallee 6 53757 Sankt Augustin	Landesamt für Natur, Umwelt und Verbraucherschutz NRW
Überwachungsgemeinschaft Chemie e. V. Dhauner Straße 123 67067 Ludwigshafen	Landesamt für Natur, Umwelt und Verbraucherschutz NRW
WHG Überwachungsgemeinschaft des Handwerks e. V. Im Altenschemel 30 67435 Neustadt an der Weinstraße	Ministerium für Klimaschutz, Umwelt, Energie und Mobilität Rheinland-Pfalz

Tab. 4: Liste der Sachverständigen-Organisationen

Sachverständigen-Organistion	Anerkennungsbehörde
ARGE TPO Technische Prüforganisation e. V. Am Seukenbach 1 90556 Seukendorf	Bayerisches Landesamt für Umwelt
Accet GmbH Am Schafteich 1 08371 Glauchau	Sächsisches Landesamt für Umwelt, Landwirtschaft und Geologie
AGIMUS GmbH Am alten Bahnhof 6 38122 Braunschweig	Niedersächsischer Landesbetrieb für Wasserwirtschaft, Küsten- und Naturschutz – Betriebsstelle Hannover/Hildesheim
AGU-TSO e. V. Anlagenprüforganisation – Gewässerschutz – Umwelttechnik Meisenstraße 14 38268 Lengede	Landesamt für Natur, Umwelt und Verbraucherschutz NRW
B &N compliance GmbH Rotbuschweg 11 59556 Lippstadt	Landesamt für Natur, Umwelt und Verbraucherschutz
BASF SE, Technische Anlagenüberwachung 67056 Ludwigshafen	Ministerium für Klimaschutz, Umwelt, Energie und Mobilität Rheinland-Pfalz
Bayerische Anlagenprüforganisation e. V. (bap) Im Grund 114 91161 Hilpoltstein	Bayerisches Landesamt für Umwelt
BEST Beratungsgesellschaft für Sicherheitstechnik mbH Hohenstaufenring 38 – 40 50674 Köln	Landesamt für Natur, Umwelt und Verbraucherschutz NRW
BEST Bayern UG Färberstr. 39 90402 Nürnberg	Bayerisches Landesamt für Umwelt
Betreuungsgesellschaft für Umweltfragen Dr. Poppe AG Umweltgutachterorganisation Teichstraße 14-16 34130 Kassel	Hessisches Landesamt für Umwelt und Geologie
DEKRA Automobil GmbH Handwerkstraße 15 70565 Stuttgart	Ministerium für Umwelt, Klima und Energiewirtschaft Baden-Württemberg

Sachverständigen-Organistion	Anerkennungsbehörde
Envisafe Experts KG Daimlerstr. 6 45891 Gelsenkirchen	Landesamt für Natur, Umwelt und Verbraucherschutz NRW
ENVIZERT GmbH Borkener Straße 68 48653 Coesfeld	Landesamt für Natur, Umwelt und Verbraucherschutz NRW
Evonik Operations GmbH Rellinghauser Straße 1-11 45128 Essen	Landesamt für Natur, Umwelt und Verbraucherschutz NRW
Fachbetriebsgemeinschaft Maschinenbau e. V. (FGMA) Lyoner Straße 18 60528 Frankfurt	Hessisches Landesamt für Naturschutz, Umwelt und Geologie
Geoplan GmbH Oderstraße 2a 47506 Neukirchen-Vluyn	Landesamt für Natur, Umwelt und Verbraucherschutz NRW
Anlagenprüforganisation GEOPOHL AG Johannes-Reitz-Straße 6 09120 Chemnitz	Sächsisches Landesamt für Umwelt, Landwirtschaft und Geologie
GSW Gesellschaft für Sachverständige nach Wasserrecht mbH Otto-Lilienthal-Str. 3 30989 Gehrden	Ministerium für Landwirtschaft und Umwelt Mecklenburg-Vorpommern
GTÜ Anlagensicherheit GmbH Vor dem Lauch 25 70567 Stuttgart	Ministerium für Umwelt, Klima und Energiewirtschaft Baden-Württemberg
GUT Certifizierungsgesellschaft für Managementsysteme mbH Eichenstraße 3b 12435 Berlin	Ministerium für Landwirtschaft, Umwelt und Klimaschutz des Landes Brandenburg
Gesellschaft zum Schutz von Wasser, Boden und Luft mbH (GZS) Partnerbüro Zeus GmbH Beckersbergstraße 10 24558 Henstedt-Ulzburg	Ministerium für Energiewende, Landwirtschaft, Umwelt und Natur des Landes Schleswig-Holstein
Horst Weyer & Partner GmbH Schillingstraße 329 52355 Düren	Landesamt für Natur, Umwelt und Verbraucherschutz NRW
InfraServ GmbH & Co. Gendorf AwSV Sachverständigenorganisation Industrieparkstraße 1 84504 Burgkirchen	Bayerisches Landesamt für Umwelt

Sachverständigen-Organistion	Anerkennungsbehörde
Inovyn Deutschland GmbH Technische Überwachung Ludwigstraße 12 47495 Rheinberg	Landesamt für Natur, Umwelt und Verbraucherschutz NRW
Kiwa GmbH Hans-Böckler-Straße 20 59269 Beckum	Landesamt für Natur, Umwelt und Verbraucherschutz NRW
LGA Bautechnik GmbH Abteilung Beton, Baustoffe, Bauwerke Tillystraße 2 90431 Nürnberg	Bayerisches Landesamt für Umwelt
LRQA Deutschland GmbH Curienstraße 1 20095 Hamburg	Freie und Hansestadt Hamburg, Behörde für Umwelt, Klima, Energie und Agrarwirtschaft
Merck KGaA Technische Anlagenüberwachung Frankfurter Straße 250 64293 Darmstadt	Hessisches Landesamt für Umwelt und Geologie
Müller BBM AwSV-SVO Robert-Koch-Straße 11 82152 Planegg	Bayerisches Landesamt für Umwelt
Perakus Technische Sachverständigen-Organisation e. V. Siebenlindenstr. 37 72108 Rottenburg a.N.	Ministerium für Umwelt, Klima und Energiewirtschaft Baden-Württemberg
R + D Ingenieurleistungen GmbH Sohnreystraße 17 37139 Adelebsen	Ministerium für Umwelt, Klima und Energiewirtschaft Baden-Württemberg
Röhm GmbH Dolivostraße 17 64293 Darmstadt	Hessisches Landesamt für Naturschutz, Umwelt und Geologie
Ruhr Oel GmbH Prüfstelle Anlagenüberwachung Alexander-von-Humboldt-Str. 1 45896 Gelsenkirchen	Landesamt für Natur, Umwelt und Verbraucherschutz NRW
Sachverständigenorganisation für Anlagen zum Umgang mit wassergefährdenden Stoffen (SwS) e. V. Hebelstraße 11 79104 Freiburg im Breisgau	Ministerium für Umwelt, Klima und Energiewirtschaft Baden-Württemberg

Sachverständigen-Organistion	Anerkennungsbehörde
Sachverständigen-Organisation SOG e. V. Tiergartenstr. 138 30559 Hannover	Niedersächsischer Landesbetrieb für Wasserwirtschaft, Küsten- und Naturschutz – Betriebsstelle Hannover/Hildesheim
SGS-TüV Saar GmbH Am TüV 1 66280 Sulzbach	Landesamt für Umwelt- und Arbeitsschutz
SOUTEC e. V. Podbielskistr. 390 30659 Hannover	Niedersächsischer Landesbetrieb für Wasserwirtschaft, Küsten- und Naturschutz Betriebsstelle Hannover/Hildesheim
SüV UG (haftungsbeschränkt) Am Friedenshof 34b 46485 Wesel	Landesamt für Natur, Umwelt und Verbraucherschutz NRW
TOS Prüf GmbH Fischerweg 408 18069 Rostock	Ministerium für Klimaschutz, ländliche Räume und Umwelt Mecklenburg-Vorpommern
Anlagen- und Umwelttechnik TPD – Bayern e. V. Seeäckerweg 4 83339 Chieming	Bayerisches Landesamt für Umwelt
Tü-Service Anlagentechnik GmbH & Co. KG Potsdamerstraße 38 14469 Potsdam	Ministerium für Landwirtschaft, Umwelt und Klimaschutz des Landes Brandenburg
TüV Nord Systems GmbH & Co. KG Große Bahnstraße 31 22525 Hamburg	Ministerium für Klimaschutz, Landwirtschaft, ländliche Räume und Umwelt Mecklenburg-Vorpommern
TüV Rheinland Industrie Service GmbH Am Grauen Stein 51105 Köln	Landesamt für Natur, Umwelt und Verbraucherschutz NRW
TüV SüD Chemie Service GmbH Gebäude B 407 Kaiser-Wilhelm-Allee 51368 Leverkusen	Landesamt für Natur, Umwelt und Verbraucherschutz NRW
TüV SüD Industrie Service GmbH Dudenstraße 28 68167 Mannheim	Ministerium für Umwelt, Klima und Energiewirtschaft Baden-Württemberg
TüV Technische Überwachung Hessen GmbH Robert-Bosch-Straße 16 64293 Darmstadt	Hessisches Landesamt für Umwelt und Geologie

Sachverständigen-Organistion	Anerkennungsbehörde
TüV Thüringen e. V. Service-Center Erfurt Melchendorfer Straße 64 99096 Erfurt	Thüringer Landesamt für Umwelt, Bergbau und Naturschutz
Überwachungsgemeinschaft Techn. Anlagen der SHK-Handwerke e. V. Rathausallee 6 53757 Sankt Augustin	Landesamt für Natur, Umwelt und Verbraucherschutz NRW
Verein unabhängiger Sachverständiger e. V. Ilsestr. 5 15732 Eichwalde	Ministerium für Ländliche Entwicklung, Umwelt und Landwirtschaft des Landes Brandenburg
Volkswagen AG 38436 Wolfsburg	Niedersächsischer Landesbetrieb für Wasserwirtschaft, Küsten- und Naturschutz – Betriebsstelle Hannover/Hildesheim
Wacker Chemie AG – Anlagenüberwachung, VAwS-Prüfstelle – Johannes-Hess-Straße 24 84489 Burghausen	Bayerisches Landesamt für Umwelt
Weyer IngenieurPartner GmbH Hälterstraße 2 06217 Merseburg	Ministerium für Umwelt, Landwirtschaft und Energie des Landes Sachsen-Anhalt
Winter Ingenieurgesellschaft mbH & Co. KG Alter Brauhof 8 76137 Karlsruhe	Ministerium für Umwelt, Klima und Energiewirtschaft Baden-Württemberg

2 Sachverständigen-Organisationen und Güte- und Überwachungsgemeinschaften für Entsorgungsfachbetriebe

Tab. 5: Liste der Entsorgergemeinschaften (EG)

Baden-Württemberg	
Entsorgergemeinschaft Süd-West e. V.	Wentzingerstr. 20 79106 Freiburg i.B.
Bayern	
Entsorgergemeinschaft Bayern e. V.	Kirchtruderinger Str. 13 81829 München
Berlin	
Entsorgergemeinschaft Transport und Umwelt e. V.	Leipziger Platz 8 10117 Berlin
Brandenburg	
Entsorgergemeinschaft Bioabfall und Kreislaufwirtschaft e. V.	Prießener Str. 21 03253 Doberlug-Kirchhain OT Prießen
Bremen	
Hamburg	
Entsorgergemeinschaft Großraum Hamburg e. V. (EGH)	Eiffestr. 462 20537 Hamburg
Hessen	
Entsorgergemeinschaft Lippe-Diemel-Leine e. V.	Bärenbergstr. 52 34466 Wolfhagen
Entsorgergemeinschaft Regionaler Wirtschaftsverkehr (EGRW) e. V.	Breitenbachstr. 1 60487 Frankfurt am Main
Mecklenburg-Vorpommern	
EGMV Entsorgergemeinschaft Mecklenburg-Vorpommern e. V.	Handessstr.2 19061 Schwerin
Entsorgergemeinschaft Kreislaufwirtschaft Mecklenburg-Vorpommern e. V.	Eckardsberg 8–10 17489 Greifswald
Niedersachsen	
Entsorgergemeinschaft Niedersachsen und Bremen e. V. (EGNB)	Günter-Manuzke Allee 1 21397 Voklstorf
Nordrhein-Westfalen	
bvse Entsorgergemeinschaft e. V.	Fränkische Straße. 2 53229 Bonn

EdDE Entsorgergemeinschaft der Deutschen Entsorgungswirtschaft e. V.	Von-der-Wettern Str. 25 51151 Köln
ESN Entsorgergemeinschaft der deutschen Stahl und NE-Metallwirtschaft e. V.	Berliner Allee 57 40212 Düsseldorf
EFAR Entsorgergemeinschaft für Abbruch- und Recyclingbetriebe e. V.	Oberländer Ufer 180–182 50968 Köln
Rheinland-Pfalz	
Entsorgergemeinschaft Bauen und Umwelt e. V.	Göttelmannstr. 13 A 55130 Mainz
Saarland	
Sachsen	
Sachsen-Anhalt	
EGM Entsorgergemeinschaft Mitteldeutschland e. V.	Industriestr. 22 06869 Coswig (Anhalt)
EGSA Entsorgergemeinschaft Sachsen-Anhalt e. V.	Hafenstr. 9a 39106 Magdeburg
Schleswig-Holstein	
EGSH Entsorgergemeinschaft Schleswig-Holstein e. V.	Ottostr. 5 24145 Kiel
Thüringen	

Tab. 6: Liste der Technischen Überwachungsorganisationen (TÜO)

Baden-Württemberg	
QUACERT GmbH	Eutighoferstr. 137 73525 Schwäbisch Gmünd
TCS Technical Certification Services GmbH	Soinsheimer Str. 50 A 69226 Nußloch
TÜO Technische Überwachungorganisation für Sicherheit, Qualität und Umweltschutz GmbH	Otto-Lilienthalstr. 36 71034 Böblingen
ZN ZertifizierungsNetzwerk GmbH	Goethestr. 11/5 71131 Jettingen
DEKRA Certification GmbH	Handwerkstr. 15 70565 Stuttgart
PÜG Prüf- und Überwachungsgemeinschaft mbH	Hämmerlestr. 14+16 71126 Gäufelden
sicZert Zertifizierungen GmbH	Klostermühlgasse 25 77933 Lahr

Bayern	
Intechnica Cert GmbH Umweltgutachter-organisation	Ostendstr. 181 90482 Nürnberg
LGA InterCert GmbH	Tillystr. 2 90431 Nürnberg
TÜV SÜD Umweltgutachter GmbH	Ridlerstr. 57 80339 München
Berlin	
GUT Certifizierungsgesellschaft für Managementsysteme mbH	Eichenstr. 3b 12435 Berlin
Zertifizierung Bau GmbH	Kronenstr. 55–58 10117 Berlin
Brandenburg	
IWA Ingenieur- und Beratungsgesellschaft mbH	Inder Muna 2 15749 MittenwaldeOT Töpchin
ÖKO.ZERT.Rieth & Eckardt GbR	Alterhofer Str. 13 A 16227 Eberswalde
ZD Zert Dreßler GbR Technische Überwachungsorganisation	Karl-Marx-Str. 92 14656 Brieselang
TÜ-Service Anlaentechik GmbH&Co. KG	Dennis-Gabor-Str. 2 14469 Potsdam
GfBU-Zert Zertifizierungsstelle für Umwelt- und Qualitätsmanagementsysteme GmbH	Mahlsdorfer Str. 61b 15366 Hoppegarten OT Hönow
Bremen	
Bregau zert GmbH	Mary-Astell-Str. 10 28359 Bremen
Hamburg	
BFUB Cert Umweltprüfungsgesellschaft mbH	Abendrothsweg 69 20251 Hamburg
TÜV NORD Umweltschutz GmbH & Co. KG	Große Bahnstr. 31 22525 Hamburg
Hessen	
ZUUM Gesellschaft für techn. Überwachung und Zertifizierung mbH	Ringstr. 26 36396 Steinau an der Straße
audis Zertifizierungsgesellschaft mbH	Rahthausstr. 24 68519 Viernheim
Dr. Meckel und Partner GmbH	Hansastr. 2 35764 Sinn
SVG Zertifizierungsdiens GmbH	Breitenbachstr. 1 60487 Frankfurt am Main
GüteZert Zertifizierungsgesellschaft mbH	Adolfsallee 59 65185 Wiesbaden

DQS GMBH Deutsche Gesellschaft zur Zertifizierung von Managementsystemen	August-Schanz-Str. 21 60433 Frankfurt am Main
TÜV Technische Überwchung Hesen GmbH (Zertifizierungsstelle)	Robert-Bosch-Str. 16 64293 Darmstadt
Mecklenburg-Vorpommern	
TOS-Prüf GmbH	Fischerweg 408 18069 Rostock
ENVIZERT GmbH Niederlassung Rostock	Postfach 10 31 11 18005 Rostock
Niedersachsen	
Institut für Umwelttechnik Dr. Kühnemann & Partner GmbH	Prinzenstr. 10 A 30159 Hanniver
AGIMUS GmbH Umweltgutachterorganisation & Beratungsgesellschaft	Am Alten Bahnhof 6 38122 Braunschweig
GU²Q mbH Gesellschaft für Unternehmensberatung, Umwelt und Qualitätsmanagement mbH	Wöhlerstr. 42 30163 Hannover
Nordrhein-Westfalen	
IKET Institut für Kälte-, Klima- und Energietechnik GmbH	Krupp Str. 62 45145 Essen
DNV Business Assurance Zertifizierung GmbH	Wolbeckstraße 25 45329 Essen
ECOCERT Zertifizierungsstelle	Josef-Geisel-Str. 9 53359 Rheinbach
Gothaer Risk-Management GmbH	Berlin-Kölnische Allee 2–4 50969 Köln
Deloitte Certification Services GmbH	Schwannstr. 6 40476 Düsseldorf
G.BZ-Zert TüO für Entsorgungsfachbetriebe	Westring 303 44629 Herne
TÜE Technische Überwachungsorganisation Entsorgungsfachbetriebe GbR	Hüchelner Str. 24 50226 Frechen
LRQA Deutschland GmbH	Butzweilerhofallee 3 50829 Köln
TüV Rheinland Cert GmbH	Am Grauen Stein 51105 Köln
ProRecyZert GmbH	Lindenallee 41 50968 Köln
TüV NORD CERT GmbH	Am TüV 1 45307 Essen
QHSE cert GmbH	Flugplatz 7–9 44319 Dortmund

Envizert GmbH	Borkener Str. 68 48653 Coesfeld
ZER-QMS Zertifizierungsstelle, Qualitäts- und Umweltgutachter GmbH	Volksgarten Straße 48 50677 Köln
KPMG Cert GmbH	Barbarossaplatz 1a 50674 Köln
Rheinland-Pfalz	
SMU GmbH	Hauptstr. 58 67297 Mannheim
Saarland	
GZQ GmbH	Sulzbachtalstr. 131 66125 Saarbrücken
TÜV Saarland e. V.	Am TÜV 1 66280 Sulzbach/Saar
proTerra Umweltschutz- und Managementberatung GmbH Umweltgutachter	Am TÜV 1 66280 Sulzbach/Saar
Sachsen	
OEKOTEAM GmbH Ingenieurgesellschaft für Sicherheit, Umweltschutz und Qualitätssicherung	Hallesche Str. 34 04509 Delitzsch
PZERT GmbH	Frickestr. 2 04105 Leipzig
Ingenieurbüro Ulbricht GmbH	Albert-Schweitzer-Str. 22 09648 Mittweida
Sachsen-Anhalt	
ÖHMI EuroCert GmbH Zertifizierungsstelle	Berliner Chaussee 66 39114 Magdeburg
Brandt Management UG (haftungsbeschränkt)	Friedensallee 57 06343 Mansfeld
Schleswig-Holstein	
TÜO Dr. Piehl & Gerth GbR	Dieksbarg 6 23623 Ahrensbök
B&K Hanse Cert GmbH & Co. KG	Ochsenzoller Str. 28 22848 Noderstedt
IFS Umwelt und Sicherheit GmbH	Preetzer Str. 75 24143 Kiel
Thüringen	
TÜV Thüringen Anlagentechnik GmbH & Co. KG Service-Center Arnstadt	Ichtershäuser Str. 32 99310 Arnstadt
utb cert Michael Schulz und Partner mbH Sachverständige und Auditoren	Wandersleber Weg 9 99867 Gotha OT Siebleben

3 Ausgewählte Gesetzestexte

Im Folgenden werden die Gesetze und Verordnungen mit Bezug zum hier anstehenden Thema abgebildet. Da die Texte teilweise sehr umfänglich sind, werden nur ausgewählte Paragrafen mit unmittelbarem Bezug wiedergegeben.

Unter folgendem Link können Sie die Gesetze und Verordnungen auch im Volltext abrufen:
https://betrieblich-verantwortliche-fuer-umweltschutz.esv.info
Alternativ scannen Sie einfach den nebenstehenden QR-Code.
Bitte beachten Sie, dass es seit Erscheinen dieses Werks ggf. Änderungen bei den betreffenden Vorschriften gab, sodass Abweichungen von den nachfolgenden Textauszügen möglich sind.

A. Wasserrecht

Gesetz zur Ordnung des Wasserhaushalts (Wasserhaushaltsgesetz – WHG)

Vom 31. Juli 2009 (BGBl. I Nr. 51 vom 06.08.2009 S. 2585), zuletzt geändert durch Artikel 7 des Gesetzes vom 22. Dezember 2023 (BGBl. 2023 I Nr. 409)

– Auszug –

Inhaltsübersicht

§ 1 Zweck

Zweck dieses Gesetzes ist es, durch eine nachhaltige Gewässerbewirtschaftung die Gewässer als Bestandteil des Naturhaushalts, als Lebensgrundlage des Menschen, als Lebensraum für Tiere und Pflanzen sowie als nutzbares Gut zu schützen.

§ 2 Anwendungsbereich

(1) Dieses Gesetz gilt für folgende Gewässer:

1. oberirdische Gewässer,
2. Küstengewässer,
3. Grundwasser.

Es gilt auch für Teile dieser Gewässer.

(1a) Für Meeresgewässer gelten die Vorschriften des § 23, des Kapitels 2 Abschnitt 3a und des § 90. Die für die Bewirtschaftung der Küstengewässer geltenden Vorschriften bleiben unberührt.

(2) Die Länder können kleine Gewässer von wasserwirtschaftlich untergeordneter Bedeutung, insbesondere Straßenseitengräben als Bestandteil von Straßen, Be- und Entwässerungsgräben, sowie Heilquellen von den Bestimmungen dieses Gesetzes ausnehmen. Dies gilt nicht für die Haftung für Gewässerveränderungen nach den §§ 89 und 90.

(...)

§ 5 Allgemeine Sorgfaltspflichten

(1) Jede Person ist verpflichtet, bei Maßnahmen, mit denen Einwirkungen auf ein Gewässer verbunden sein können, die nach den Umständen erforderliche Sorgfalt anzuwenden, um

1. eine nachteilige Veränderung der Gewässereigenschaften zu vermeiden,
2. eine mit Rücksicht auf den Wasserhaushalt gebotene sparsame Verwendung des Wassers sicherzustellen,
3. die Leistungsfähigkeit des Wasserhaushalts zu erhalten und
4. eine Vergrößerung und Beschleunigung des Wasserabflusses zu vermeiden.

(2) Jede Person, die durch Hochwasser betroffen sein kann, ist im Rahmen des ihr Möglichen und Zumutbaren verpflichtet, geeignete Vorsorgemaßnahmen zum Schutz vor nachteiligen Hochwasserfolgen und zur Schadensminderung zu treffen, insbesondere die Nutzung von Grundstücken den möglichen nachteiligen Folgen für Mensch, Umwelt oder Sachwerte durch Hochwasser anzupassen.

§ 8 Erlaubnis, Bewilligung

(1) Die Benutzung eines Gewässers bedarf der Erlaubnis oder der Bewilligung, soweit nicht durch dieses Gesetz oder auf Grund dieses Gesetzes erlassener Vorschriften etwas anderes bestimmt ist.

(2) Keiner Erlaubnis oder Bewilligung bedürfen Gewässerbenutzungen, die der Abwehr einer gegenwärtigen Gefahr für die öffentliche Sicherheit dienen, sofern der drohende Schaden schwerer wiegt als die mit der Benutzung verbundenen nachteiligen Veränderungen von Gewässereigenschaften. Die zuständige Behörde ist unverzüglich über die Benutzung zu unterrichten.

(3) Keiner Erlaubnis oder Bewilligung bedürfen ferner bei Übungen und Erprobungen für Zwecke der Verteidigung oder der Abwehr von Gefahren für die öffentliche Sicherheit

1. das vorübergehende Entnehmen von Wasser aus einem Gewässer,
2. das Wiedereinleiten des Wassers in ein Gewässer mittels beweglicher Anlagen und
3. das vorübergehende Einbringen von Stoffen in ein Gewässer,

wenn durch diese Benutzungen andere nicht oder nur geringfügig beeinträchtigt werden und keine nachteilige Veränderung der Gewässereigenschaften zu erwarten ist. Die Gewässerbenutzung ist der zuständigen Behörde rechtzeitig vor Beginn der Übung oder der Erprobung anzuzeigen.

(4) Ist bei der Erteilung der Erlaubnis oder der Bewilligung nichts anderes bestimmt worden, geht die Erlaubnis oder die Bewilligung mit der Wasserbenutzungsanlage oder, wenn sie für ein Grundstück erteilt worden ist, mit diesem auf den Rechtsnachfolger über.

§ 9 Benutzungen

(1) Benutzungen im Sinne dieses Gesetzes sind

1. das Entnehmen und Ableiten von Wasser aus oberirdischen Gewässern,
2. das Aufstauen und Absenken von oberirdischen Gewässern,
3. das Entnehmen fester Stoffe aus oberirdischen Gewässern, soweit sich dies auf die Gewässereigenschaften auswirkt,
4. das Einbringen und Einleiten von Stoffen in Gewässer,
5. das Entnehmen, Zutagefördern, Zutageleiten und Ableiten von Grundwasser.

(2) Soweit nicht bereits eine Benutzung nach Absatz 1 vorliegt, gelten als Benutzungen auch

1. das Aufstauen, Absenken und Umleiten von Grundwasser durch Anlagen, die hierfür bestimmt oder geeignet sind,
2. Maßnahmen, die geeignet sind, dauernd oder in einem nicht nur unerheblichen Ausmaß nachteilige Veränderungen der Wasserbeschaffenheit herbeizuführen,
3. das Aufbrechen von Gesteinen unter hydraulischem Druck zur Aufsuchung oder Gewinnung von Erdgas, Erdöl oder Erdwärme, einschließlich der zugehörigen Tiefbohrungen,
4. die untertägige Ablagerung von Lagerstättenwasser, das bei Maßnahmen nach Nummer 3 oder anderen Maßnahmen zur Aufsuchung oder Gewinnung von Erdgas oder Erdöl anfällt.

(3) Keine Benutzungen sind Maßnahmen, die dem Ausbau eines Gewässers im Sinne des § 67 Absatz 2 dienen. Das Gleiche gilt für Maßnahmen der Unterhaltung eines Gewässers, soweit hierbei keine chemischen Mittel verwendet werden.

(...)

§ 23 Rechtsverordnungen zur Gewässerbewirtschaftung

(1) Die Bundesregierung wird ermächtigt, nach Anhörung der beteiligten Kreise durch Rechtsverordnung mit Zustimmung des Bundesrates, auch zur Umsetzung bindender Rechtsakte der Europäischen Gemeinschaften oder der Europäischen Union und zwischenstaatlicher Vereinbarungen, Vorschriften zum Schutz und zur Bewirtschaftung der Gewässer nach den Grundsätzen des § 6 und den Bewirtschaftungszielen nach Maßgabe der §§ 27 bis 31, 44, 45a und 47 sowie zur näheren Bestimmung der sich aus diesem Gesetz ergebenden Pflichten zu erlassen, insbesondere nähere Regelungen über

1. Anforderungen an die Gewässereigenschaften,
2. die Ermittlung, Beschreibung, Festlegung und Einstufung sowie Darstellung des Zustands von Gewässern,
3. Anforderungen an die Benutzung von Gewässern, insbesondere an das Einbringen und Einleiten von Stoffen,

4. Anforderungen an die Erfüllung der Abwasserbeseitigungspflicht,
5. Anforderungen an die Errichtung, den Betrieb und die Benutzung von Abwasseranlagen und sonstigen in diesem Gesetz geregelten Anlagen sowie Anforderungen an die Fachkunde bei der Durchführung dieser Tätigkeiten,
6. **den Schutz der Gewässer gegen nachteilige Veränderungen ihrer Eigenschaften durch den Umgang mit wassergefährdenden Stoffen,**
7. die Festsetzung von Schutzgebieten sowie Anforderungen, Gebote und Verbote, die in den festgesetzten Gebieten zu beachten sind,
8. die Überwachung der Gewässereigenschaften und die Überwachung der Einhaltung der Anforderungen, die durch dieses Gesetz oder auf Grund dieses Gesetzes erlassener Rechtsvorschriften festgelegt worden sind,
9. Messmethoden und Messverfahren einschließlich Verfahren zur Gewährleistung der Vergleichbarkeit von Bewertungen der Gewässereigenschaften im Rahmen der flussgebietsbezogenen Gewässerbewirtschaftung und der Bewirtschaftung der Meeresgewässer (Interkalibrierung) sowie die Qualitätssicherung analytischer Daten,
10. die durchzuführenden behördlichen Verfahren,
11. die Beschaffung, Bereitstellung und Übermittlung von Informationen sowie Berichtspflichten,
12. die wirtschaftliche Analyse von Wassernutzungen, die Auswirkungen auf Gewässer haben,
13. Maßnahmenprogramme und Bewirtschaftungspläne auf Grund bindender Rechtsakte der Europäischen Union.

(2) Beteiligte Kreise sind ein jeweils auszuwählender Kreis von Vertreterinnen und Vertretern der Wissenschaft, der beteiligten Wirtschaft, der kommunalen Spitzenverbände, der Umweltvereinigungen, der sonstigen Betroffenen und der für die Wasserwirtschaft zuständigen obersten Landesbehörden.

(3) Solange und soweit die Bundesregierung von der Ermächtigung zum Erlass von Rechtsverordnungen nach Absatz 1, auch in Verbindung mit §46 Absatz 2, §48 Absatz 1 Satz 2, §57 Absatz 2, §58 Absatz 1 Satz 2, §61 Absatz 3, §62 Absatz 4 und §63 Absatz 2 Satz 2, keinen Gebrauch gemacht hat, sind die Landesregierungen ermächtigt, durch Rechtsverordnung entsprechende Vorschriften zu erlassen. Die Landesregierungen können die Ermächtigung auf eine oder mehrere oberste Landesbehörden übertragen.

(...)

§32 Reinhaltung oberirdischer Gewässer

(1) Feste Stoffe dürfen in ein oberirdisches Gewässer nicht eingebracht werden, um sich ihrer zu entledigen. Satz 1 gilt nicht, wenn Sediment, das einem Gewässer entnommen wurde, in ein oberirdisches Gewässer eingebracht wird.

(2) Stoffe dürfen an einem oberirdischen Gewässer nur so gelagert oder abgelagert werden, dass eine nachteilige Veränderung der Wasserbeschaffenheit oder

des Wasserabflusses nicht zu besorgen ist. Das Gleiche gilt für das Befördern von Flüssigkeiten und Gasen durch Rohrleitungen.

(...)

§ 47 Bewirtschaftungsziele für das Grundwasser

(1) Das Grundwasser ist so zu bewirtschaften, dass

1. eine Verschlechterung seines mengenmäßigen und seines chemischen Zustands vermieden wird;
2. alle signifikanten und anhaltenden Trends ansteigender Schadstoffkonzentrationen auf Grund der Auswirkungen menschlicher Tätigkeiten umgekehrt werden;
3. ein guter mengenmäßiger und ein guter chemischer Zustand erhalten oder erreicht werden; zu einem guten mengenmäßigen Zustand gehört insbesondere ein Gleichgewicht zwischen Grundwasserentnahme und Grundwasserneubildung.

(2) Die Bewirtschaftungsziele nach Absatz 1 Nummer 3 sind bis zum 22. Dezember 2015 zu erreichen. Fristverlängerungen sind in entsprechender Anwendung des § 29 Absatz 2 bis 4 zulässig.

(3) Für Ausnahmen von den Bewirtschaftungszielen nach Absatz 1 gilt § 31 Absatz 1, 2 Satz 1 und Absatz 3 entsprechend. Für die Bewirtschaftungsziele nach Absatz 1 Nummer 3 gilt darüber hinaus § 30 entsprechend mit der Maßgabe, dass nach Satz 1 Nummer 4 der bestmögliche mengenmäßige und chemische Zustand des Grundwassers zu erreichen ist.

§ 48 Reinhaltung des Grundwassers

(1) Eine Erlaubnis für das Einbringen und Einleiten von Stoffen in das Grundwasser darf nur erteilt werden, wenn eine nachteilige Veränderung der Wasserbeschaffenheit nicht zu besorgen ist. Durch Rechtsverordnung nach § 23 Absatz 1 Nummer 3 kann auch festgelegt werden, unter welchen Voraussetzungen die Anforderung nach Satz 1, insbesondere im Hinblick auf die Begrenzung des Eintrags von Schadstoffen, als erfüllt gilt. Die Verordnung bedarf der Zustimmung des Bundestages. Die Zustimmung gilt als erteilt, wenn der Bundestag nicht innerhalb von drei Sitzungswochen nach Eingang der Vorlage der Bundesregierung die Zustimmung verweigert hat.

(2) Stoffe dürfen nur so gelagert oder abgelagert werden, dass eine nachteilige Veränderung der Grundwasserbeschaffenheit nicht zu besorgen ist. Das Gleiche gilt für das Befördern von Flüssigkeiten und Gasen durch Rohrleitungen. Absatz 1 Satz 2 bis 4 gilt entsprechend.

(...)

§ 62 Anforderungen an den Umgang mit wassergefährdenden Stoffen

(1) Anlagen zum Lagern, Abfüllen, Herstellen und Behandeln wassergefährdender Stoffe sowie Anlagen zum Verwenden wassergefährdender Stoffe im Bereich der gewerblichen Wirtschaft und im Bereich öffentlicher Einrichtungen müssen so beschaffen sein und so errichtet, unterhalten, betrieben und stillgelegt werden, dass eine nachteilige Veränderung der Eigenschaften von Gewässern nicht zu besorgen ist. Das Gleiche gilt für Rohrleitungsanlagen, die

1. den Bereich eines Werksgeländes nicht überschreiten,
2. Zubehör einer Anlage zum Umgang mit wassergefährdenden Stoffen sind oder
3. Anlagen verbinden, die in engem räumlichen und betrieblichen Zusammenhang miteinander stehen.

Für Anlagen zum Umschlagen wassergefährdender Stoffe sowie zum Lagern und Abfüllen von Jauche, Gülle und Silagesickersäften sowie von vergleichbaren in der Landwirtschaft anfallenden Stoffen gilt Satz 1 entsprechend mit der Maßgabe, dass der bestmögliche Schutz der Gewässer vor nachteiligen Veränderungen ihrer Eigenschaften erreicht wird.

(2) Anlagen im Sinne des Absatzes 1 dürfen nur entsprechend den allgemein anerkannten Regeln der Technik beschaffen sein sowie errichtet, unterhalten, betrieben und stillgelegt werden.

(3) Wassergefährdende Stoffe im Sinne dieses Abschnitts sind feste, flüssige und gasförmige Stoffe, die geeignet sind, dauernd oder in einem nicht nur unerheblichen Ausmaß nachteilige Veränderungen der Wasserbeschaffenheit herbeizuführen.

(4) Durch Rechtsverordnung nach § 23 Absatz 1 Nummer 5 bis 11 können nähere Regelungen erlassen werden über

1. die Bestimmung der wassergefährdenden Stoffe und ihre Einstufung entsprechend ihrer Gefährlichkeit, über eine hierbei erforderliche Mitwirkung des Umweltbundesamtes und anderer Stellen sowie über Mitwirkungspflichten von Anlagenbetreibern im Zusammenhang mit der Einstufung von Stoffen,
2. die Einsetzung einer Kommission zur Beratung des Bundesministeriums für Umwelt, Naturschutz, nukleare Sicherheit und Verbraucherschutz in Fragen der Stoffeinstufung einschließlich hiermit zusammenhängender organisatorischer Fragen,
3. Anforderungen an die Beschaffenheit und Lage von Anlagen nach Absatz 1,
4. technische Regeln, die den allgemein anerkannten Regeln der Technik entsprechen,
5. Pflichten bei der Planung, der Errichtung, dem Betrieb, dem Befüllen, dem Entleeren, der Instandhaltung, der Instandsetzung, der Überwachung, der Überprüfung, der Reinigung, der Stilllegung und der Änderung von Anlagen nach Absatz 1 sowie Pflichten beim Austreten wassergefährdender Stoffe aus

derartigen Anlagen; in der Rechtsverordnung kann die Durchführung bestimmter Tätigkeiten Sachverständigen oder Fachbetrieben vorbehalten werden,

6. Befugnisse der zuständigen Behörde, im Einzelfall Anforderungen an Anlagen nach Absatz 1 festzulegen und den Betreibern solcher Anlagen bestimmte Maßnahmen aufzuerlegen,
7. Anforderungen an Sachverständige und Sachverständigenorganisationen sowie an Fachbetriebe und Güte- und Überwachungsgemeinschaften.

(5) Weitergehende landesrechtliche Vorschriften für besonders schutzbedürftige Gebiete bleiben unberührt.

(6) Die §§ 62 und 63 gelten nicht für Anlagen im Sinne des Absatzes 1 zum Umgang mit

1. Abwasser,
2. Stoffen, die hinsichtlich der Radioaktivität die Freigrenzen des Strahlenschutzrechts überschreiten.

§ 63 Eignungsfeststellung

(1) Anlagen zum Lagern, Abfüllen oder Umschlagen wassergefährdender Stoffe dürfen nur errichtet, betrieben und wesentlich geändert werden, wenn ihre Eignung von der zuständigen Behörde festgestellt worden ist. § 13 Absatz 1 und § 17 gelten entsprechend.

(2) Absatz 1 gilt nicht

1. für Anlagen zum Lagern und Abfüllen von Jauche, Gülle und Silagesickersäften sowie von vergleichbaren in der Landwirtschaft anfallenden Stoffen,
2. wenn wassergefährdende Stoffe
   a) kurzzeitig in Verbindung mit dem Transport bereitgestellt oder aufbewahrt werden und die Behälter oder Verpackungen den Vorschriften und Anforderungen für den Transport im öffentlichen Verkehr genügen,
   b) in Laboratorien in der für den Handgebrauch erforderlichen Menge bereitgehalten werden.

Durch Rechtsverordnung nach § 23 Absatz 1 Nummer 5, 6 und 10 kann geregelt werden,

1. unter welchen Voraussetzungen über die Regelungen nach Satz 1 hinaus keine Eignungsfeststellung erforderlich ist,
2. dass über die Regelungen nach Absatz 4 hinaus bestimmte Anlagenteile als geeignet gelten, einschließlich hierfür zu erfüllender Voraussetzungen.

(3) Die Eignungsfeststellung entfällt, wenn

1. für die Anlage eine Baugenehmigung erteilt worden ist und
2. die Baugenehmigung die Einhaltung der wasserrechtlichen Anforderungen voraussetzt.

(4) Folgende Anlagenteile gelten als geeignet:

1. Bauprodukte im Sinne von Artikel 2 Nummer 1 und 2 der Verordnung (EU) Nr. 305/2011 des Europäischen Parlaments und des Rates vom 9. März 2011 zur Festlegung harmonisierter Bedingungen für die Vermarktung von Bauprodukten und zur Aufhebung der Richtlinie 89/106/EWG des Rates (ABl. L 88 vom 4.4.2011, S. 5), wenn
   a) die Bauprodukte von einer harmonisierten Norm im Sinne von Artikel 2 Nummer 11 der Verordnung (EU) Nr. 305/2011 erfasst sind oder einer Europäischen Technischen Bewertung im Sinne von Artikel 2 Nummer 13 der Verordnung (EU) Nr. 305/2011 entsprechen und die CE-Kennzeichnung angebracht wurde und
   b) die erklärten Leistungen alle wesentlichen Merkmale der harmonisierten Norm oder der Europäischen Technischen Bewertung umfassen, die dem Gewässerschutz dienen,
2. serienmäßig hergestellte Bauprodukte, die nicht unter Nummer 1 fallen und für die nach bauordnungsrechtlichen Vorschriften ein Verwendbarkeitsnachweis erteilt wurde, der die Einhaltung der wasserrechtlichen Anforderungen gewährleistet,
3. Anlagenteile, die aus Bauprodukten zusammengefügt werden, sofern hierfür nach bauordnungsrechtlichen Vorschriften eine Bauartgenehmigung oder eine allgemeine bauaufsichtliche Zulassung erteilt wurde, die jeweils die Einhaltung der wasserrechtlichen Anforderungen gewährleistet,
4. Druckgeräte imSinne von § 2 Satz 1 Nummer 3 der Druckgeräteverordnung vom 13. Mai 2015 (BGBl. I S. 692), die durch Artikel 2 der Verordnung vom 6. April 2016 (BGBl. I S. 597) geändert worden ist, und Baugruppen im Sinne von § 2 Satz 1 Nummer 1 dieser Verordnung, sofern die CE-Kennzeichnung angebracht wurde und die Druckgeräte und Baugruppen in Übereinstimmung mit der Betriebsanleitung und den Sicherheitsinformationen nach § 6 Absatz 3 dieser Verordnung in Betrieb genommen werden, und
5. Maschinen im Sinne von § 2 Nummer 1 bis 4 der Maschinenverordnung vom 12. Mai 1993 (BGBl. I S. 704), die zuletzt durch Artikel 19 des Gesetzes vom 8. November 2011 (BGBl. I S. 2178) geändert worden ist, sofern die CE-Kennzeichnung angebracht wurde und die Maschinen in Übereinstimmung mit der Betriebsanleitung und den Sicherheitsanforderungen nach § 3 Absatz 2 Nummer 1 dieser Verordnung in Betrieb genommen werden.

Entsprechen bei Bauprodukten nach Satz 1 Nummer 1 die erklärten Leistungen nicht den wasserrechtlichen Anforderungen an die jeweilige Verwendung, muss die Anlage insgesamt so beschaffen sein, dass die wasserrechtlichen Anforderungen erfüllt werden. Bei Anlagenteilen nach Satz 1 Nummer 4 und 5 bleiben die wasserrechtlichen Anforderungen an die Rückhaltung wassergefährdender Stoffe unberührt. Druckgeräte und Baugruppen nach Satz 1 Nummer 4, für die eine Betreiberprüfstelle eine EU-Konformitätserklärung nach § 2

Satz 1 Nummer 10 der Druckgeräteverordnung erteilt hat, bedürfen keiner CE-Kennzeichnung.

(5) Bei serienmäßig hergestellten Bauprodukten, die nicht unter Absatz 4 Satz 1 Nummer 1 fallen, sowie bei Anlagenteilen, die aus Bauprodukten zusammengefügt werden, stehen den Verwendbarkeitsnachweisen nach Absatz 4 Satz 1 Nummer 2 sowie den Bauartgenehmigungen oder allgemeinen bauaufsichtlichen Zulassungen nach Absatz 4 Satz 1 Nummer 3 Zulassungen aus einem anderen Mitgliedstaat der Europäischen Union, einem anderen Vertragsstaat des Abkommens über den Europäischen Wirtschaftsraum oder der Türkei gleich, wenn mit den Zulassungen dauerhaft das gleiche Schutzniveau erreicht wird. Das Ergebnis von Prüfungen von Anlagenteilen nach Satz 1, die bereits in einem anderen Mitgliedstaat der Europäischen Union, einem anderen Vertragsstaat des Abkommens über den Europäischen Wirtschaftsraum oder der Türkei vorgenommen worden sind, ist bei der Eignungsfeststellung zu berücksichtigen.

§ 64 Bestellung von Gewässerschutzbeauftragten

(1) Gewässerbenutzer, die an einem Tag mehr als 750 Kubikmeter Abwasser einleiten dürfen, haben unverzüglich einen oder mehrere Betriebsbeauftragte für Gewässerschutz (Gewässerschutzbeauftragte) zu bestellen.

(2) Die zuständige Behörde kann anordnen, dass

1. die Einleiter von Abwasser in Gewässer, für die eine Pflicht zur Bestellung von Gewässerschutzbeauftragten nach Absatz 1 nicht besteht,
2. die Einleiter von Abwasser in Abwasseranlagen,
3. die Betreiber von Anlagen nach § 62 Absatz 1,
4. die Betreiber von Rohrleitungsanlagen nach Nummer 19.3 der Anlage 1 des Gesetzes über die Umweltverträglichkeitsprüfung

einen oder mehrere Gewässerschutzbeauftragte zu bestellen haben.

(3) Ist nach § 53 des Bundes-Immissionsschutzgesetzes ein Immissionsschutzbeauftragter oder nach § 59 des Kreislaufwirtschaftsgesetzes ein Abfall beauftragter zu bestellen, so kann dieser auch die Aufgaben und Pflichten eines Gewässerschutzbeauftragten nach diesem Gesetz wahrnehmen.

§ 65 Aufgaben von Gewässerschutzbeauftragten

(1) Gewässerschutzbeauftragte beraten den Gewässerbenutzer und die Betriebsangehörigen in Angelegenheiten, die für den Gewässerschutz bedeutsam sein können. Sie sind berechtigt und verpflichtet,

1. die Einhaltung von Vorschriften, Nebenbestimmungen und Anordnungen im Interesse des Gewässerschutzes zu überwachen, insbesondere durch regelmäßige Kontrolle der Abwasseranlagen im Hinblick auf die Funktionsfähigkeit, den ordnungsgemäßen Betrieb sowie die Wartung, durch Messungen des Abwassers nach Menge und Eigenschaften, durch Aufzeichnungen der

Kontroll- und Messergebnisse; sie haben dem Gewässerbenutzer festgestellte Mängel mitzuteilen und Maßnahmen zu ihrer Beseitigung vorzuschlagen;

2. auf die Anwendung geeigneter Abwasserbehandlungsverfahren einschließlich der Verfahren zur ordnungsgemäßen Verwertung oder Beseitigung der bei der Abwasserbehandlung entstehenden Reststoffe hinzuwirken;
3. auf die Entwicklung und Einführung von
   a) innerbetrieblichen Verfahren zur Vermeidung oder Verminderung des Abwasseranfalls nach Art und Menge,
   b) umweltfreundlichen Produktionen

   hinzuwirken;
4. die Betriebsangehörigen über die in dem Betrieb verursachten Gewässerbelastungen sowie über die Einrichtungen und Maßnahmen zu ihrer Verhinderung unter Berücksichtigung der wasserrechtlichen Vorschriften aufzuklären.

(2) Gewässerschutzbeauftragte erstatten dem Gewässerbenutzer jährlich einen schriftlichen oder elektronischen Bericht über die nach Absatz 1 Satz 2 Nummer 1 bis 4 getroffenen und beabsichtigten Maßnahmen. Bei EMAS-Standorten ist ein jährlicher Bericht nicht erforderlich, soweit sich gleichwertige Angaben aus dem Bericht über die Umweltbetriebsprüfung ergeben und die Gewässerschutzbeauftragten den Bericht mitgezeichnet haben und mit dem Verzicht auf die Erstellung eines gesonderten jährlichen Berichts einverstanden sind.

(3) Die zuständige Behörde kann im Einzelfall die in den Absätzen 1 und 2 aufgeführten Aufgaben der Gewässerschutzbeauftragten

1. näher regeln,
2. erweitern, soweit es die Belange des Gewässerschutzes erfordern,
3. einschränken, wenn dadurch die ordnungsgemäße Selbstüberwachung nicht beeinträchtigt wird.

(...)

§ 89 Haftung für Änderungen der Wasserbeschaffenheit

(1) Wer in ein Gewässer Stoffe einbringt oder einleitet oder wer in anderer Weise auf ein Gewässer einwirkt und dadurch die Wasserbeschaffenheit nachteilig verändert, ist zum Ersatz des daraus einem anderen entstehenden Schadens verpflichtet. Haben mehrere auf das Gewässer eingewirkt, so haften sie als Gesamtschuldner.

(2) Gelangen aus einer Anlage, die bestimmt ist, Stoffe herzustellen, zu verarbeiten, zu lagern, abzulagern, zu befördern oder wegzuleiten, derartige Stoffe in ein Gewässer, ohne in dieses eingebracht oder eingeleitet zu sein, und wird dadurch die Wasserbeschaffenheit nachteilig verändert, so ist der Betreiber der Anlage zum Ersatz des daraus einem anderen entstehenden Schadens verpflichtet. Absatz 1 Satz 2 gilt entsprechend. Die Ersatzpflicht tritt nicht ein, wenn der Schaden durch höhere Gewalt verursacht wird.

§ 90 Sanierung von Gewässerschäden

(1) Eine Schädigung eines Gewässers im Sinne des Umweltschadensgesetzes ist jeder Schaden mit erheblichen nachteiligen Auswirkungen auf

1. den ökologischen oder chemischen Zustand eines oberirdischen Gewässers oder Küstengewässers,
2. das ökologische Potenzial oder den chemischen Zustand eines künstlichen oder erheblich veränderten oberirdischen Gewässers oder Küstengewässers,
3. den chemischen oder mengenmäßigen Zustand des Grundwassers oder
4. den Zustand eines Meeresgewässers;

ausgenommen sind nachteilige Auswirkungen, für die § 31 Absatz 2, auch in Verbindung mit § 44 oder § 47 Absatz 3 Satz 1, gilt.

(2) Hat eine verantwortliche Person nach dem Umweltschadensgesetz eine Schädigung eines Gewässers verursacht, so trifft sie die erforderlichen Sanierungsmaßnahmen gemäß Anhang II Nummer 1 der Richtlinie 2004/35/EG des Europäischen Parlaments und des Rates vom 21. April 2004 über Umwelthaftung zur Vermeidung und Sanierung von Umweltschäden (ABl. L 143 vom 30.4.2004, S. 56), die durch die Richtlinie 2006/21/EG (ABl. L 102 vom 11.4.2006, S. 15) geändert worden ist.

(3) Zuständige Behörde für den Vollzug dieser Vorschrift und der Vorschriften des Umweltschadensgesetzes ist, sofern nichts anderes bestimmt ist, im Hinblick auf die Schädigung der Meeresgewässer außerhalb der Küstengewässer und die unmittelbare Gefahr solcher Schäden im Bereich der deutschen ausschließlichen Wirtschaftszone und des Festlandsockels,

1. soweit ein Zusammenhang mit Tätigkeiten nach dem Bundesberggesetz besteht, die nach § 136 des Bundesberggesetzes in Verbindung mit § 142 des Bundesberggesetzes bestimmte Behörde, sowie
2. im Übrigen das Bundesamt für Naturschutz; es bedient sich, soweit sachdienlich, der Hilfe des Bundesamtes für Seeschifffahrt und Hydrographie sowie des Umweltbundesamtes; es kann sich der Hilfe weiterer Stellen bedienen, soweit diese zustimmen.

(4) Weitergehende Vorschriften über Schädigungen oder sonstige Beeinträchtigungen von Gewässern und deren Sanierung bleiben unberührt.

(...)

§ 103 Bußgeldvorschriften

(1) Ordnungswidrig handelt, wer vorsätzlich oder fahrlässig

1. ohne Erlaubnis und ohne Bewilligung nach § 8 Absatz 1 ein Gewässer benutzt,
2. einer vollziehbaren Auflage nach § 13 Absatz 1, auch in Verbindung mit
   a) § 58 Absatz 4 Satz 1, auch in Verbindung mit § 59 Absatz 1, oder
   b) § 63 Absatz 1 Satz 2,

zuwiderhandelt,

3. einer Rechtsverordnung nach
   a) § 23 Absatz 1 Nummer 1, 3 bis 8 oder Nummer 9 oder
   b) § 23 Absatz 1 Nummer 10 oder Nummer 11 oder § 50 Absatz 4a Satz 1 Nummer 3

   oder einer vollziehbaren Anordnung auf Grund einer solchen Rechtsverordnung zuwiderhandelt, soweit die Rechtsverordnung für einen bestimmten Tatbestand auf diese Bußgeldvorschrift verweist,
4. entgegen § 32 Absatz 1 Satz 1 oder Absatz 2, § 45 Absatz 1 Satz 1 oder Absatz 3 oder § 48 Absatz 2 Satz 1 oder Satz 2 Stoffe lagert, ablagert oder befördert oder in ein oberirdisches Gewässer oder in ein Küstengewässer einbringt,
5. entgegen § 37 Absatz 1 den natürlichen Ablauf wild abfließenden Wassers behindert, verstärkt oder sonst verändert,
6. einer Vorschrift des § 38 Absatz 4 Satz 2 über eine dort genannte verbotene Handlung im Gewässerrandstreifen zuwiderhandelt,
7. entgegen § 50 Absatz 4, § 60 Absatz 1 Satz 2 oder § 62 Absatz 2 eine dort genannte Anlage errichtet, betreibt, unterhält oder stilllegt,

7a. einer Rechtsverordnung nach § 51 Absatz 1 Satz 1 in Verbindung mit
   a) § 52 Absatz 1 Satz 1 Nummer 1, 2 Buchstabe a oder Buchstabe c oder Nummer 3 oder
   b) § 52 Absatz 1 Satz 1 Nummer 2 Buchstabe b

   zuwiderhandelt, soweit sie für einen bestimmten Tatbestand auf diese Bußgeldvorschrift verweist,

8. einer vollziehbaren Anordnung nach
   a) § 52 Absatz 1 Satz 1 Nummer 1, 2 Buchstabe a oder Buchstabe c oder Nummer 3,
   b) § 52 Absatz 1 Satz 1 Nummer 2 Buchstabe b,

   jeweils auch in Verbindung mit § 52 Absatz 2 Satz 1 oder Absatz 3 oder § 53 Absatz 5, zuwiderhandelt,

8a. einer Rechtsverordnung nach § 53 Absatz 4 Satz 1 in Verbindung mit § 53 Absatz 5 in Verbindung mit
   a) § 52 Absatz 1 Satz 1 Nummer 1, 2 Buchstabe a oder Buchstabe c oder Nummer 3 oder
   b) § 52 Absatz 1 Satz 1 Nummer 2 Buchstabe b

   zuwiderhandelt, soweit sie für einen bestimmten Tatbestand auf diese Bußgeldvorschrift verweist,

9. ohne Genehmigung nach § 58 Absatz 1 Satz 1, auch in Verbindung mit § 59 Absatz 1, Abwasser in eine Abwasseranlage einleitet,
10. ohne Genehmigung nach § 60 Absatz 3 Satz 1 eine Abwasserbehandlungsanlage errichtet, betreibt oder wesentlich ändert,

11. entgegen § 61 Absatz 2 Satz 2 in Verbindung mit einer Rechtsverordnung nach Absatz 3 eine Aufzeichnung nicht, nicht richtig oder nicht vollständig anfertigt, nicht oder nicht mindestens fünf Jahre aufbewahrt oder nicht oder nicht rechtzeitig vorlegt,
12. entgegen § 63 Absatz 1 Satz 1 eine dort genannte Anlage errichtet, betreibt oder wesentlich ändert,
13. entgegen § 64 Absatz 1 nicht mindestens einen Gewässerschutzbeauftragten bestellt,
14. einer vollziehbaren Anordnung nach § 64 Absatz 2 zuwiderhandelt,
15. ohne festgestellten und ohne genehmigten Plan nach § 68 Absatz 1 oder Absatz 2 ein Gewässer ausbaut,
16. entgegen § 78 Absatz 4 Satz 1, auch in Verbindung mit Absatz 8, eine dort genannte Anlage errichtet oder erweitert,

16a. einer Vorschrift des § 78a Absatz 1 Satz 1, auch in Verbindung mit Absatz 6, über eine untersagte Handlung in einem dort genannten Gebiet zuwiderhandelt,

17. entgegen § 78a Absatz 3 einen Gegenstand nicht oder nicht rechtzeitig entfernt,
18. entgegen § 78c Absatz 1 Satz 1 oder Absatz 2 Satz 1 eine Heizölverbraucheranlage errichtet,
19. entgegen § 78c Absatz 3 eine Heizölverbraucheranlage nicht, nicht richtig, nicht in der vorgeschriebenen Weise oder nicht rechtzeitig nachrüstet,
20. einer vollziehbaren Anordnung nach § 101 Absatz 1 Satz 1 Nummer 3 zuwiderhandelt oder
21. entgegen § 101 Absatz 2 das Betreten eines Grundstücks nicht gestattet oder eine Auskunft nicht, nicht richtig, nicht vollständig oder nicht rechtzeitig erteilt.

(2) Die Ordnungswidrigkeit kann in den Fällen des Absatzes 1 Nummer 1 bis 3 Buchstabe a, Nummer 4 bis 7, 7a Buchstabe a, Nummer 8 Buchstabe a, Nummer 8a Buchstabe a, Nummer 9, 10 und 12 bis 19 mit einer Geldbuße bis zu fünfzigtausend Euro und in den übrigen Fällen mit einer Geldbuße bis zu zehntausend Euro geahndet werden.

(…)

Verordnung über Anlagen zum Umgang mit wassergefährdenden Stoffen (AwSV)

Vom 18. April 2017 (BGBl. I Nr. 22 vom 21. 04. 2017 S. 905), geändert durch Artikel 256 der Verordnung vom 19. Juni 2020 (BGBl. I S. 1328)

– Auszug –

Inhaltsübersicht

§ 1 Zweck; Anwendungsbereich

(1) Diese Verordnung dient dem Schutz der Gewässer vor nachteiligen Veränderungen ihrer Eigenschaften durch Freisetzungen von wassergefährdenden Stoffen aus Anlagen zum Umgang mit diesen Stoffen.

(2) Diese Verordnung findet keine Anwendung auf

1. den Umgang mit im Bundesanzeiger veröffentlichten nicht wassergefährdenden Stoffen,
2. nicht ortsfeste und nicht ortsfest benutzte Anlagen, in denen mit wassergefährdenden Stoffen umgegangen wird, sowie
3. Untergrundspeicher nach § 4 Absatz 9 des Bundesberggesetzes.

(3) Diese Verordnung findet auch keine Anwendung auf oberirdische Anlagen mit einem Volumen von nicht mehr als 0,22 Kubikmetern bei flüssigen Stoffen oder mit einer Masse von nicht mehr als 0,2 Tonnen bei gasförmigen und festen Stoffen, wenn sich diese Anlagen außerhalb von Schutzgebieten und festgesetzten oder vorläufig gesicherten Überschwemmungsgebieten befinden. § 62 Absatz 1 und 2 des Wasserhaushaltsgesetzes bleibt unberührt. Anlagen nach Satz 1 bedürfen keiner Eignungsfeststellung nach § 63 Absatz 1 des Wasserhaushaltsgesetzes.

(4) Diese Verordnung findet zudem keine Anwendung, wenn der Umfang der wassergefährdenden Stoffe, sofern mit ihnen neben anderen Sachen in einer Anlage umgegangen wird, während der gesamten Betriebsdauer der Anlage unerheblich ist. Auf Antrag des Betreibers stellt die zuständige Behörde fest, ob die Voraussetzung nach Satz 1 erfüllt ist.

(...)

§ 17 Grundsatzanforderungen

(1) Anlagen müssen so geplant und errichtet werden, beschaffen sein und betrieben werden, dass

1. wassergefährdende Stoffe nicht austreten können,
2. Undichtheiten aller Anlagenteile, die mit wassergefährdenden Stoffen in Berührung stehen, schnell und zuverlässig erkennbar sind,
3. austretende wassergefährdende Stoffe schnell und zuverlässig erkannt und zurückgehalten sowie ordnungsgemäß entsorgt werden; dies gilt auch für betriebsbedingt auftretende Spritz- und Tropfverluste, und
4. bei einer Störung des bestimmungsgemäßen Betriebs der Anlage (Betriebsstörung) anfallende Gemische, die ausgetretene wassergefährdende Stoffe enthalten können, zurückgehalten und ordnungsgemäß als Abfall entsorgt oder als Abwasser beseitigt werden.

(2) Anlagen müssen dicht, standsicher und gegenüber den zu erwartenden mechanischen, thermischen und chemischen Einflüssen hinreichend widerstandsfähig sein.

(3) Einwandige unterirdische Behälter für flüssige wassergefährdende Stoffe sind unzulässig. Einwandige unterirdische Behälter für gasförmige wassergefährdende Stoffe sind unzulässig, wenn die gasförmigen wassergefährdenden Stoffe flüssig austreten, schwerer sind als Luft oder sich nach Austritt im umgebenden Boden in vorhandener Feuchtigkeit lösen.

(4) Der Betreiber hat bei der Stilllegung einer Anlage oder von Anlagenteilen alle in der Anlage oder in den Anlagenteilen enthaltenen wassergefährdenden Stoffe, soweit technisch möglich, zu entfernen. Er hat die Anlage gegen missbräuchliche Nutzung zu sichern.

§ 18 Anforderungen an die Rückhaltung wassergefährdender Stoffe

(1) Anlagen müssen ausgetretene wassergefährdende Stoffe auf geeignete Weise zurückhalten. Dazu sind sie mit einer Rückhalteeinrichtung im Sinne von § 2 Absatz 16 auszurüsten. Satz 2 gilt nicht, wenn es sich um eine doppelwandige Anlage im Sinne von § 2 Absatz 17 handelt. Einzelne Anlagenteile können über unterschiedliche, jeweils voneinander unabhängige Rückhalteeinrichtungen verfügen. Bei Anlagen, die nur teilweise doppelwandig ausgerüstet sind, sind einwandige Anlagenteile mit einer Rückhalteeinrichtung zu versehen.

(2) Rückhalteeinrichtungen müssen flüssigkeitsundurchlässig sein und dürfen keine Abläufe haben. Flüssigkeitsundurchlässig sind Bauausführungen dann, wenn sie ihre Dicht- und Tragfunktion während der Dauer der Beanspruchung durch die wassergefährdenden Stoffe, mit denen in der Anlage umgegangen wird, nicht verlieren.

(3) Rückhalteeinrichtungen müssen für folgendes Volumen ausgelegt sein:

1. bei Anlagen zum Lagern, Herstellen, Behandeln oder Verwenden wassergefährdender Stoffe muss das Rückhaltevolumen dem Volumen an wassergefährdenden Stoffen entsprechen, das bei Betriebsstörungen bis zum Wirksamwerden geeigneter Sicherheitsvorkehrungen freigesetzt werden kann,
2. bei Anlagen zum Abfüllen flüssiger wassergefährdender Stoffe muss das Rückhaltevolumen dem Volumen entsprechen, das bei größtmöglichem Volumenstrom bis zum Wirksamwerden geeigneter Sicherheitsvorkehrungen freigesetzt werden kann,
3. bei Anlagen zum Umschlagen wassergefährdender Stoffe muss das Rückhaltevolumen dem Volumen entsprechen, das aus dem größten Behälter, der größten Verpackung oder der größten Umschlagseinheit, in dem oder in der sich wassergefährdende Stoffe befinden und für den oder für die die Anlage ausgelegt ist, freigesetzt werden kann.

Auf ein Rückhaltevolumen kann bei oberirdischen Anlagen zum Umgang mit wassergefährdenden Stoffen der Wassergefährdungsklasse 1 mit einem Volumen bis 1 000 Liter verzichtet werden, sofern sich diese auf einer Fläche befinden, die

1. den betriebstechnischen Anforderungen genügt, und eine Leckerkennung durch infrastrukturelle Maßnahmen gewährleistet ist, oder
2. flüssigkeitsundurchlässig ausgebildet ist.

(4) Bei Anlagen zum Lagern, Herstellen, Behandeln oder Verwenden wassergefährdender Stoffe der Gefährdungsstufe D nach § 39 Absatz 1 muss die Rückhalteeinrichtung abweichend von Absatz 3 Satz 1 Nummer 1 so ausgelegt sein, dass das Volumen flüssiger wassergefährdender Stoffe, das aus der größten abgesperrten Betriebseinheit bei Betriebsstörungen freigesetzt werden kann, ohne dass Gegenmaßnahmen getroffen werden, vollständig zurückgehalten werden kann.

(5) Einwandige Behälter, Rohrleitungen und sonstige Anlagenteile müssen von Wänden, Böden und sonstigen Bauteilen sowie untereinander einen solchen Abstand haben, dass die Erkennung von Leckagen und die Zustandskontrolle, insbesondere auch der Rückhalteeinrichtungen, jederzeit möglich sind.

(6) Bei oberirdischen doppelwandigen Behältern, die über ein Leckanzeigesystem mit Flüssigkeiten der Wassergefährdungsklasse 1 verfügen, ist eine Rückhaltung der Leckanzeigeflüssigkeit nicht erforderlich, wenn das Volumen dieser Flüssigkeit 1 Kubikmeter nicht übersteigt.

(7) Wassergefährdende Stoffe, die beim Austreten so miteinander reagieren können, dass die Funktion der Rückhaltung nach Absatz 1 beeinträchtigt wird, müssen getrennt aufgefangen werden.

(...)

§ 43 Anlagendokumentation

(1) Der Betreiber hat eine Anlagendokumentation zu führen, in der die wesentlichen Informationen über die Anlage enthalten sind. Hierzu zählen insbesondere Angaben zum Aufbau und zur Abgrenzung der Anlage, zu den eingesetzten Stoffen, zur Bauart und zu den Werkstoffen der einzelnen Anlagenteile, zu Sicherheitseinrichtungen und Schutzvorkehrungen, zur Löschwasserrückhaltung und zur Standsicherheit. Die Dokumentation ist bei einem Wechsel des Betreibers an den neuen Betreiber zu übergeben.

(2) Ist die Anlage nach § 46 Absatz 2 oder Absatz 3 prüfpflichtig, hat der Betreiber neben der Dokumentation nach Absatz 1 zusätzlich die Unterlagen bereitzuhalten, die für die Prüfung der Anlage und für die Durchführung fachbetriebspflichtiger Tätigkeiten nach § 45 erforderlich sind. Hierzu gehören insbesondere eine Dokumentation der Abgrenzung der Anlage nach § 14 Absatz 1, eine erteilte Eignungsfeststellung, bauaufsichtliche Verwendbarkeitsnachweise sowie der letzte Prüfbericht nach § 47 Absatz 3 Satz 1.

(3) Der Betreiber hat die Unterlagen nach Absatz 2 der zuständigen Behörde, Sachverständigen vor Prüfungen und Fachbetrieben nach § 62 vor fachbetriebspflichtigen Tätigkeiten jeweils auf Verlangen vorzulegen.

(4) Absatz 1 gilt nicht für Anlagen, die zu einem EMAS-Standort im Sinne von § 3 Nummer 12 des Wasserhaushaltsgesetzes gehören, sofern der Anlagendokumentation vergleichbare Angaben enthalten sind in

1. einer der Registrierung zugrunde gelegten Umwelterklärung nach Artikel 2 Nummer 18 der Verordnung (EG) Nr. 1221/2009 des Europäischen Parlaments und des Rates vom 25. November 2009 über die freiwillige Teilnahme von Organisationen an einem Gemeinschaftssystem für Umweltmanagement und Umweltbetriebsprüfung und zur Aufhebung der Verordnung (EG) Nr. 761/2001, sowie der Beschlüsse der Kommission 2001/681/EG und 2006/193/EG (ABl. L 342 vom 22. 12. 2009, S. 1), die durch die Verordnung (EU) Nr. 517/2013 (ABl. L 158 vom 10. 6. 2013, S. 1) geändert worden ist, die der zuständigen Behörde vorliegt und validiert worden ist, oder
2. einem Umweltbetriebsprüfungsbericht nach Anhang III Buchstabe C der Verordnung (EG) Nr. 1221/2009.

§ 44 Betriebsanweisung; Merkblatt

(1) Der Betreiber hat eine Betriebsanweisung vorzuhalten, die einen Überwachungs-, Instandhaltungs- und Notfallplan enthält und Sofortmaßnahmen zur Abwehr nachteiliger Veränderungen der Eigenschaften von Gewässern festlegt. Der Plan ist mit den Stellen abzustimmen, die im Rahmen des Notfallplans und

der Sofortmaßnahmen beteiligt sind. Der Betreiber hat die Einhaltung der Betriebsanweisung und deren Aktualisierung sicherzustellen.

(2) Das Betriebspersonal der Anlage ist vor Aufnahme der Tätigkeit und dann regelmäßig in angemessenen Zeitabständen, mindestens jedoch einmal jährlich, zu unterweisen, wie es sich laut Betriebsanweisung zu verhalten hat. Die Durchführung der Unterweisung ist vom Betreiber zu dokumentieren.

(3) Die Betriebsanweisung muss dem Betriebspersonal der Anlage jederzeit zugänglich sein.

(4) Die Absätze 1 bis 3 gelten nicht für

1. Anlagen der Gefährdungsstufe A,
2. Eigenverbrauchstankstellen,
3. Heizölverbraucheranlagen,
4. Anlagen zum Umgang mit aufschwimmenden flüssigen Stoffen mit einem Volumen bis zu 100 Kubikmetern und
5. Anlagen mit festen Gemischen bis zu 1 000 Tonnen.

Stattdessen ist bei Anlagen nach Satz 1 Nummer 3 das Merkblatt zu Betriebs- und Verhaltensvorschriften beim Betrieb von Heizölverbraucheranlagen nach Anlage 3 und bei Anlagen nach Satz 1 Nummer 1, 2, 4 und 5 das Merkblatt zu Betriebs- und Verhaltensvorschriften beim Umgang mit wassergefährdenden Stoffen nach Anlage 4 an gut sichtbarer Stelle in der Nähe der Anlage dauerhaft anzubringen. Auf das Anbringen des Merkblattes nach Anlage 4 kann verzichtet werden, wenn die dort vorgegebenen Informationen auf andere Weise in der Nähe der Anlage gut sichtbar dokumentiert sind. Bei Anlagen zum Verwenden wassergefährdender Stoffe der Gefährdungsstufe A, die im Freien außerhalb von Ortschaften betrieben werden, ist die gut sichtbare Anbringung einer Telefonnummer ausreichend, unter der bei Betriebsstörungen eine Alarmierung erfolgen kann.

§ 45 Fachbetriebspflicht; Ausnahmen

(1) Folgende Anlagen einschließlich der zu ihnen gehörenden Anlagenteile dürfen nur von Fachbetrieben nach § 62 errichtet, von innen gereinigt, instand gesetzt und stillgelegt werden:

1. unterirdische Anlagen,
2. oberirdische Anlagen zum Umgang mit flüssigen wassergefährdenden Stoffen der Gefährdungsstufen C und D,
3. oberirdische Anlagen zum Umgang mit flüssigen wassergefährdenden Stoffen der Gefährdungsstufe B innerhalb von Wasserschutzgebieten,
4. Heizölverbraucheranlagen der Gefährdungsstufen B, C und D,
5. Biogasanlagen,

6. Umschlaganlagen des intermodalen Verkehrs sowie
7. Anlagen zum Umgang mit aufschwimmenden flüssigen Stoffen nach § 3 Absatz 2 Satz 1 Nummer 7.

(2) Abweichend von Absatz 1 müssen Tätigkeiten an Anlagen oder Anlagenteilen, die keine unmittelbare Bedeutung für die Anlagensicherheit haben, nicht von Fachbetrieben ausgeführt werden.

§ 46 Überwachungs- und Prüfpflichten des Betreibers

(1) Der Betreiber hat die Dichtheit der Anlage und die Funktionsfähigkeit der Sicherheitseinrichtungen regelmäßig zu kontrollieren. Die zuständige Behörde kann im Einzelfall anordnen, dass der Betreiber einen Überwachungsvertrag mit einem Fachbetrieb nach § 62 abschließt, wenn er selbst nicht die erforderliche Sachkunde besitzt und auch nicht über sachkundiges Personal verfügt.

(2) Betreiber haben Anlagen außerhalb von Schutzgebieten und außerhalb von festgesetzten oder vorläufig gesicherten Überschwemmungsgebieten nach Maßgabe der in Anlage 5 geregelten Prüfzeitpunkte und -intervalle auf ihren ordnungsgemäßen Zustand prüfen zu lassen.

(3) Betreiber haben Anlagen in Schutzgebieten und in festgesetzten oder vorläufig gesicherten Überschwemmungsgebieten nach Maßgabe der in Anlage 6 geregelten Prüfzeitpunkte und -intervalle auf ihren ordnungsgemäßen Zustand prüfen zu lassen.

(4) Die zuständige Behörde kann unabhängig von den sich nach den Absätzen 2 und 3 ergebenden Prüfzeitpunkten und -intervallen eine einmalige Prüfung oder wiederkehrende Prüfungen anordnen, insbesondere wenn die Besorgnis einer nachteiligen Veränderung von Gewässereigenschaften besteht.

(5) Betreiber haben Anlagen, bei denen nach § 47 Absatz 2 ein erheblicher oder ein gefährlicher Mangel festgestellt worden ist, nach Beseitigung des Mangels nach § 48 Absatz 1 erneut prüfen zu lassen.

(6) Die Prüfung nach Absatz 2 oder Absatz 3 entfällt, wenn die Anlage der Forschung, Entwicklung oder Erprobung neuer Einsatzstoffe, Brennstoffe, Erzeugnisse oder Verfahren dient und nicht länger als ein Jahr betrieben wird.

(7) Weiter gehende Regelungen, insbesondere in einer Eignungsfeststellung nach § 63 Absatz 1 des Wasserhaushaltsgesetzes, bleiben unberührt.

(...)

§ 52 Anerkennung von Sachverständigenorganisationen

(1) Sachverständigenorganisationen bedürfen der Anerkennung durch die zuständige Behörde. Anerkannte Sachverständigenorganisationen sind berechtigt,

1. Sachverständige zu bestellen, die
   a) Anlagenprüfungen nach § 46 Absatz 2 bis 5 und Anlage 7 Nummer 6.4 und 6.7 Satz 3 durchführen und
   b) Gutachten nach § 41 Absatz 2 Satz 1 Nummer 2, auch in Verbindung mit Absatz 3, oder nach § 42 Satz 2 erstellen, sowie
2. Fachbetriebe nach § 62 Absatz 1 zu zertifizieren und zu überwachen, sofern sich die Anerkennung auch darauf erstreckt.

(2) Anerkennungen aus einem anderen Mitgliedstaat der Europäischen Union oder einem anderen Vertragsstaat des Abkommens über den Europäischen Wirtschaftsraum stehen Anerkennungen nach Absatz 1 gleich, wenn sie ihnen gleichwertig sind. Sie sind der zuständigen Behörde vor Aufnahme der Prüf- oder Überwachungstätigkeiten im Original oder in Kopie vorzulegen; eine Beglaubigung der Kopie kann verlangt werden. Die zuständige Behörde kann darüber hinaus verlangen, dass gleichwertige Anerkennungen nach Satz 1 in beglaubigter deutscher Übersetzung vorgelegt werden.

(3) Eine Organisation kann als Sachverständigenorganisation anerkannt werden, wenn sie

1. eine vertretungsberechtigte natürliche Person benennt und deren Vertretungsbefugnis gegenüber der zuständigen Behörde nachweist,
2. nachweist, dass eine technische Leitung und eine Stellvertretung bestellt wurden, die die für Sachverständige geltenden Anforderungen nach § 53 erfüllen,
3. eine ausreichende Anzahl von Sachverständigen bestellt hat, die die in § 53 genannten Anforderungen erfüllen und an fachliche Weisungen der technischen Leitung gebunden sind,
4. Grundsätze aufgestellt hat, die bei den Anlagenprüfungen zu beachten sind,
5. ein betriebliches Qualitätssicherungssystem nachweist,
6. den Nachweis über das Bestehen einer Haftpflichtversicherung für Boden- und Gewässerschäden für die Tätigkeit ihrer Sachverständigen mit einer Deckungssumme von mindestens 2,5 Millionen Euro pro Schadenfall erbringt und
7. erklärt, dass sie die Länder, in denen die Sachverständigen Prüfungen vornehmen, von jeder Haftung für die Tätigkeit ihrer Sachverständigen freistellt.

Das Qualitätssicherungssystem nach Satz 1 Nummer 5 hat sicherzustellen, dass geeignete Organisationsstrukturen vorhanden sind, die ordnungsgemäße Anlagenprüfungen nach § 46 gewährleisten. Es muss insbesondere Vorgaben zu Kontrollen der Prüfberichte und der Prüfmittel, zur Durchführung von Einzelgesprächen mit den Sachverständigen sowie zu Kontrollen der Prüftätigkeit der Sachverständigen an Referenzanlagen enthalten. Soll sich die Anerkennung auch auf die Zertifizierung und Überwachung von Fachbetrieben nach § 62 Absatz 1 erstrecken, gilt für die Sachverständigenorganisation zusätzlich zu den in Satz 1 genannten Voraussetzungen § 57 Absatz 3 Satz 1 Nummer 3 und 4 entsprechend. In diesem Fall hat das Qualitätssicherungssystem nach Satz 1 Nummer 5 ungeachtet des Satzes 2 auch sicherzustellen, dass geeignete Organisationsstrukturen vorhanden sind, nach denen die Fachprüfer überwacht werden und die die ordnungsgemäße Überprüfung der Fachbetriebe gewährleisten.

(4) Bei der Prüfung des Antrages auf Anerkennung stehen Nachweise einzelner Voraussetzungen aus einem anderen Mitgliedstaat der Europäischen Union oder einem anderen Vertragsstaat des Abkommens über den Europäischen Wirtschaftsraum inländischen Nachweisen gleich, wenn aus ihnen hervorgeht, dass die Organisation die betreffenden Anforderungen nach Absatz 3 oder die auf Grund ihrer Zielsetzung im Wesentlichen vergleichbaren Anforderungen des Ausstellungsstaats erfüllt. Absatz 2 Satz 2 und 3 gilt entsprechend.

(5) Die Anerkennung kann mit einem Vorbehalt des Widerrufs, einer Befristung, mit Bedingungen, Auflagen und dem Vorbehalt von Auflagen versehen werden. Die Anerkennung gilt im gesamten Bundesgebiet.

(6) Über einen Antrag auf Anerkennung ist innerhalb einer Frist von vier Monaten zu entscheiden; § 42a Absatz 2 Satz 2 bis 4 des Verwaltungsverfahrensgesetzes ist anzuwenden. Das Anerkennungsverfahren kann über eine einheitliche Stelle abgewickelt werden.

(7) Als Sachverständigenorganisation können auch Gruppen anerkannt werden, die in selbständigen organisatorischen Einheiten eines Unternehmens zusammengefasst und hinsichtlich ihrer Prüftätigkeit nicht weisungsgebunden sind. Absatz 3 bleibt unberührt.

(...)

§ 57 Anerkennung von Güte- und Überwachungsgemeinschaften

(1) Güte- und Überwachungsgemeinschaften bedürfen der Anerkennung durch die zuständige Behörde. Anerkannte Güte- und Überwachungsgemeinschaften sind berechtigt, Fachprüfer zur Zertifizierung und Überwachung von Fachbetrieben nach § 62 Absatz 1 zu bestellen.

(2) Anerkennungen aus einem anderen Mitgliedstaat der Europäischen Union oder einem anderen Vertragsstaat des Abkommens über den Europäischen Wirtschaftsraum stehen Anerkennungen nach Absatz 1 gleich, wenn sie ihnen gleichwertig sind. Sie sind der zuständigen Behörde vor Aufnahme der Tätigkeiten nach Absatz 1 Satz 2 im Original oder in Kopie vorzulegen; eine Beglaubigung der Kopie kann verlangt werden. Die zuständige Behörde kann darüber hinaus verlangen, dass gleichwertige Anerkennungen nach Satz 1 in beglaubigter deutscher Übersetzung vorgelegt werden.

(3) Eine Organisation ist als Güte- und Überwachungsgemeinschaft anzuerkennen, wenn sie

1. eine vertretungsberechtigte natürliche Person benennt und deren Vertretungsbefugnis gegenüber der zuständigen Behörde nachweist,

2. nachweist, dass sie eine technische Leitung und eine Stellvertretung bestellt hat, die die für Fachprüfer geltenden Anforderungen nach § 58 Absatz 1 erfüllen,
3. eine ausreichende Anzahl von Fachprüfern bestellt hat, die die in § 58 Absatz 1 genannten Anforderungen erfüllen und an fachliche Weisungen der technischen Leitung gebunden sind,
4. Grundsätze aufgestellt hat, die bei der Zertifizierung und Überwachung von Fachbetrieben zu beachten sind, und
5. ein betriebliches Qualitätssicherungssystem nachweist.

Das Qualitätssicherungssystem nach Satz 1 Nummer 5 hat sicherzustellen, dass geeignete Organisationsstrukturen vorhanden sind, nach denen die Fachprüfer überwacht werden und die die ordnungsgemäße Überprüfung der Fachbetriebe gewährleisten.

(4) Für Nachweise einzelner Anerkennungsvoraussetzungen aus einem anderen Mitgliedstaat der Europäischen Union oder einem anderen Vertragsstaat des Abkommens über den Europäischen Wirtschaftsraum gilt § 52 Absatz 4 entsprechend.

(5) Die Anerkennung kann auf bestimmte Fachgebiete beschränkt werden. Sie kann mit einem Vorbehalt des Widerrufs, einer Befristung, mit Bedingungen, Auflagen und dem Vorbehalt von Auflagen versehen werden. Die Anerkennung gilt im gesamten Bundesgebiet.

(6) Über einen Antrag auf Anerkennung ist innerhalb einer Frist von vier Monaten zu entscheiden; § 42a Absatz 2 Satz 2 bis 4 des Verwaltungsverfahrensgesetzes ist anzuwenden. Das Anerkennungsverfahren kann über eine einheitliche Stelle abgewickelt werden.

§ 58 Bestellung von Fachprüfern

(1) Eine Güte- und Überwachungsgemeinschaft darf für die Zertifizierung und Überwachung von Fachbetrieben nur solche Personen als Fachprüfer bestellen, die

1. für die Tätigkeit als Fachprüfer die erforderliche Zuverlässigkeit besitzen,
2. hinsichtlich ihrer Tätigkeit unabhängig sind; insbesondere darf kein Zusammenhang zwischen der Zertifizierung oder der Überwachung und anderen Leistungen für den Fachbetrieb bestehen,
3. auf Grund ihrer Fachkunde und ihrer durch praktische Tätigkeit gewonnenen Erfahrungen in der Lage sind, Fachbetriebe daraufhin zu überprüfen, ob sie die Anforderungen nach § 62 Absatz 2 erfüllen,
4. über die erforderlichen Kenntnisse der maßgeblichen Vorschriften des Wasser-, Bau-, Betriebssicherheits-, Immissionsschutz- und Abfallrechts und der technischen Regeln verfügen und
5. von keiner anderen im Bundesgebiet tätigen Güte- und Überwachungsgemeinschaft bestellt sind.

Für die Zuverlässigkeit nach Satz 1 Nummer 1 gilt § 53 Absatz 2 bis 4 entsprechend. Die nach Satz 1 Nummer 3 erforderliche Fachkunde liegt vor, wenn der zu bestellende Fachprüfer ein ingenieur- oder naturwissenschaftliches Studium in einer für die ausgeübte Tätigkeit einschlägigen Fachrichtung erfolgreich abgeschlossen hat oder über eine als gleichwertig anerkannte Berufsausbildung verfügt. Die Erfahrungen nach Satz 1 Nummer 3 erfordern eine mindestens fünfjährige berufliche Tätigkeit auf dem Gebiet der Planung, der Errichtung, der Instandsetzung, des Betriebs oder der Prüfung von Anlagen zum Umgang mit wassergefährdenden Stoffen. Die Güte- und Überwachungsgemeinschaft hat sich mittels einer Prüfung vor der Bestellung davon zu überzeugen, dass der zu bestellende Fachprüfer den Anforderungen nach Satz 1 Nummer 3 genügt. Das Ergebnis dieser Prüfung ist zu dokumentieren. Die Erfüllung der Anforderungen nach Satz 1 ist von der Güte- und Überwachungsgemeinschaft vor der Bestellung in einer Bestellungsakte zu dokumentieren.

(2) Von den Anforderungen an die Fachkunde und die Erfahrung nach Absatz 1 Satz 3 und 4 darf nach Zustimmung der zuständigen Behörde abgewichen werden. Dies gilt nicht für die technische Leitung.

(3) Mit der Bestellung ist dem Fachprüfer ein Bestellungsschreiben auszuhändigen.

(4) Eine Güte- und Überwachungsgemeinschaft kann mit einer anderen Güte- und Überwachungsgemeinschaft oder mit einer Sachverständigenorganisation vereinbaren, dass Personen, die von der anderen Organisation für die Zertifizierung und Überwachung von Fachbetrieben bestellt worden sind, für sie tätig werden, wenn sichergestellt ist, dass diese Personen

1. an die nach § 57 Absatz 3 Satz 1 Nummer 4 bei der Zertifizierung und Überwachung von Fachbetrieben zu beachtenden Grundsätze der Güte- und Überwachungsgemeinschaft, für die sie tätig werden, gebunden sind und
2. dem betrieblichen Qualitätssicherungssystem nach § 57 Absatz 3 Satz 1 Nummer 5 der Güte- und Überwachungsgemeinschaft, für die sie tätig werden, unterworfen sind.

(...)

§ 61 Gemeinsame Pflichten der Sachverständigenorganisationen und der Güte- und Überwachungsgemeinschaften

(1) Sachverständigenorganisationen, die berechtigt sind, Fachbetriebe zu zertifizieren und zu überwachen, sowie Güte- und Überwachungsgemeinschaften sind verpflichtet,

1. die Einhaltung der Anforderungen nach § 62 Absatz 2 sowie das ordnungsgemäße Arbeiten des Fachbetriebs regelmäßig, mindestens alle zwei Jahre, sowie bei gegebenem Anlass zu kontrollieren und Art, Umfang und Ergebnisse sowie Ort und Zeitpunkt der jeweiligen Kontrolle zu dokumentieren,
2. die bei den Kontrollen der Fachbetriebe gewonnenen Erkenntnisse zu sammeln und auszuwerten,

3. der zuständigen Behörde die bei den Kontrollen der Fachbetriebe gewonnenen Erkenntnisse jeweils bis zum 31. März eines Jahres für das vergangene Kalenderjahr zu übermitteln.

Zu den Kontrollen nach Satz 1 Nummer 1 gehören insbesondere Kontrollen der Ergebnisse und der Qualität von praktischen, vom Fachbetrieb ausgeführten Tätigkeiten, Kontrollen der Teilnahme an Schulungen oder Fortbildungsveranstaltungen nach Absatz 2 sowie Kontrollen der Geräte und Ausrüstungsteile nach § 62 Absatz 2 Satz 1 Nummer 1.

(2) Sachverständigenorganisationen und Güte- und Überwachungsgemeinschaften müssen für ihr Tätigkeitsgebiet Schulungen anbieten, mit denen der betrieblich verantwortlichen Person und dem eingesetzten Personal der Fachbetriebe die erforderlichen Kenntnisse, insbesondere auf den in § 62 Absatz 2 Satz 2 genannten Gebieten, vermittelt werden.

(3) Sachverständigenorganisationen und Güte- und Überwachungsgemeinschaften müssen Fachbetriebe, die für Dritte tätig werden, unverzüglich nach der Zertifizierung in geeigneter Weise im Internet bekannt machen; die Angaben sind aktuell zu halten. Bei der Bekanntmachung nach Satz 1 sind die Fachbereiche und Tätigkeiten anzugeben, in denen der Fachbetrieb von der Sachverständigenorganisation oder der Güte- und Überwachungsgemeinschaft überwacht wird.

(4) Sachverständigenorganisationen und Güte- und Überwachungsgemeinschaften sind verpflichtet, einem Fachbetrieb die Zertifizierung unverzüglich zu entziehen, wenn dieser

1. wiederholt fachbetriebspflichtige Arbeiten fehlerhaft durchgeführt hat,
2. die in § 62 Absatz 2 und § 63 Absatz 1 aufgeführten Anforderungen an Fachbetriebe nicht mehr erfüllt oder
3. die Pflicht nach § 63 Absatz 2 nicht erfüllt.

§ 62 Fachbetriebe; Zertifizierung von Fachbetrieben

(1) Betriebe, die die in § 45 Absatz 1 genannten Tätigkeiten an den dort genannten Anlagen und Anlagenteilen ausführen, bedürfen der Zertifizierung als Fachbetrieb durch eine Sachverständigenorganisation oder eine Güte- und Überwachungsgemeinschaft. Die Zertifizierung kann auf bestimmte Tätigkeiten beschränkt werden. Sie ist auf einen Zeitraum von zwei Jahren zu befristen.

(2) Eine Sachverständigenorganisation oder eine Güte- und Überwachungsgemeinschaft darf einen Betrieb nur als Fachbetrieb zertifizieren, wenn dieser Betrieb

1. über die Geräte und Ausrüstungsteile verfügt, durch die die Erfüllung der Anforderungen nach § 62 Absatz 1 und 2 des Wasserhaushaltsgesetzes und dieser Verordnung gewährleistet wird,

2. eine betrieblich verantwortliche Person bestellt hat mit
   a) erfolgreich abgeschlossener Meisterprüfung in einem einschlägigen Handwerk, mit erfolgreichem Abschluss eines ingenieurwissenschaftlichen Studiums in einer für die ausgeübte Tätigkeit einschlägigen Fachrichtung oder mit einer geeigneten gleichwertigen Ausbildung,
   b) mindestens zweijähriger Praxis in dem Tätigkeitsgebiet des Fachbetriebs und
   c) ausreichenden Kenntnissen in den in Satz 2 genannten Bereichen, die in einer Prüfung nachgewiesen wurden,
3. nur Personal einsetzt, das über die erforderlichen Fähigkeiten für die vorgesehenen Tätigkeiten verfügt, beispielsweise auch an Schulungen von Herstellern zu einzusetzenden Produkten teilgenommen hat, und
4. Arbeitsbedingungen schafft, die eine ordnungsgemäße Ausführung der Tätigkeiten gewährleisten.

Die Kenntnisse nach Satz 1 Nummer 2 Buchstabe c müssen Folgendes umfassen:

1. Aufbau und Funktionsweise der Anlagen sowie deren Gefährdungspotenzial,
2. Eigenschaften der Stoffe, mit denen in den Anlagen umgegangen wird, insbesondere hinsichtlich ihrer Wassergefährdung,
3. maßgebliche Vorschriften des Wasser-, Bau-, Betriebssicherheits-, Immissionsschutz- und Abfallrechts und
4. Anforderungen an das Verarbeiten von bestimmten Bauprodukten und Anlagenteilen.

(3) Die Sachverständigenorganisation oder die Güte- und Überwachungsgemeinschaft stellt nach abgeschlossener Zertifizierung eine Urkunde über die Zertifizierung aus. Die Urkunde muss folgende Angaben enthalten:

1. Name und Anschrift des Fachbetriebs,
2. Name und Anschrift der Sachverständigenorganisation oder der Güte- und Überwachungsgemeinschaft, die den Betrieb zertifiziert hat,
3. eine Beschreibung des Tätigkeitsbereichs des Fachbetriebs sowie
4. die Geltungsdauer der Zertifizierung.

(4) Als Fachbetrieb gilt auch, wer die Anforderungen nach Absatz 2 erfüllt und berechtigt ist, in einem anderen Mitgliedstaat der Europäischen Union oder in einem anderen Vertragsstaat des Abkommens über den Europäischen Wirtschaftsraum Tätigkeiten durchzuführen, die in der Bundesrepublik Deutschland nach § 45 Fachbetrieben vorbehalten sind, sofern der Betrieb in dem anderen Staat einer gleichwertigen Überwachung unterliegt.

§ 63 Pflichten der Fachbetriebe

(1) Der Fachbetrieb hat sicherzustellen, dass die betrieblich verantwortliche Person mindestens alle zwei Jahre sowie das eingesetzte Personal regelmäßig an

Schulungen nach § 61 Absatz 2 oder an anderen gleichwertigen Fortbildungsveranstaltungen teilnimmt.

(2) Fachbetriebe sind verpflichtet, der Sachverständigenorganisation oder der Güte- und Überwachungsgemeinschaft, die sie überwacht, Änderungen ihrer Organisationsstruktur unverzüglich mitzuteilen.

(3) Ein Betrieb, dem die Zertifizierung als Fachbetrieb entzogen wurde, hat die Zertifizierungsurkunde nach § 62 Absatz 3 der Sachverständigenorganisation oder der Güte- und Überwachungsgemeinschaft unverzüglich zurückzugeben; sie darf nicht weiter verwendet werden.

§ 64 Nachweis der Fachbetriebseigenschaft

Fachbetriebe haben die Fachbetriebseigenschaft unaufgefordert gegenüber dem Betreiber einer Anlage nachzuweisen, wenn dieser den Fachbetrieb mit fachbetriebspflichtigen Tätigkeiten beauftragt. Gegenüber der zuständigen Behörde haben sie ihre Fachbetriebseigenschaft auf Verlangen nachzuweisen. Der Nachweis nach den Sätzen 1 und 2 ist geführt, wenn der Fachbetrieb die Zertifizierungsurkunde nach § 62 Absatz 3 oder eine beglaubigte Kopie der Zertifizierungsurkunde vorlegt. Die Sätze 1 und 2 gelten in den Fällen des § 62 Absatz 4 mit der Maßgabe, dass die Berechtigung und die gleichwertige Kontrolle nachzuweisen sind; § 52 Absatz 2 Satz 2 und 3 gilt entsprechend.

§ 65 Ordnungswidrigkeiten

Ordnungswidrig im Sinne des § 103 Absatz 1 Satz 1 Nummer 3 Buchstabe a des Wasserhaushaltsgesetzes handelt, wer vorsätzlich oder fahrlässig

1. entgegen § 7 Absatz 2 eine Mitteilung nicht, nicht richtig, nicht vollständig, nicht in der vorgeschriebenen Weise oder nicht rechtzeitig macht,
2. entgegen § 13 Absatz 3 in Verbindung mit Anlage 7 Nummer 2.2 eine Anlage nicht richtig errichtet oder nicht richtig betreibt,
3. entgegen § 13 Absatz 3 in Verbindung mit Anlage 7 Nummer 5.1 Buchstabe a einen Vorgang nicht überwacht oder sich nicht oder nicht rechtzeitig vom ordnungsgemäßen Zustand einer dort genannten Sicherheitseinrichtung überzeugt,
4. entgegen § 13 Absatz 3 in Verbindung mit Anlage 7 Nummer 5.1 Buchstabe b eine Belastungsgrenze einer Anlage oder einer Sicherheitseinrichtung nicht einhält,
5. entgegen § 13 Absatz 3 in Verbindung mit Anlage 7 Nummer 6.1 Satz 1 eine Anzeige nicht, nicht richtig oder nicht rechtzeitig erstattet,
6. entgegen § 13 Absatz 3 in Verbindung mit Anlage 7 Nummer 6.2 Satz 2 oder Nummer 6.3 eine Maßnahme nicht, nicht richtig oder nicht rechtzeitig ergreift,
7. entgegen § 13 Absatz 3 in Verbindung mit Anlage 7 Nummer 6.2 Satz 3 eine Benachrichtigung nicht, nicht richtig oder nicht rechtzeitig vornimmt,

8. entgegen § 13 Absatz 3 in Verbindung mit Anlage 7 Nummer 6.4 eine Anlage nicht oder nicht rechtzeitig prüfen lässt,
9. entgegen § 13 Absatz 3 in Verbindung mit Anlage 7 Nummer 6.5 Satz 1 einen Prüfbericht nicht oder nicht rechtzeitig vorlegt,
10. entgegen § 13 Absatz 3 in Verbindung mit Anlage 7 Nummer 6.7 Satz 1 oder Satz 2 einen Mangel nicht, nicht richtig, nicht in der vorgeschriebenen Weise oder nicht rechtzeitig beseitigt,
11. entgegen § 13 Absatz 3 in Verbindung mit Anlage 7 Nummer 6.7 Satz 4 eine Anlage nicht oder nicht rechtzeitig außer Betrieb nimmt oder nicht oder nicht rechtzeitig entleert,
12. entgegen § 13 Absatz 3 in Verbindung mit Anlage 7 Nummer 6.7 Satz 5 eine Anlage wieder in Betrieb nimmt,
13. einer vollziehbaren Anordnung nach § 16 Absatz 1 zuwiderhandelt,
14. entgegen § 17 Absatz 1 eine Anlage nicht richtig errichtet oder nicht richtig betreibt,
15. entgegen § 17 Absatz 4 Satz 1 einen dort genannten Stoff nicht oder nicht rechtzeitig entfernt,
16. entgegen § 17 Absatz 4 Satz 2 eine Anlage nicht oder nicht rechtzeitig sichert,
17. entgegen § 23 Absatz 1 Satz 1 einen Vorgang nicht überwacht oder sich nicht oder nicht rechtzeitig vom ordnungsgemäßen Zustand einer dort genannten Sicherheitseinrichtung überzeugt,
18. entgegen § 23 Absatz 1 Satz 2 eine Belastungsgrenze einer Anlage oder einer Sicherheitseinrichtung nicht einhält,
19. entgegen § 23 Absatz 2 Satz 1 oder Absatz 3 Satz 1 einen Behälter befüllt,
20. entgegen § 24 Absatz 1 Satz 2 eine Anlage nicht oder nicht rechtzeitig außer Betrieb nimmt,
21. entgegen § 24 Absatz 2 Satz 1, auch in Verbindung mit Satz 2 oder Satz 3, oder entgegen § 40 Absatz 1 eine Anzeige nicht, nicht richtig, nicht vollständig, nicht in der vorgeschriebenen Weise oder nicht rechtzeitig erstattet,
22. entgegen § 44 Absatz 1 Satz 1 eine Betriebsanweisung nicht vorhält,
23. entgegen § 44 Absatz 2 Satz 1 Betriebspersonal nicht oder nicht rechtzeitig unterweist,
24. entgegen § 44 Absatz 4 Satz 2 ein Merkblatt nicht, nicht in der vorgeschriebenen Weise oder nicht für die vorgeschriebene Dauer anbringt,
25. entgegen § 45 Absatz 1 eine Anlage errichtet, reinigt, instand setzt oder stilllegt,
26. entgegen § 46 Absatz 2, Absatz 3 oder Absatz 5 eine Anlage nicht oder nicht rechtzeitig prüfen lässt,
27. einer vollziehbaren Anordnung nach § 46 Absatz 4 zuwiderhandelt,
28. entgegen § 47 Absatz 1 eine Prüfung durchführt,

29. entgegen § 47 Absatz 3 Satz 1 einen Prüfbericht nicht oder nicht rechtzeitig vorlegt,
30. entgegen § 48 Absatz 1 Satz 1 oder Satz 2 einen Mangel nicht, nicht richtig, nicht in der vorgeschriebenen Weise oder nicht rechtzeitig beseitigt,
31. entgegen § 48 Absatz 2 Satz 1 eine Anlage nicht oder nicht rechtzeitig außer Betrieb nimmt oder nicht oder nicht rechtzeitig entleert,
32. entgegen § 48 Absatz 2 Satz 2 eine Anlage wieder in Betrieb nimmt,
33. entgegen § 49 Absatz 1, Absatz 2 Satz 1 oder § 50 Absatz 1 eine dort genannte Anlage errichtet, betreibt oder erweitert oder
34. entgegen § 53 Absatz 1 Satz 1 Nummer 2 eine Person als Sachverständigen bestellt.

(...)

B. Stoffrecht

Gesetz zum Schutz vor gefährlichen Stoffen (Chemikaliengesetz – ChemG)

In der Fassung der Bekanntmachung vom 28. August 2013 (BGBl. I Nr. 55 S. 3498, 3991), zuletzt geändert durch das Gesetz vom 16. November 2023 (BGBl. 2023 I Nr. 313)

– Auszug –

Inhaltsübersicht

§ 1 Zweck des Gesetzes

Zweck des Gesetzes ist es, den Menschen und die Umwelt vor schädlichen Einwirkungen gefährlicher Stoffe und Gemische zu schützen, insbesondere sie erkennbar zu machen, sie abzuwenden und ihrem Entstehen vorzubeugen.

(...)

§ 3a Gefährliche Stoffe und gefährliche Gemische

(1) Gefährliche Stoffe oder gefährliche Gemische im Sinne dieses Gesetzes sind Stoffe oder Gemische, die

1. die in Anhang I Teil 2 und 3 der Verordnung (EG) Nr. 1272/2008 dargelegten Kriterien für physikalische Gefahren oder Gesundheitsgefahren erfüllen oder
2. umweltgefährlich sind, indem sie
   a) die in Anhang I Teil 4 und 5 der Verordnung (EG) Nr. 1272/2008 dargelegten Kriterien für Umweltgefahren und weitere Gefahren erfüllen oder
   b) selbst oder deren Umwandlungsprodukte sonst geeignet sind, die Beschaffenheit des Naturhaushaltes, von Wasser, Boden oder Luft, Klima, Tieren, Pflanzen oder Mikroorganismen derart zu verändern, dass dadurch sofort oder später Gefahren für die Umwelt herbeigeführt werden können.

(2) Die Bundesregierung wird ermächtigt, soweit unionsrechtlich zulässig durch Rechtsverordnung mit Zustimmung des Bundesrates nähere Vorschriften über die Festlegung der in Absatz 1 genannten Gefährlichkeitsmerkmale zu erlassen.

(...)

§ 13 Einstufungs-, Kennzeichnungs- und Verpackungspflichten

(1) Die Einstufung, Kennzeichnung und Verpackung von Stoffen und Gemischen richten sich nach den Bestimmungen der Verordnung (EG) Nr. 1272/2008.

(2) Wer als Hersteller oder Einführer Stoffe oder Gemische in den Verkehr bringt, hat diese zusätzlich nach der Rechtsverordnung gemäß § 14 einzustufen, soweit die Rechtsverordnung Regelungen zur Einstufung enthält.

(3) Wer als Lieferant im Sinne des Artikels 2 Nummer 26 der Verordnung (EG) Nr. 1272/2008 Stoffe oder Gemische in den Verkehr bringt, hat diese zusätzlich nach der Rechtsverordnung gemäß § 14 zu kennzeichnen und zu verpacken, soweit die Rechtsverordnung Regelungen zur Kennzeichnung und Verpackung enthält.

(4) Weitergehende Anforderungen über die Kennzeichnung und Verpackung nach anderen Rechtsvorschriften bleiben unberührt.

(...)

§ 16f Informationspflicht der Lieferanten

(1) Wer als Lieferant eines Erzeugnisses im Sinne des Artikels 3 Nummer 33 der Verordnung (EG) Nr. 1907/2006 Erzeugnisse im Sinne des Artikels 3 Nummer 3 der Verordnung (EG) Nr. 1907/2006 in Verkehr bringt, hat die folgenden Informationen gemäß Artikel 33 Absatz 1 der Verordnung (EG) Nr. 1907/2006 unverzüglich nach dem Inverkehrbringen der Europäischen Chemikalienagentur für die Datenbank nach Artikel 9 Absatz 2 Satz 1 der Richtlinie 2008/98/EG zur Verfügung zu stellen:

1. den Namen des Stoffes im Sinne von Artikel 33 Absatz 1 der Verordnung (EG) Nr. 1907/2006 und, falls verfügbar, dessen EG-Nummer und CAS-Nummer,
2. den Grund für die Aufnahme des Stoffes in die Liste nach Artikel 59 Absatz 1 der Verordnung (EG) Nr. 1907/2006,
3. den Konzentrationsbereich des Stoffes im Erzeugnis,
4. die Material- oder Gemischkategorie,
5. die Bezeichnung des Erzeugnisses, das den Stoff enthält, oder des komplexen Gegenstandes, in dem ein solches Erzeugnis eingearbeitet ist,
6. den vom Mitteilungspflichtigen zugewiesenen Erzeugnisidentifikator,
7. die Erzeugniskategorie,
8. die Angabe der Komponenten im Falle eines komplexen Gegenstandes,

9. die Angabe, ob die Herstellung oder Zusammensetzung des Erzeugnisses oder des komplexen Gegenstandes in der Europäischen Union erfolgt ist oder nicht,
10. die Anweisung zur sicheren Verwendung des Erzeugnisses oder des komplexen Gegenstandes.

Satz 1 gilt nicht für Erzeugnisse mit militärischer Zweckbestimmung.

(2) Die Bundesregierung wird ermächtigt, durch Rechtsverordnung mit Zustimmung des Bundesrates näher zu bestimmen, auf welche Art und Weise und mit welchen Maßgaben die Verpflichtung nach Absatz 1 unter Berücksichtigung der auf Unionsebene entwickelten Vorgaben für die Datenbank zu erfüllen ist.

(...)

§ 19 Maßnahmen zum Schutz von Beschäftigten

(1) Die Bundesregierung wird ermächtigt, durch Rechtsverordnung mit Zustimmung des Bundesrates, soweit es zum Schutz von Leben und Gesundheit des Menschen einschließlich des Schutzes der Arbeitskraft und der menschengerechten Gestaltung der Arbeit erforderlich ist, beim Herstellen und Verwenden von Stoffen, Gemischen und Erzeugnissen sowie bei Tätigkeiten in deren Gefahrenbereich Maßnahmen der in Absatz 3 beschriebenen Art vorzuschreiben. Satz 1 gilt nicht für Maßnahmen nach Absatz 3, soweit entsprechende Vorschriften nach dem Atomgesetz, Bundes-Immissionsschutzgesetz, Pflanzenschutzgesetz oder Sprengstoffgesetz bestehen.

(2) Gefahrstoffe im Sinne dieser Vorschrift sind

1. gefährliche Stoffe und Gemische nach § 3a Absatz 1,
2. Stoffe, Gemische und Erzeugnisse, die explosionsfähig sind,
3. Stoffe, Gemische und Erzeugnisse, aus denen bei der Herstellung oder Verwendung Stoffe nach Nummer 1 oder Nummer 2 entstehen oder freigesetzt werden,
4. Stoffe und Gemische, die die Kriterien nach den Nummern 1 bis 3 nicht erfüllen, aber aufgrund ihrer physikalisch-chemischen, chemischen oder toxischen Eigenschaften und der Art und Weise, wie sie am Arbeitsplatz vorhanden sind oder verwendet werden, die Gesundheit und die Sicherheit der Beschäftigten gefährden können,
5. alle Stoffe, denen ein Arbeitsplatzgrenzwert im Sinne der Rechtsverordnung nach Absatz 1 zugewiesen ist.

(3) Durch Rechtsverordnung nach Absatz 1 kann insbesondere bestimmt werden,

1. wie derjenige, der andere mit der Herstellung oder Verwendung von Stoffen, Gemischen oder Erzeugnissen beschäftigt, zu ermitteln hat, ob es sich im Hinblick auf die vorgesehene Herstellung oder Verwendung um einen Gefahrstoff handelt, soweit nicht bereits eine Einstufung nach den Vorschriften des Dritten Abschnitts erfolgt ist,

2. dass derjenige, der andere mit der Herstellung oder Verwendung von Gefahrstoffen beschäftigt, verpflichtet wird zu prüfen, ob Stoffe, Gemische oder Erzeugnisse oder Herstellungs- oder Verwendungsverfahren mit einem geringeren Risiko für die menschliche Gesundheit verfügbar sind und dass er diese verwenden soll oder zu verwenden hat, soweit es ihm zumutbar ist,

2a. dass der Hersteller oder Einführer dem Arbeitgeber auf Verlangen die gefährlichen Inhaltsstoffe der Gefahrstoffe sowie die gültigen Grenzwerte und, falls solche noch nicht vorhanden sind, Empfehlungen für einzuhaltende Stoffkonzentrationen und die von den Gefahrstoffen ausgehenden Gefahren oder die zu ergreifenden Maßnahmen mitzuteilen hat,

3. wie die Arbeitsstätte einschließlich der technischen Anlagen, die technischen Arbeitsmittel und die Arbeitsverfahren beschaffen, eingerichtet sein oder betrieben werden müssen, damit sie dem Stand der Technik, Arbeitsmedizin und Hygiene sowie den gesicherten sicherheitstechnischen, arbeitsmedizinischen, hygienischen und sonstigen arbeitswissenschaftlichen Erkenntnissen entsprechen, die zum Schutz der Beschäftigten zu beachten sind,

4. wie der Betrieb geregelt sein muss, insbesondere
   a) dass Stoffe und Gemische bezeichnet und wie Gefahrstoffe innerbetrieblich verpackt, gekennzeichnet und erfasst sein müssen, damit die Beschäftigten durch eine ungeeignete Verpackung nicht gefährdet und durch eine Kennzeichnung über die von ihnen ausgehenden Gefahren unterrichtet werden,
   b) wie das Herstellungs- oder Verwendungsverfahren gestaltet sein muss, damit die Beschäftigten nicht gefährdet und die Grenzwerte oder Richtwerte über die Konzentration gefährlicher Stoffe oder Gemische am Arbeitsplatz nach dem Stand der Technik unterschritten werden,
   c) welche Vorkehrungen getroffen werden müssen, damit Gefahrstoffe nicht in die Hände Unbefugter gelangen oder sonst abhanden kommen,
   d) welche persönlichen Schutzausrüstungen zur Verfügung gestellt und von den Beschäftigten bestimmungsgemäß benutzt werden müssen,
   e) wie die Zahl der Beschäftigten, die Gefahrstoffen ausgesetzt werden, beschränkt und wie die Dauer einer solchen Beschäftigung begrenzt sein muss,
   f) wie die Beschäftigten sich verhalten müssen, damit sie sich selbst und andere nicht gefährden, und welche Voraussetzungen hierfür zu treffen sind, insbesondere welche Kenntnisse und Fähigkeiten Beschäftigte haben müssen und welche Nachweise hierüber zu erbringen sind,
   g) unter welchen Umständen Zugangs- und Beschäftigungsbeschränkungen zum Schutz der Beschäftigten vorgesehen werden müssen,

h) dass ein Projektleiter für bestimmte Herstellungs- oder Verwendungsverfahren zu bestellen ist, welche Verantwortlichkeiten diesem zuzuweisen sind und welche Sachkunde dieser nachzuweisen hat,

5. wie den Beschäftigten die anzuwendenden Vorschriften in einer tätigkeitsbezogenen Betriebsanweisung dauerhaft zur Kenntnis zu bringen sind und in welchen Zeitabständen anhand der Betriebsanweisung über die auftretenden Gefahren und die erforderlichen Schutzmaßnahmen zu unterweisen ist,
6. welche Vorkehrungen zur Verhinderung von Betriebsstörungen und zur Begrenzung ihrer Auswirkungen für die Beschäftigten und welche Maßnahmen zur Organisation der Ersten Hilfe zu treffen sind,
7. dass und welche verantwortlichen Aufsichtspersonen für Bereiche, in denen Beschäftigte besonderen Gefahren ausgesetzt sind, bestellt und welche Befugnisse ihnen übertragen werden müssen, damit die Arbeitsschutzaufgaben erfüllt werden können,
8. dass im Hinblick auf den Schutz der Beschäftigten eine Gefahrenbeurteilung vorzunehmen ist, welche Unterlagen hierfür zu erstellen sind und dass diese Unterlagen zur Überprüfung der Gefahrenbeurteilung von der zuständigen Landesbehörde der Bundesanstalt für Arbeitsschutz und Arbeitsmedizin zugeleitet werden können,
9. welche Unterlagen zur Abwendung von Gefahren für die Beschäftigten zur Einsicht durch die zuständige Landesbehörde bereitzuhalten und auf Verlangen vorzulegen sind,
10. dass ein Herstellungs- oder Verwendungsverfahren, bei dem besondere Gefahren für die Beschäftigten bestehen oder zu besorgen sind, der zuständigen Landesbehörde angezeigt oder von der zuständigen Landesbehörde erlaubt sein muss,
11. dass Arbeiten, bei denen bestimmte gefährliche Stoffe oder Gemische freigesetzt werden können, nur von dafür behördlich anerkannten Betrieben durchgeführt werden dürfen,
12. dass die Beschäftigten gesundheitlich zu überwachen sind, hierüber Aufzeichnungen zu führen sind und zu diesem Zweck
    a) derjenige, der andere mit der Herstellung oder Verwendung von Gefahrstoffen beschäftigt, insbesondere verpflichtet werden kann, die Beschäftigten ärztlich untersuchen zu lassen,
    b) die Ärztin oder der Arzt, die oder der mit einer Vorsorgeuntersuchung beauftragt ist, im Zusammenhang mit dem Untersuchungsbefund bestimmte Pflichten zu erfüllen hat, insbesondere hinsichtlich des Inhalts einer von ihr oder ihm auszustellenden Bescheinigung und der Unterrichtung und Beratung über das Ergebnis der Untersuchung,
    c) die zuständige Behörde entscheidet, wenn Feststellungen der Ärztin oder des Arztes für unzutreffend gehalten werden,

d) die in die Aufzeichnung aufzunehmenden Daten dem zuständigen Träger der gesetzlichen Unfallversicherung oder einer von ihm beauftragten Stelle zum Zwecke der Ermittlung arbeitsbedingter Gesundheitsgefahren oder Berufskrankheiten übermittelt werden,

13. dass der Arbeitgeber dem Betriebs- oder Personalrat Vorgänge mitzuteilen hat, die er erfahren muss, um seine Aufgaben erfüllen zu können,
14. dass die zuständigen Landesbehörden ermächtigt werden, zur Durchführung von Rechtsverordnungen bestimmte Anordnungen im Einzelfall zu erlassen, insbesondere bei Gefahr im Verzug auch gegen Aufsichtspersonen und sonstige Beschäftigte,
15. dass die Betriebsanlagen und Arbeitsverfahren, in denen bestimmte Gefahrstoffe hergestellt oder verwendet werden, durch einen Sachkundigen oder einen Sachverständigen geprüft werden müssen,
16. dass und welche Informations- und Mitwirkungspflichten derjenige hat, der Tätigkeiten an Erzeugnissen oder Bauwerken veranlasst, welche Gefahrstoffe enthalten, die durch diese Tätigkeiten freigesetzt werden können und zu besonderen Gesundheitsgefahren führen können.

(4) Wegen der Anforderungen nach Absatz 3 kann auf jedermann zugängliche Bekanntmachungen sachverständiger Stellen verwiesen werden; hierbei ist

1. in der Rechtsverordnung das Datum der Bekanntmachung anzugeben und die Bezugsquelle genau zu bezeichnen,
2. die Bekanntmachung bei der Bundesanstalt für Arbeitsschutz und Arbeitsmedizin archivmäßig gesichert niederzulegen und in der Rechtsverordnung darauf hinzuweisen.

(...)

§ 26 Bußgeldvorschriften, Verordnungsermächtigung

(1) Ordnungswidrig handelt, wer vorsätzlich oder fahrlässig

1. (weggefallen)
2. (weggefallen)
3. (weggefallen)
4. einer vollziehbaren Anordnung nach § 12g Absatz 1 Satz 1 zuwiderhandelt,

4a. entgegen § 12i Absatz 1 Satz 1 Nummer 1 oder § 12j Absatz 1 Satz 1 eine Einrichtung, ein Erzeugnis oder einen teilfluorierten Kohlenwasserstoff für Dritte bereitstellt, an Dritte abgibt oder erwirbt,

4b. entgegen § 12i Absatz 1 Satz 1 Nummer 2 einen dort genannten Behälter lagert oder entleert,

4c. entgegen § 12i Absatz 2 oder § 12j Absatz 2, Absatz 3 Satz 2, auch in Verbindung mit Satz 3, oder Absatz 4, jeweils auch in Verbindung mit Absatz 5 Satz 2, eine dort genannte Erklärung oder Angabe nicht, nicht richtig, nicht vollständig, nicht in der vorgeschriebenen Weise oder nicht rechtzeitig übermittelt,

4d. entgegen § 12i Absatz 4 oder § 12j Absatz 6 eine dort genannte Erklärung oder Angabe nicht oder nicht mindestens fünf Jahre aufbewahrt,

4e. entgegen § 12i Absatz 6 nicht sicherstellt, dass eine Kennzeichnung erhalten geblieben ist oder neu angebracht wird,

4f. einer vollziehbaren Anordnung nach § 12j Absatz 1 Satz 3 oder Absatz 7 Satz 2 zuwiderhandelt,

5. a) entgegen § 13 Absatz 2 in Verbindung mit einer Rechtsverordnung nach § 14 Absatz 1 Nummer 1, 2 oder Nummer 3 Buchstabe c, jeweils auch in Verbindung mit § 14 Absatz 3, einen Stoff oder ein Gemisch nicht, nicht richtig, nicht vollständig, nicht in der vorgeschriebenen Weise oder nicht rechtzeitig einstuft,

   b) entgegen § 13 Absatz 3 Satz 1 in Verbindung mit einer Rechtsverordnung nach § 14 Absatz 1 Nummer 3 Buchstabe a, d oder Buchstabe e, jeweils auch in Verbindung mit § 14 Absatz 3, einen Stoff oder ein Gemisch nicht, nicht richtig, nicht vollständig, nicht in der vorgeschriebenen Weise oder nicht rechtzeitig kennzeichnet oder nicht, nicht richtig, nicht vollständig, nicht in der vorgeschriebenen Weise oder nicht rechtzeitig verpackt oder

   c) einer Rechtsverordnung nach § 14 Absatz 1 Nummer 3 Buchstabe a, b, d bis f oder h oder Absatz 2 Satz 2 zuwiderhandelt, soweit sie für einen bestimmten Tatbestand auf diese Bußgeldvorschrift verweist,

6. einer Rechtsverordnung nach § 16d zuwiderhandelt, soweit sie für einen bestimmten Tatbestand auf diese Bußgeldvorschrift verweist,

6a. entgegen § 16f Absatz 1 Satz 1 eine Information nicht, nicht richtig, nicht vollständig oder nicht rechtzeitig zur Verfügung stellt,

7. einer Rechtsverordnung nach

   a) § 17 Absatz 1 Nummer 1 Buchstabe b oder Nummer 2 Buchstabe a, c oder d, jeweils auch in Verbindung mit Absatz 3 Satz 1,

   b) § 17 Absatz 1 Nummer 1 Buchstabe c, auch in Verbindung mit Absatz 3 Satz 1, oder

   c) § 17 Absatz 5

   zuwiderhandelt, soweit sie für einen bestimmten Tatbestand auf diese Bußgeldvorschrift verweist,

8. einer Rechtsverordnung nach

   a) § 18 Absatz 1 über giftige Tiere und Pflanzen,

   b) § 19 Absatz 1 in Verbindung mit Absatz 3 über Maßnahmen zum Schutz von Beschäftigten

   zuwiderhandelt, soweit sie für einen bestimmten Tatbestand auf diese Bußgeldvorschrift verweist,

8a. entgegen § 19b Absatz 4 Satz 1, auch in Verbindung mit Satz 2, eine Mitteilung nicht, nicht richtig, nicht vollständig oder nicht rechtzeitig macht,

8b. entgegen § 19b Absatz 5 mit der Einhaltung der GLP-Grundsätze wirbt oder eine Prüfung als mit den GLP-Grundsätzen konform bezeichnet,

9. entgegen § 21 Absatz 3 eine Auskunft trotz Anmahnung nicht erteilt, entgegen § 21 Absatz 4 Satz 1 Nummer 2 Unterlagen nicht vorlegt oder einer Pflicht nach § 21 Absatz 4 Satz 3 nicht nachkommt,

10. einer vollziehbaren Anordnung
    a) nach § 23 Absatz 1 oder
    b) nach § 23 Absatz 2 Satz 3 in Verbindung mit Satz 1 über das Herstellen, das Inverkehrbringen oder das Verwenden von Stoffen, Gemischen oder Erzeugnissen

    zuwiderhandelt oder

10a. einer Rechtsverordnung nach § 28 Absatz 11 über Zulassungs- oder Meldepflichten für bestimmte Biozid-Produkte zuwiderhandelt, soweit sie für einen bestimmten Tatbestand auf diese Bußgeldvorschrift verweist.

(2) Ordnungswidrig handelt, wer vorsätzlich oder fahrlässig einer unmittelbar geltenden Vorschrift in Rechtsakten der Europäischen Gemeinschaft oder der Europäischen Union zuwiderhandelt, die

1. inhaltlich einem in Absatz 1
   a) Nummer 5 Buchstabe a oder b oder
   b) Nummer 9

   bezeichneten Gebot oder Verbot entspricht,
2. inhaltlich einer Vorschrift entspricht, zu der die in Absatz 1
   a) Nummer 5 Buchstabe c,
   b) Nummer 6,
   c) Nummer 7 Buchstabe a,
   d) Nummer 7 Buchstabe b,
   e) Nummer 7 Buchstabe c, Nummer 8 Buchstabe a oder Nummer 10a oder
   f) Nummer 8 Buchstabe b

   genannten Vorschriften ermächtigen oder
3. bestimmt,
   a) dass Informationen oder Dokumente zu gefährlichen Stoffen, zu gefährlichen Gemischen, zu Erzeugnissen, die solche Stoffe oder Gemische freisetzen können, enthalten oder zu ihrem Funktionieren benötigen, oder zu Einrichtungen zu erstellen, zu berücksichtigen, aufzubewahren, bereitzuhalten, zu übermitteln, zu aktualisieren, zu bestätigen, aufeinander abzustimmen oder bei staatlichen Stellen oder bei sonstigen Stellen mit hoheitlichen Aufgaben einzuholen sind,
   b) dass staatliche Stellen oder sonstige Stellen mit hoheitlichen Aufgaben über gefährliche Stoffe, über gefährliche Gemische, über Erzeugnisse, die

solche Stoffe oder Gemische freisetzen können, enthalten oder zu ihrem Funktionieren benötigen, oder über Einrichtungen zu unterrichten sind,

c) dass bei staatlichen Stellen oder bei sonstigen Stellen mit hoheitlichen Aufgaben für die Herstellung, das Inverkehrbringen oder die Verwendung von gefährlichen Stoffen, von gefährlichen Gemischen, von Erzeugnissen, die solche Stoffe oder Gemische freisetzen können, enthalten oder zu ihrem Funktionieren benötigen, oder von Einrichtungen eine Registrierung erfolgen muss,

d) dass gefährliche Stoffe oder gefährliche Gemische zurückzugewinnen, zu sammeln, zurückzuhalten, aufzuarbeiten, zu recyceln oder zu zerstören sind,

e) dass Erzeugnisse, die gefährliche Stoffe oder gefährliche Gemische freisetzen können, enthalten oder zu ihrem Funktionieren benötigen, oder Einrichtungen außer Betrieb zu nehmen, zu überprüfen, zu reparieren, auszustatten, aufzuarbeiten, zu recyceln oder zu zerstören sind,

f) dass wissenschaftliche Prüfungen oder Versuche mit gefährlichen Stoffen, mit gefährlichen Gemischen oder mit Erzeugnissen, die solche Stoffe oder Gemische freisetzen können, enthalten oder zu ihrem Funktionieren benötigen, durchzuführen sind,

g) dass für gefährliche Stoffe, für gefährliche Gemische, für Erzeugnisse, die solche Stoffe oder Gemische freisetzen können, enthalten oder zu ihrem Funktionieren benötigen, oder für Einrichtungen nicht oder nur auf bestimmte Art und Weise geworben werden darf,

h) dass gefährliche Stoffe, gefährliche Gemische oder Erzeugnisse, die solche Stoffe oder Gemische freisetzen können, enthalten oder zu ihrem Funktionieren benötigen, oder Einrichtungen nicht erworben oder nur auf bestimmte Art und Weise hergestellt oder in Verkehr gebracht werden dürfen oder

i) dass wissenschaftliche Prüfungen oder Versuche mit gefährlichen Stoffen, mit gefährlichen Gemischen oder mit Erzeugnissen, die solche Stoffe oder Gemische freisetzen können, enthalten oder zu ihrem Funktionieren benötigen, nicht, nur auf bestimmte Art und Weise oder nur unter bestimmten Voraussetzungen durchgeführt werden dürfen,

soweit eine Rechtsverordnung nach Absatz 5 für einen bestimmten Tatbestand auf diese Bußgeldvorschrift verweist.

(3) Die Ordnungswidrigkeit kann in den Fällen des Absatzes 1 Nummer 4a, 4b und 7 Buchstabe b und des Absatzes 2 Nummer 2 Buchstabe d mit einer Geldbuße bis zu zweihunderttausend Euro, in den Fällen des Absatzes 1 Nummer 4, 4c, 4f, 5, 6, 7 Buchstabe a, Nummer 8 Buchstabe b und Nummer 10 und des Absatzes 2 Nummer 1 Buchstabe a, Nummer 2 Buchstabe a bis c und f und Nummer 3 Buchstabe c bis i mit einer Geldbuße bis zu fünfzigtausend Euro und in den übrigen Fällen mit einer Geldbuße bis zu zehntausend Euro geahndet werden.

(4) Verwaltungsbehörde im Sinne des § 36 Absatz 1 Nummer 1 des Gesetzes über Ordnungswidrigkeiten ist

1. in den Fällen des Absatzes 1 Nummer 9 in Verbindung mit § 21 Absatz 3 Satz 2
   a) die Bundesstelle für Chemikalien für ihren Geschäftsbereich gemäß § 21 Absatz 2 Satz 2 oder
   b) die in der Rechtsverordnung nach § 21 Absatz 2a bezeichnete Bundesbehörde, soweit ihr die in § 21 Absatz 3 Satz 1 bezeichneten Befugnisse zustehen,
2. (weggefallen)
3. im Übrigen die nach Landesrecht zuständige Behörde.

(5) Die Bundesregierung wird ermächtigt, soweit dies zur Durchführung der Rechtsakte der Europäischen Gemeinschaft oder der Europäischen Union erforderlich ist, durch Rechtsverordnung mit Zustimmung des Bundesrates die Tatbestände zu bezeichnen, die als Ordnungswidrigkeit nach Absatz 2 geahndet werden können.

§ 27 Strafvorschriften, Verordnungsermächtigung

(1) Mit Freiheitsstrafe bis zu zwei Jahren oder mit Geldstrafe wird bestraft, wer

1. einer Rechtsverordnung nach § 17 Absatz 1 Nummer 1 Buchstabe a, Nummer 2 Buchstabe b oder Nummer 3, jeweils auch in Verbindung mit Absatz 2, 3 Satz 1, Absatz 4 oder 6 über das Herstellen, das Inverkehrbringen oder das Verwenden dort bezeichneter Stoffe, Gemische, Erzeugnisse, Biozid-Wirkstoffe oder Biozid-Produkte zuwiderhandelt, soweit sie für einen bestimmten Tatbestand auf diese Strafvorschrift verweist,
2. einer vollziehbaren Anordnung nach § 23 Absatz 2 Satz 1 über das Herstellen, das Inverkehrbringen oder das Verwenden gefährlicher Stoffe, Gemische oder Erzeugnisse zuwiderhandelt oder
3. einer unmittelbar geltenden Vorschrift in Rechtsakten der Europäischen Gemeinschaften oder der Europäischen Union zuwiderhandelt, die inhaltlich einer Regelung entspricht, zu der die in Nummer 1 genannten Vorschriften ermächtigen, soweit eine Rechtsverordnung nach Satz 2 für einen bestimmten Tatbestand auf diese Strafvorschrift verweist. Die Bundesregierung wird ermächtigt, soweit dies zur Durchsetzung der Rechtsakte der Europäischen Gemeinschaften oder der Europäischen Union erforderlich ist, durch Rechtsverordnung mit Zustimmung des Bundesrates die Tatbestände zu bezeichnen, die als Straftat nach Satz 1 zu ahnden sind.

(1a) Mit Freiheitsstrafe bis zu drei Jahren oder mit Geldstrafe wird bestraft, wer eine in Absatz 1 Nummer 3 Satzteil vor Satz 2 bezeichnete Handlung dadurch begeht, dass er einen Bedarfsgegenstand im Sinne des § 2 Absatz 6 des Lebensmittel- und Futtermittelgesetzbuches herstellt oder in Verkehr bringt.

(2) Mit Freiheitsstrafe bis zu fünf Jahren oder mit Geldstrafe wird bestraft, wer durch eine in Absatz 1 oder Absatz 1a oder eine in § 26 Absatz 1 Nummer 4, 5, 7 Buchstabe b, Nummer 8 Buchstabe b oder Nummer 10 oder Absatz 2 Nummer 1 Buchstabe a oder Nummer 2 Buchstabe a, d oder f bezeichnete vorsätzliche Handlung das Leben oder die Gesundheit eines anderen oder fremde Sachen von bedeutendem Wert gefährdet.

(3) Der Versuch ist strafbar.

(4) Handelt der Täter fahrlässig, so ist die Strafe

1. in den Fällen des Absatzes 1 oder Absatzes 1a Freiheitsstrafe bis zu einem Jahr oder Geldstrafe,
2. in den Fällen des Absatzes 2 Freiheitsstrafe bis zu zwei Jahren oder Geldstrafe.

(5) Das Gericht kann von Strafe nach Absatz 2 absehen, wenn der Täter freiwillig die Gefahr abwendet, bevor ein erheblicher Schaden entsteht. Unter denselben Voraussetzungen wird der Täter nicht nach Absatz 4 Nummer 2 bestraft. Wird ohne Zutun des Täters die Gefahr abgewendet, so genügt sein freiwilliges und ernsthaftes Bemühen, dieses Ziel zu erreichen.

(6) Die Absätze 1 bis 5 gelten nicht, wenn die Tat nach den §§ 328, 330 oder 330a des Strafgesetzbuches mit gleicher oder schwererer Strafe bedroht ist.

(...)

§ 27b Zuwiderhandlungen gegen die Verordnung (EG) Nr. 1907/2006

(1) Mit Freiheitsstrafe bis zu zwei Jahren oder mit Geldstrafe wird bestraft, wer gegen die Verordnung (EG) Nr. 1907/2006 des Europäischen Parlaments und des Rates vom 18. Dezember 2006 zur Registrierung, Bewertung, Zulassung und Beschränkung chemischer Stoffe (REACH), zur Schaffung einer Europäischen Chemikalienagentur, zur Änderung der Richtlinie 1999/45/EG und zur Aufhebung der Verordnung (EWG) Nr. 793/93 des Rates, der Verordnung (EG) Nr. 1488/94 der Kommission, der Richtlinie 76/769/EWG des Rates sowie der Richtlinien 91/155/EWG, 93/67/EWG, 93/105/EG und 2000/21/EG der Kommission (ABl. EU Nr. L 396 S. 1, 2007 Nr. L 136 S. 3) verstößt, indem er

1. entgegen Artikel 5 einen Stoff als solchen, in einem Gemisch oder in einem Erzeugnis herstellt oder in Verkehr bringt,
2. in einem Registrierungsdossier nach Artikel 6 Absatz 1 oder Absatz 3 oder Artikel 7 Absatz 1 Satz 1 oder Absatz 5 Satz 1 oder in einem Zulassungsantrag nach Artikel 62 Absatz 1 in Verbindung mit Absatz 4 eine Angabe nicht richtig oder nicht vollständig macht,
3. entgegen Artikel 37 Absatz 4 in Verbindung mit Artikel 39 Absatz 1 einen Stoffsicherheitsbericht nicht, nicht richtig, nicht vollständig oder nicht rechtzeitig erstellt oder
4. entgegen Artikel 56 Absatz 1 einen dort genannten Stoff zur Verwendung in Verkehr bringt oder selbst verwendet.

(2) Der Versuch ist strafbar.

(3) Mit Freiheitsstrafe bis zu fünf Jahren oder mit Geldstrafe wird bestraft, wer durch eine in Absatz 1 bezeichnete Handlung das Leben oder die Gesundheit eines anderen oder fremde Sachen von bedeutendem Wert gefährdet.

(4) Handelt der Täter in den Fällen des Absatzes 1 Nummer 4 fahrlässig, so ist die Strafe Freiheitsstrafe bis zu einem Jahr oder Geldstrafe.

(5) Ordnungswidrig handelt, wer eine in Absatz 1 Nummer 1, 2 oder Nummer 3 bezeichnete Handlung fahrlässig begeht. Die Ordnungswidrigkeit kann mit einer Geldbuße bis zu hunderttausend Euro geahndet werden.

§ 27c Zuwiderhandlungen gegen Abgabevorschriften

(1) Mit Freiheitsstrafe bis zu zwei Jahren oder mit Geldstrafe wird bestraft, wer eine in § 26 Absatz 1 Nummer 7 Buchstabe b oder Absatz 2 Nummer 2 Buchstabe d bezeichnete vorsätzliche Handlung begeht, obwohl er weiß, dass der gefährliche Stoff, das gefährliche Gemisch oder das Erzeugnis für eine rechtswidrige Tat, die den Tatbestand eines Strafgesetzes verwirklicht, verwendet werden soll.

(2) Erkennt der Täter in den Fällen des Absatzes 1 leichtfertig nicht, dass der gefährliche Stoff, das gefährliche Gemisch oder das Erzeugnis für eine rechtswidrige Tat, die den Tatbestand eines Strafgesetzes verwirklicht, verwendet werden soll, so ist die Strafe Freiheitsstrafe bis zu einem Jahr oder Geldstrafe.

(...)

Verordnung zum Schutz vor Gefahrstoffen (Gefahrstoffverordnung – GefStoffV)

Vom 26. November 2010 (BGBl. I Nr. 59 S. 1643, 1644), zuletzt geändert durch Artikel 1 der Verordnung vom 2. Dezember 2024 (BGBl. 2024 I Nr. 384)

– Auszug –

Inhaltsübersicht

Abschnitt 1
Zielsetzung, Anwendungsbereich und Begriffsbestimmungen

§ 1 Zielsetzung und Anwendungsbereich

(1) Ziel dieser Verordnung ist es, den Menschen und die Umwelt vor stoffbedingten Schädigungen zu schützen durch

1. Regelungen zur Einstufung, Kennzeichnung und Verpackung gefährlicher Stoffe und Gemische,
2. Maßnahmen zum Schutz der Beschäftigten und anderer Personen bei Tätigkeiten mit Gefahrstoffen und
3. Beschränkungen für das Herstellen und Verwenden bestimmter gefährlicher Stoffe, Gemische und Erzeugnisse.

(2) Abschnitt 2 gilt für das Inverkehrbringen von

1. gefährlichen Stoffen und Gemischen,
2. bestimmten Stoffen, Gemischen und Erzeugnissen, die mit zusätzlichen Kennzeichnungen zu versehen sind, nach Maßgabe der Richtlinie 96/59/EG des Rates vom 16. September 1996 über die Beseitigung polychlorierter Biphenyle und polychlorierter Terphenyle (PCB/PCT) (ABl. L 243 vom 24.9.1996, S. 31), die durch die Verordnung (EG) Nr. 596/2009 (ABl. L 188 vom 18.7.2009, S. 14) geändert worden ist,
3. Biozid-Produkten im Sinne des § 3 Nummer 11 des Chemikaliengesetzes, die keine gefährlichen Stoffe oder Gemische sind, sowie
4. Biozid-Wirkstoffen im Sinne des § 3 Nummer 12 des Chemikaliengesetzes, die biologische Arbeitsstoffe im Sinne der Biostoffverordnung sind, und Biozid-Produkten im Sinne des § 3 Nummer 11 des Chemikaliengesetzes, die als Wirkstoffe solche biologischen Arbeitsstoffe enthalten.

Abschnitt 2 gilt auch für das Veranlassen von Tätigkeiten an baulichen und technischen Anlagen, die Gefahrstoffe enthalten können, welche durch die Tätigkeiten freigesetzt werden können und zu besonderen Gesundheitsgefahren führen können. Abschnitt 2 gilt nicht für Lebensmittel oder Futtermittel in Form von Fertigerzeugnissen, die für den Endverbrauch bestimmt sind.

(3) Die Abschnitte 3 bis 6 gelten für Tätigkeiten, bei denen die Sicherheit und Gesundheit der Beschäftigten durch Stoffe, Gemische und Erzeugnisse gefährdet sein kann. Sie gelten auch, wenn die Sicherheit und Gesundheit anderer Personen aufgrund von Tätigkeiten im Sinne von § 2 Absatz 5 gefährdet sein können, die durch Beschäftigte oder Unternehmer ohne Beschäftigte ausgeübt werden. Die Sätze 1 und 2 finden auch Anwendung auf Tätigkeiten, die im Zusammenhang mit der Beförderung von Stoffen, Gemischen und Erzeugnissen ausgeübt werden. Die Vorschriften des Gefahrgutbeförderungsgesetzes und der darauf gestützten Rechtsverordnungen bleiben unberührt.

(4) Sofern nicht ausdrücklich etwas anderes bestimmt ist, gilt diese Verordnung nicht für

1. biologische Arbeitsstoffe im Sinne der Biostoffverordnung und
2. private Haushalte.

Diese Verordnung gilt ferner nicht für Betriebe, die dem Bundesberggesetz unterliegen, soweit dort oder in Rechtsverordnungen, die auf Grund dieses Gesetzes erlassen worden sind, entsprechende Rechtsvorschriften bestehen.

§ 2 Begriffsbestimmungen

(1) Gefahrstoffe im Sinne dieser Verordnung sind

1. gefährliche Stoffe und Gemische nach § 3,

1a. Stoffe oder Gemische, die über die Gefahrenklasse gewässergefährdend nach der Verordnung (EG) Nr. 1272/2008 des Europäischen Parlaments und des Rates vom 16. Dezember 2008 über die Einstufung, Kennzeichnung und

Verpackung von Stoffen und Gemischen, zur Änderung und Aufhebung der Richtlinien 67/548/EWG und 1999/45/EG und zur Änderung der Verordnung (EG) Nr. 1907/2006 (ABl. L 353 vom 31.12.2008, S. 1), die zuletzt durch die Delegierte Verordnung (EU) 2022/692 (ABl. L 129 vom 3.5.2022, S. 1) geändert worden ist, hinaus umweltgefährlich sind, indem sie selbst oder deren Umwandlungsprodukte sonst geeignet sind, die Beschaffenheit des Naturhaushaltes, von Wasser, Boden oder Luft, Klima, Tieren, Pflanzen oder Mikroorganismen derart zu verändern, dass dadurch sofort oder später Gefahren für die Umwelt herbeigeführt werden können,

2. Stoffe, Gemische und Erzeugnisse, die explosionsfähig sind,
3. Stoffe, Gemische und Erzeugnisse, aus denen bei der Herstellung oder Verwendung Stoffe nach Nummer 1 oder Nummer 2 entstehen oder freigesetzt werden,
4. Stoffe und Gemische, die die Kriterien nach den Nummern 1 bis 3 nicht erfüllen, aber auf Grund ihrer physikalisch-chemischen, chemischen oder toxischen Eigenschaften und der Art und Weise, wie sie am Arbeitsplatz vorhanden sind oder verwendet werden, die Gesundheit und die Sicherheit der Beschäftigten gefährden können,
5. alle Stoffe, denen ein Arbeitsplatzgrenzwert zugewiesen worden ist.

(2) Für die Begriffe Stoff, Gemisch, Erzeugnis, Lieferant, nachgeschalteter Anwender und Hersteller gelten die Begriffsbestimmungen nach Artikel 2 der Verordnung (EG) Nr. 1272/2008.

(3) Krebserzeugend, keimzellmutagen oder reproduktionstoxisch sind

1. Stoffe, die in Anhang VI der Verordnung (EG) Nr. 1272/2008 in der jeweils geltenden Fassung als karzinogen, keimzellmutagen oder reproduktionstoxisch eingestuft sind,
2. Stoffe, welche die Kriterien für die Einstufung als karzinogen, keimzellmutagen oder reproduktionstoxisch nach Anhang I der Verordnung (EG) Nr. 1272/2008 in der jeweils geltenden Fassung erfüllen,
3. Gemische, die einen oder mehrere der in § 2 Absatz 3 Nummer 1 oder 2 genannten Stoffe enthalten, wenn die Konzentration dieses Stoffs oder dieser Stoffe die stoffspezifischen oder die allgemeinen Konzentrationsgrenzen nach der Verordnung (EG) Nr. 1272/2008 in der jeweils geltenden Fassung erreicht oder übersteigt, die für die Einstufung eines Gemischs als karzinogen, keimzellmutagen oder reproduktionstoxisch festgelegt sind,
4. Stoffe, Gemische, Tätigkeiten oder Verfahren, die in den nach § 20 Absatz 4 bekannt gegebenen Regeln und Erkenntnissen als krebserzeugend, keimzellmutagen oder reproduktionstoxisch bezeichnet werden.

(4) Organische Peroxide im Sinne des § 12 Absatz 4 und des Anhangs III sind Stoffe, die sich vom Wasserstoffperoxid dadurch ableiten, dass ein oder beide Wasserstoffatome durch organische Gruppen ersetzt sind, sowie Gemische, die diese Stoffe enthalten.

(...)

§ 4 Einstufung, Kennzeichnung, Verpackung

(1) Die Einstufung, Kennzeichnung und Verpackung von Stoffen und Gemischen sowie von Erzeugnissen mit Explosivstoff richten sich nach den Bestimmungen der Verordnung (EG) Nr. 1272/2008.

(2) Bei der Einstufung von Stoffen und Gemischen sind die nach § 20 Absatz 4 bekannt gegebenen Regeln und Erkenntnisse zu beachten.

(3) Die Kennzeichnung von Stoffen und Gemischen, die in Deutschland in Verkehr gebracht werden, muss in deutscher Sprache erfolgen.

(4) Werden gefährliche Stoffe oder gefährliche Gemische unverpackt in Verkehr gebracht, sind jeder Liefereinheit geeignete Sicherheitsinformationen oder ein Sicherheitsdatenblatt in deutscher Sprache beizufügen.

(5) Lieferanten eines Biozid-Produkts, für das ein Dritter der Zulassungsinhaber ist, haben über die in Absatz 1 erwähnten Kennzeichnungspflichten hinaus sicherzustellen, dass die vom Zulassungsinhaber nach Artikel 69 Absatz 2 Satz 2 der Verordnung (EU) Nr. 528/2012 anzubringende Zusatzkennzeichnung bei der Abgabe an Dritte erhalten oder neu angebracht ist. Biozid-Produkte, die aufgrund des § 28 Absatz 8 des Chemikaliengesetzes ohne Zulassung auf dem Markt bereitgestellt werden, sind zusätzlich zu der in Absatz 1 erwähnten Kennzeichnung entsprechend Artikel 69 Absatz 2 Satz 2 und 3 der Verordnung (EU) Nr. 528/2012 zu kennzeichnen, wobei die dort in Satz 2 Buchstabe c und d aufgeführten Angaben entfallen und die Angaben nach Satz 2 Buchstabe f und g auf die vorgesehenen Anwendungen zu beziehen sind.

(6) Biozid-Wirkstoffe, die biologische Arbeitsstoffe nach § 2 Absatz 1 der Biostoffverordnung sind, sind zusätzlich nach § 3 der Biostoffverordnung einzustufen. Biozid-Wirkstoffe nach Satz 1 sowie Biozid-Produkte, bei denen der Wirkstoff ein biologischer Arbeitsstoff ist, sind zusätzlich mit den folgenden Elementen zu kennzeichnen:

1. Identität des Organismus nach Anhang II Titel 2 Nummer 2.1 und 2.2 der Verordnung (EU) Nr. 528/2012,
2. Einstufung der Mikroorganismen in Risikogruppen nach § 3 der Biostoffverordnung und
3. im Falle einer Einstufung in die Risikogruppe 2 und höher nach § 3 der Biostoffverordnung Hinzufügung des Symbols für Biogefährdung nach Anhang I der Biostoffverordnung.

(7) Dekontaminierte PCB-haltige Geräte im Sinne der Richtlinie 96/59/EG müssen nach dem Anhang dieser Richtlinie gekennzeichnet werden.

(8) Die Kennzeichnung bestimmter, beschränkter Stoffe, Gemische und Erzeugnisse richtet sich zusätzlich nach Artikel 67 in Verbindung mit Anhang XVII der Verordnung (EG) Nr. 1907/2006 in ihrer jeweils geltenden Fassung.

(9) Der Lieferant eines Gemischs oder eines Stoffs hat einem nachgeschalteten Anwender auf Anfrage unverzüglich alle Informationen zur Verfügung zu stellen, die dieser für eine ordnungsgemäße Einstufung neuer Gemische benötigt, wenn

1. der Informationsgehalt der Kennzeichnung oder des Sicherheitsdatenblatts des Gemischs oder
2. die Information über eine Verunreinigung oder Beimengung auf dem Kennzeichnungsetikett oder im Sicherheitsdatenblatt des Stoffs

dafür nicht ausreicht.

§ 5 Sicherheitsdatenblatt und sonstige Informationspflichten

(1) Die vom Lieferanten hinsichtlich des Sicherheitsdatenblatts beim Inverkehrbringen von Stoffen und Gemischen zu beachtenden Anforderungen ergeben sich aus Artikel 31 in Verbindung mit Anhang II der Verordnung (EG) Nr. 1907/2006. Ist nach diesen Vorschriften die Übermittlung eines Sicherheitsdatenblatts nicht erforderlich, richten sich die Informationspflichten nach Artikel 32 der Verordnung (EG) Nr. 1907/2006.

(2) Bei den Angaben, die nach den Nummern 15 und 16 des Anhangs II der Verordnung (EG) Nr. 1907/2006 zu machen sind, sind insbesondere die nach § 20 Absatz 4 bekannt gegebenen Regeln und Erkenntnisse zu berücksichtigen, nach denen Stoffe oder Tätigkeiten als krebserzeugend, keimzellmutagen oder reproduktionstoxisch bezeichnet werden.

§ 5a Besondere Mitwirkungs- und Informationspflichten für Veranlasser von Tätigkeiten an baulichen oder technischen Anlagen

(1) Derjenige, der Tätigkeiten an baulichen oder technischen Anlagen veranlasst (Veranlasser), hat vor Beginn der Tätigkeiten dem ausführenden Unternehmen alle ihm vorliegenden Informationen zur Bau- oder Nutzungsgeschichte über vorhandene oder vermutete Gefahrstoffe schriftlich oder elektronisch zur Verfügung zu stellen. Der Veranlasser hat sich zur Informationsbeschaffung in zumutbarem Aufwand der ihm zugänglichen Unterlagen zu bedienen. Gefahrstoffe im Sinne von Satz 1 sind solche, die durch die Tätigkeiten freigesetzt werden und zu einer besonderen Gesundheitsgefährdung führen können.

(2) Damit festgestellt werden kann, ob Asbest vorliegt, hat der Veranlasser vor Beginn der Tätigkeiten an Objekten mit Baujahr zwischen 1993 und 1996 das Datum des Baubeginns des Objekts oder das Baujahr des Objekts, sofern das genaue Datum des Baubeginns nicht bekannt ist, an das ausführende Unternehmen schriftlich oder elektronisch zu übermitteln. Bei Objekten mit Baujahr vor 1993 oder nach 1996 reicht die Angabe des Baujahrs aus.

(3) Weiterreichende Informations-, Schutz- oder Überwachungspflichten, die sich für den Veranlasser nach anderen Rechtsvorschriften ergeben, bleiben unberührt.

(4) Die Absätze 1 bis 3 gelten auch für private Haushalte.

§ 6 Informationsermittlung und Gefährdungsbeurteilung

(1) Im Rahmen einer Gefährdungsbeurteilung als Bestandteil der Beurteilung der Arbeitsbedingungen nach § 5 des Arbeitsschutzgesetzes hat der Arbeitgeber festzustellen, ob die Beschäftigten Tätigkeiten mit Gefahrstoffen ausüben oder ob bei Tätigkeiten Gefahrstoffe entstehen oder freigesetzt werden können. Ist dies der Fall, so hat er alle hiervon ausgehenden Gefährdungen der Gesundheit und Sicherheit der Beschäftigten unter folgenden Gesichtspunkten zu beurteilen:

1. gefährliche Eigenschaften der Stoffe oder Gemische, einschließlich ihrer physikalisch-chemischen Wirkungen,
2. Informationen des Lieferanten zum Gesundheitsschutz und zur Sicherheit insbesondere im Sicherheitsdatenblatt, einschließlich der Angaben zu Zulassungspflicht und zu Herstellungs- und Verwendungsbeschränkungen,

2a. Informationen des Veranlassers nach § 5a Absatz 1 und 2,

3. Art und Ausmaß der Exposition unter Berücksichtigung aller Expositionswege; dabei sind die Ergebnisse der Messungen und Ermittlungen nach § 7 Absatz 8 zu berücksichtigen,
4. Möglichkeiten einer Substitution,
5. Arbeitsbedingungen und Verfahren, einschließlich der Arbeitsmittel und der Gefahrstoffmenge,
6. Grenzwerte und Konzentrationen nach § 2 Absatz 8 bis 9,
7. Wirksamkeit der ergriffenen oder zu ergreifenden Schutzmaßnahmen,
8. tätigkeitsbezogene Erkenntnisse
   a) über Belastungs- und Expositionssituationen, einschließlich psychischer Belastungen,
   b) aus der arbeitsmedizinischen Vorsorge nach der Verordnung zur arbeitsmedizinischen Vorsorge, einschließlich Erkenntnissen aus dem Biomonitoring, soweit solche Erkenntnisse vorliegen.

(2) Der Arbeitgeber hat sich die für die Gefährdungsbeurteilung notwendigen Informationen beim Lieferanten, Veranlasser oder aus anderen, ihm mit zumutbarem Aufwand zugänglichen Quellen zu beschaffen. Insbesondere hat der Arbeitgeber die Informationen zu beachten, die ihm nach Titel IV der Verordnung (EG) Nr. 1907/2006 zur Verfügung gestellt werden; dazu gehören Sicherheitsdatenblätter und die Informationen zu Stoffen oder Gemischen, für die kein Sicherheitsdatenblatt zu erstellen ist. Sofern die Verordnung (EG) Nr. 1907/2006 keine Informationspflicht vorsieht, hat der Lieferant dem Arbeitgeber auf Anfrage die für die Gefährdungsbeurteilung notwendigen Informationen über die Gefahrstoffe zur Verfügung zu stellen.

(2a) Der Arbeitgeber hat im Rahmen der Gefährdungsbeurteilung die ihm gemäß § 5a Absatz 1 durch den Veranlasser zur Verfügung gestellten Informationen dahingehend zu prüfen, ob Gefahrstoffe bei den Tätigkeiten an den baulichen oder technischen Anlagen freigesetzt werden und zu einer Gesundheitsgefährdung der Beschäftigten führen können.

(2b) Reichen die dem Arbeitgeber gemäß § 5a Absatz 1 vom Veranlasser zur Verfügung gestellten Informationen für die Gefährdungsbeurteilung nicht aus, so hat der Arbeitgeber im Rahmen einer besonderen Leistung zu prüfen, ob Gefahrstoffe bei den Tätigkeiten an baulichen oder technischen Anlagen freigesetzt werden und zu einer Gesundheitsgefährdung der Beschäftigten führen können. Erfordert die Durchführung dieser Prüfung Kenntnisse, über die der Arbeitgeber nicht verfügt, hat er sich dabei externen Sachverstands zu bedienen. Dies gilt insbesondere dann, wenn für eine sachgerechte Prüfung eine technische Erkundung erforderlich wird.

(2c) Ist für die Durchführung der Gefährdungsbeurteilung und die daraus resultierende Festlegung geeigneter Schutzmaßnahmen eine technische Erkundung erforderlich, um festzustellen, ob Gefahrstoffe bei den Tätigkeiten an baulichen oder technischen Anlagen freigesetzt werden und eine Gesundheitsgefährdung der Beschäftigten darstellen können, ist diese eine Voraussetzung für die Durchführung der Tätigkeiten.

(3) Stoffe und Gemische, die nicht von einem Lieferanten nach § 4 Absatz 1 eingestuft und gekennzeichnet worden sind, beispielsweise innerbetrieblich hergestellte Stoffe oder Gemische, hat der Arbeitgeber selbst einzustufen. Zumindest aber hat er die von den Stoffen oder Gemischen ausgehenden Gefährdungen der Beschäftigten zu ermitteln; dies gilt auch für Gefahrstoffe nach § 2 Absatz 1 Nummer 4.

(4) Der Arbeitgeber hat festzustellen, ob die verwendeten Stoffe, Gemische und Erzeugnisse bei Tätigkeiten, auch unter Berücksichtigung verwendeter Arbeitsmittel, Verfahren und der Arbeitsumgebung sowie ihrer möglichen Wechselwirkungen, zu Brand- oder Explosionsgefährdungen führen können. Dabei hat er zu beurteilen,

1. ob gefährliche Mengen oder Konzentrationen von Gefahrstoffen, die zu Brand- und Explosionsgefährdungen führen können, auftreten; dabei sind sowohl Stoffe und Gemische mit physikalischen Gefährdungen nach der Verordnung (EG) Nr. 1272/2008 wie auch andere Gefahrstoffe, die zu Brand- und Explosionsgefährdungen führen können, sowie Stoffe, die in gefährlicher Weise miteinander reagieren konnen, zu berücksichtigen,
2. ob Zündquellen oder Bedingungen, die Brände oder Explosionen auslösen können, vorhanden sind und
3. ob schädliche Auswirkungen von Bränden oder Explosionen auf die Gesundheit und Sicherheit der Beschäftigten möglich sind.

Insbesondere hat er zu ermitteln, ob die Stoffe, Gemische und Erzeugnisse auf Grund ihrer Eigenschaften und der Art und Weise, wie sie am Arbeitsplatz vorhanden sind oder verwendet werden, explosionsfähige Gemische bilden können. Im Fall von nicht atmosphärischen Bedingungen sind auch die möglichen Veränderungen der für den Explosionsschutz relevanten sicherheitstechnischen Kenngrößen zu ermitteln und zu berücksichtigen.

(5) Bei der Gefährdungsbeurteilung sind ferner Tätigkeiten zu berücksichtigen, bei denen auch nach Ausschöpfung sämtlicher technischer Schutzmaßnahmen die Möglichkeit einer Gefährdung besteht. Dies gilt insbesondere für Instandhaltungsarbeiten, einschließlich Wartungsarbeiten. Darüber hinaus sind auch andere Tätigkeiten wie Bedien- und Überwachungsarbeiten zu berücksichtigen, wenn diese zu einer Gefährdung von Beschäftigten durch Gefahrstoffe führen können.

(6) Die mit den Tätigkeiten verbundenen inhalativen, dermalen und physikalisch-chemischen Gefährdungen sind unabhängig voneinander zu beurteilen und in der Gefährdungsbeurteilung zusammenzuführen. Treten bei einer Tätigkeit mehrere Gefahrstoffe gleichzeitig auf, sind Wechsel- oder Kombinationswirkungen der Gefahrstoffe, die Einfluss auf die Gesundheit und Sicherheit der Beschäftigten haben, bei der Gefährdungsbeurteilung zu berücksichtigen, soweit solche Wirkungen bekannt sind.

(7) Der Arbeitgeber kann bei der Festlegung der Schutzmaßnahmen eine vorhandene Gefährdungsbeurteilung Dritter oder Teile davon übernehmen, sofern die Angaben und Festlegungen in dieser Gefährdungsbeurteilung den Arbeitsbedingungen und Verfahren, einschließlich der Arbeitsmittel und der Gefahrstoffmenge, im eigenen Betrieb entsprechen.

(8) Der Arbeitgeber hat die Gefährdungsbeurteilung unabhängig von der Zahl der Beschäftigten erstmals vor Aufnahme der Tätigkeit zu dokumentieren. Dabei ist Folgendes anzugeben:

1. die Gefährdungen bei Tätigkeiten mit Gefahrstoffen,
2. das Ergebnis der Prüfung auf Möglichkeiten einer Substitution nach Absatz 1 Satz 2 Nummer 4,
3. eine Begründung für einen Verzicht auf eine technisch mögliche Substitution, sofern Schutzmaßnahmen nach § 9 oder § 10 zu ergreifen sind,
4. die durchzuführenden Schutzmaßnahmen einschließlich derer, die wegen der Überschreitung eines Arbeitsplatzgrenzwerts oder bei Tätigkeiten im Bereich mittleren Risikos zusätzlich ergriffen wurden, sowie der geplanten Schutzmaßnahmen, die zukünftig ergriffen werden sollen, um den entsprechenden Wert einzuhalten oder in den Bereich niedrigen Risikos zu gelangen,
5. eine Begründung, wenn bei Tätigkeiten mit krebserzeugenden oder keimzellmutagenen Gefahrstoffen der Kategorie 1A oder 1B Beschäftigte nicht in das Expositionsverzeichnis nach § 10a Absatz 1 Satz 1 aufgenommen wurden,

6. eine Begründung, wenn von den nach § 20 Absatz 4 bekannt gegebenen Regeln und Erkenntnissen abgewichen wird, und
7. die Ermittlungsergebnisse, die belegen, dass der Grenzwert nach § 7 Absatz 8 Satz 1 Nummer 1 oder 2 eingehalten wird oder, bei Stoffen ohne entsprechende Werte, die ergriffenen technischen Schutzmaßnahmen wirksam sind.

Im Rahmen der Dokumentation der Gefährdungsbeurteilung können auch vorhandene Gefährdungsbeurteilungen, Dokumente oder andere gleichwertige Berichte verwendet werden, die auf Grund von Verpflichtungen nach anderen Rechtsvorschriften erstellt worden sind.

(9) Bei der Dokumentation nach Absatz 8 hat der Arbeitgeber in Abhängigkeit der Feststellungen nach Absatz 4 die Gefährdungen durch gefährliche explosionsfähige Gemische besonders auszuweisen (Explosionsschutzdokument). Daraus muss insbesondere hervorgehen,

1. dass die Explosionsgefährdungen ermittelt und einer Bewertung unterzogen worden sind,
2. dass angemessene Vorkehrungen getroffen werden, um die Ziele des Explosionsschutzes zu erreichen (Darlegung eines Explosionsschutzkonzeptes),
3. ob und welche Bereiche entsprechend Anhang I Nummer 1.7 in Zonen eingeteilt wurden,
4. für welche Bereiche Explosionsschutzmaßnahmen nach § 12 und Anhang I Nummer 1 getroffen wurden,
5. wie die Vorgaben nach § 15 umgesetzt werden und
6. welche Überprüfungen nach § 7 Absatz 7 und welche Prüfungen zum Explosionsschutz nach Anhang 2 Abschnitt 3 der Betriebssicherheitsverordnung durchzuführen sind.

(10) Bei Tätigkeiten mit geringer Gefährdung nach Absatz 13 kann auf eine detaillierte Dokumentation verzichtet werden. Falls in anderen Fällen auf eine detaillierte Dokumentation verzichtet wird, ist dies nachvollziehbar zu begründen. Die Gefährdungsbeurteilung ist regelmäßig zu überprüfen und bei Bedarf zu aktualisieren. Sie ist umgehend zu aktualisieren, wenn maßgebliche Veränderungen oder neue Informationen dies erfordern oder wenn sich eine Aktualisierung auf Grund der Ergebnisse der arbeitsmedizinischen Vorsorge nach der Verordnung zur arbeitsmedizinischen Vorsorge als notwendig erweist.

(11) Die Gefährdungsbeurteilung darf nur von fachkundigen Personen durchgeführt werden. Verfügt der Arbeitgeber nicht selbst über die entsprechenden Kenntnisse, so hat er sich fachkundig beraten zu lassen. Fachkundig können insbesondere die Fachkraft für Arbeitssicherheit und die Betriebsärztin oder der Betriebsarzt sein.

(12) Der Arbeitgeber hat ein Verzeichnis der im Betrieb verwendeten Gefahrstoffe zu führen. Das Verzeichnis muss mindestens folgende Angaben enthalten:

1. Bezeichnung des Gefahrstoffs,
2. Einstufung des Gefahrstoffs oder Angaben zu den gefährlichen Eigenschaften,
3. Angaben zu den im Betrieb verwendeten Mengenbereichen,
4. Bezeichnung der Arbeitsbereiche, in denen Beschäftigte gegenüber dem Gefahrstoff exponiert sein können, und
5. einen Verweis auf die entsprechenden Sicherheitsdatenblätter.

Die Sätze 1 und 2 gelten nicht, wenn nur Tätigkeiten mit geringer Gefährdung nach Absatz 13 ausgeübt werden. Die Angaben nach Satz 2 Nummer 1, 2, 4 und 5 müssen allen betroffenen Beschäftigten und ihrer Vertretung zugänglich sein.

(13) Ergibt sich aus der Gefährdungsbeurteilung für bestimmte Tätigkeiten auf Grund

1. der gefährlichen Eigenschaften des Gefahrstoffs,
2. einer geringen verwendeten Stoffmenge,
3. einer nach Höhe und Dauer niedrigen Exposition und
4. der Arbeitsbedingungen

insgesamt eine nur geringe Gefährdung der Beschäftigten und reichen die nach §8 zu ergreifenden Maßnahmen zum Schutz der Beschäftigten aus, so müssen keine weiteren Maßnahmen des Abschnitts 4 ergriffen werden.

(14) Liegen für Stoffe oder Gemische keine Prüfdaten oder entsprechende aussagekräftige Informationen zur akut toxischen, reizenden, hautsensibilisierenden oder keimzellmutagenen Wirkung oder zur spezifischen Zielorgan-Toxizität bei wiederholter Exposition vor, sind die Stoffe oder Gemische bei der Gefährdungsbeurteilung wie Stoffe der Gefahrenklasse Akute Toxizität (oral, dermal und inhalativ) Kategorie 3, Ätzwirkung auf die Haut/Hautreizung Kategorie 2, Sensibilisierung der Haut Kategorie 1, Keimzellmutagenität Kategorie 2 oder Spezifische Zielorgan-Toxizität, wiederholte Exposition (STOT RE) Kategorie 2 zu behandeln. Hinsichtlich der Spezifizierung der anzuwendenden Einstufungskategorien sind die entsprechenden nach §20 Absatz 4 Nummer 1 bekannt gegebenen Regeln und Erkenntnisse zu berücksichtigen.

§7 Grundpflichten

(1) Der Arbeitgeber darf eine Tätigkeit mit Gefahrstoffen erst aufnehmen lassen, nachdem eine Gefährdungsbeurteilung nach §6 durchgeführt und die erforderlichen Schutzmaßnahmen nach Abschnitt 4 ergriffen worden sind.

(1a) Der Arbeitgeber hat die Belange des Arbeitsschutzes bei Tätigkeiten mit Gefahrstoffen angemessen in seine betriebliche Organisation einzubinden und die dafür erforderlichen personellen, finanziellen und organisatorischen Voraussetzungen zu schaffen. Insbesondere hat er dafür zu sorgen, dass bei der Gestaltung der Arbeitsorganisation, des Arbeitsverfahrens und des Arbeitsplatzes sowie bei der Auswahl und Bereitstellung der Arbeitsmittel alle Faktoren ausreichend berücksichtigt werden, die mit der Sicherheit und Gesundheit, einschließlich der psychischen Gesundheit, der Beschäftigten zusammenhängen.

(2) Um die Gesundheit und die Sicherheit der Beschäftigten bei allen Tätigkeiten mit Gefahrstoffen zu gewährleisten, hat der Arbeitgeber die erforderlichen Maßnahmen nach dem Arbeitsschutzgesetz und zusätzlich die nach dieser Verordnung erforderlichen Maßnahmen zu ergreifen. Dabei hat er die nach § 20 Absatz 4 bekannt gegebenen Regeln und Erkenntnisse zu berücksichtigen. Bei Einhaltung dieser Regeln und Erkenntnisse ist in der Regel davon auszugehen, dass die Anforderungen dieser Verordnung erfüllt sind. Von diesen Regeln und Erkenntnissen kann abgewichen werden, wenn durch andere Maßnahmen zumindest in vergleichbarer Weise der Schutz der Gesundheit und die Sicherheit der Beschäftigten gewährleistet werden.

(3) Der Arbeitgeber hat auf der Grundlage des Ergebnisses der Substitutionsprüfung nach § 6 Absatz 1 Satz 2 Nummer 4 vorrangig eine Substitution durchzuführen. Er hat Gefahrstoffe oder Verfahren durch Stoffe, Gemische oder Erzeugnisse oder Verfahren zu ersetzen, die unter den jeweiligen Verwendungsbedingungen für die Gesundheit und Sicherheit der Beschäftigten nicht oder weniger gefährlich sind.

(4) Der Arbeitgeber hat Gefährdungen der Gesundheit und der Sicherheit der Beschäftigten bei Tätigkeiten mit Gefahrstoffen auszuschließen. Ist dies nicht möglich, hat er sie auf ein Minimum zu reduzieren. Diesen Geboten hat der Arbeitgeber durch die Festlegung und Anwendung geeigneter Schutzmaßnahmen Rechnung zu tragen. Dabei hat er folgende Rangfolge zu beachten:

1. Gestaltung geeigneter Verfahren und technischer Steuerungseinrichtungen von Verfahren, den Einsatz emissionsfreier oder emissionsarmer Verwendungsformen sowie Verwendung geeigneter Arbeitsmittel und Materialien nach dem Stand der Technik,
2. Anwendung kollektiver Schutzmaßnahmen technischer Art an der Gefahrenquelle, wie angemessene Be- und Entlüftung, und Anwendung geeigneter organisatorischer Maßnahmen,
3. sofern eine Gefährdung nicht durch Maßnahmen nach den Nummern 1 und 2 verhütet werden kann, Anwendung von individuellen Schutzmaßnahmen, die auch die Bereitstellung und Verwendung von persönlicher Schutzausrüstung umfassen.

(5) Beschäftigte müssen die bereitgestellte persönliche Schutzausrüstung verwenden, solange eine Gefährdung besteht. Die Verwendung von belastender persönlicher Schutzausrüstung darf keine Dauermaßnahme sein. Sie ist für jeden Beschäftigten auf das unbedingt erforderliche Minimum zu beschränken.

(6) Der Arbeitgeber stellt sicher, dass

1. die persönliche Schutzausrüstung an einem dafür vorgesehenen Ort sachgerecht aufbewahrt wird,
2. die persönliche Schutzausrüstung vor Gebrauch geprüft und nach Gebrauch gereinigt wird und
3. schadhafte persönliche Schutzausrüstung vor erneutem Gebrauch ausgebessert oder ausgetauscht wird.

(7) Der Arbeitgeber hat die Funktion und die Wirksamkeit der technischen Schutzmaßnahmen regelmäßig, mindestens jedoch jedes dritte Jahr, zu überprüfen. Das Ergebnis der Prüfungen ist aufzuzeichnen und vorzugsweise zusammen mit der Dokumentation nach § 6 Absatz 8 aufzubewahren.

(8) Der Arbeitgeber stellt sicher, dass folgende Grenzwerte eingehalten werden:

1. Arbeitsplatzgrenzwerte und
2. Grenzwerte in Anhang III der Richtlinie 2004/37/EG des Europäischen Parlaments und des Rates vom 29. April 2004 über den Schutz der Arbeitnehmer gegen Gefährdung durch Exposition gegenüber Karzinogenen, Mutagenen oder reproduktionstoxischen Stoffen bei der Arbeit (Sechste Einzelrichtlinie im Sinne von Artikel 16 Absatz 1 der Richtlinie 89/391/EWG des Rates) (kodifizierte Fassung) (ABl. L 158 vom 30. 4. 2004, S. 50; L 229 vom 29. 6. 2004, S. 23; L 204 vom 4. 8. 2007, S. 28), die zuletzt durch die Richtlinie (EU) 2022/431 vom 9. März 2022 (ABl. L 088 vom 16. 3. 2022, S. 1) geändert worden ist, in der jeweils geltenden Fassung und nach Ablauf der in der Richtlinie festgelegten Umsetzungsfrist.

Er hat die Einhaltung durch Arbeitsplatzmessungen oder durch andere geeignete Methoden zur Ermittlung der Exposition zu überprüfen. Ermittlungen sind auch durchzuführen, wenn sich die Bedingungen ändern, welche die Exposition der Beschäftigten beeinflussen können. Die Ermittlungsergebnisse sind aufzuzeichnen, aufzubewahren und den Beschäftigten und ihrer Vertretung zugänglich zu machen. Werden Tätigkeiten entsprechend einem Verfahrens- und stoffspezifischen Kriterium ausgeübt, das nach § 20 Absatz 4 bekannt gegebenen worden ist, kann der Arbeitgeber in der Regel davon ausgehen, dass die Arbeitsplatzgrenzwerte eingehalten werden; in diesem Fall findet Satz 2 keine Anwendung.

(8a) Kann eine Exposition am Arbeitsplatz anderenfalls nicht ausreichend beurteilt werden, können zum Zweck der Beurteilung der Exposition der Beschäftigten zur Erfüllung der Pflichten nach § 6 Absatz 1 Erkenntnisse aus dem Biomonitoring nach § 6 Absatz 2 der Verordnung zur arbeitsmedizinischen Vorsorge verwendet werden, sofern solche Erkenntnisse vorliegen. Soweit dies im Einzelfall erforderlich ist, können zu diesem Zweck auch personenbezogene Erkenntnisse verwendet werden. § 22 Absatz 2 des Bundesdatenschutzgesetzes gilt entsprechend.

(9) Sofern Tätigkeiten mit Gefahrstoffen ausgeübt werden, für die keine Grenzwerte oder Konzentrationen nach § 2 Absatz 8 bis 8b oder § 7 Absatz 8 Satz 1 Nummer 2 vorliegen, hat der Arbeitgeber regelmäßig die Wirksamkeit der ergriffenen technischen Schutzmaßnahmen durch geeignete Ermittlungsmethoden zu überprüfen, zu denen auch Arbeitsplatzmessungen gehören können.

(10) Wer Arbeitsplatzmessungen von Gefahrstoffen durchführt, muss fachkundig sein und über die erforderlichen Einrichtungen verfügen und wer geeignete Methoden zur Ermittlung der Exposition am Arbeitsplatz anwendet, muss ebenfalls fachkundig sein. Wenn ein Arbeitgeber eine für Messungen von Gefahrstoffen an Arbeitsplätzen akkreditierte Messstelle beauftragt, kann der Arbeitgeber in der Regel davon ausgehen, dass die von dieser Messstelle gewonnenen Erkenntnisse zutreffend sind.

(11) Der Arbeitgeber hat bei allen Ermittlungen und Messungen die nach § 20 Absatz 4 bekannt gegebenen Regeln und Erkenntnisse zu berücksichtigen.

§ 8 Allgemeine Schutzmaßnahmen

(1) Der Arbeitgeber hat bei Tätigkeiten mit Gefahrstoffen die folgenden Schutzmaßnahmen zu ergreifen:

1. geeignete Gestaltung des Arbeitsplatzes und geeignete Arbeitsorganisation,
2. Bereitstellung geeigneter Arbeitsmittel für Tätigkeiten mit Gefahrstoffen und geeignete Wartungsverfahren zur Gewährleistung der Gesundheit und Sicherheit der Beschäftigten bei der Arbeit,
3. Begrenzung der Anzahl der Beschäftigten, die gegenüber Gefahrstoffen exponiert sind oder exponiert sein können,
4. Begrenzung der Dauer und der Höhe der Exposition,
5. angemessene Hygienemaßnahmen, insbesondere zur Vermeidung von Kontaminationen, und die regelmäßige Reinigung des Arbeitsplatzes,
6. Begrenzung der am Arbeitsplatz vorhandenen Gefahrstoffe auf die Menge, die für den Fortgang der Tätigkeiten erforderlich ist,
7. geeignete Arbeitsmethoden und Verfahren, welche die Gesundheit und Sicherheit der Beschäftigten nicht beeinträchtigen oder die Gefährdung so gering wie möglich halten, einschließlich Vorkehrungen für die sichere Handhabung, Lagerung und Beförderung von Gefahrstoffen und von Abfällen, die Gefahrstoffe enthalten, am Arbeitsplatz.

(2) Der Arbeitgeber hat sicherzustellen, dass

1. alle verwendeten Stoffe und Gemische identifizierbar sind,
2. gefährliche Stoffe und Gemische innerbetrieblich mit einer Kennzeichnung versehen sind, die ausreichende Informationen über die Einstufung, über die Gefahren bei der Handhabung und über die zu beachtenden Sicherheitsmaß-

nahmen enthält; vorzugsweise ist eine Kennzeichnung zu wählen, die der Verordnung (EG) Nr. 1272/2008 entspricht,

3. Apparaturen und Rohrleitungen so gekennzeichnet sind, dass mindestens die enthaltenen Gefahrstoffe sowie die davon ausgehenden Gefahren eindeutig identifizierbar sind.

Kennzeichnungspflichten nach anderen Rechtsvorschriften bleiben unberührt. Solange der Arbeitgeber den Verpflichtungen nach Satz 1 nicht nachgekommen ist, darf er Tätigkeiten mit den dort genannten Stoffen und Gemischen nicht ausüben lassen. Satz 1 Nummer 2 gilt nicht für Stoffe, die für Forschungs- und Entwicklungszwecke oder für wissenschaftliche Lehrzwecke neu hergestellt worden sind und noch nicht geprüft werden konnten. Eine Exposition der Beschäftigten bei Tätigkeiten mit diesen Stoffen ist zu vermeiden.

(3) Der Arbeitgeber hat gemäß den Ergebnissen der Gefährdungsbeurteilung nach § 6 sicherzustellen, dass die Beschäftigten in Arbeitsbereichen, in denen sie gegenüber Gefahrstoffen exponiert sein können, keine Nahrungs- oder Genussmittel zu sich nehmen. Der Arbeitgeber hat hierfür vor Aufnahme der Tätigkeiten geeignete Bereiche einzurichten.

(4) Der Arbeitgeber hat sicherzustellen, dass durch Verwendung verschließbarer Behälter eine sichere Lagerung, Handhabung und Beförderung von Gefahrstoffen auch bei der Abfallentsorgung gewährleistet ist.

(5) Der Arbeitgeber hat sicherzustellen, dass Gefahrstoffe so aufbewahrt oder gelagert werden, dass sie weder die menschliche Gesundheit noch die Umwelt gefährden. Er hat dabei wirksame Vorkehrungen zu treffen, um Missbrauch oder Fehlgebrauch zu verhindern. Insbesondere dürfen Gefahrstoffe nicht in solchen Behältern aufbewahrt oder gelagert werden, durch deren Form oder Bezeichnung der Inhalt mit Lebensmitteln verwechselt werden kann. Sie dürfen nur übersichtlich geordnet und nicht in unmittelbarer Nähe von Arznei-, Lebens- oder Futtermitteln, einschließlich deren Zusatzstoffe, aufbewahrt oder gelagert werden. Bei der Aufbewahrung zur Abgabe oder zur sofortigen Verwendung muss eine Kennzeichnung nach Absatz 2 deutlich sichtbar und lesbar angebracht sein.

(6) Der Arbeitgeber hat sicherzustellen, dass Gefahrstoffe, die nicht mehr benötigt werden, und entleerte Behälter, die noch Reste von Gefahrstoffen enthalten können, sicher gehandhabt, vom Arbeitsplatz entfernt und sachgerecht gelagert oder entsorgt werden.

(7) Der Arbeitgeber hat sicherzustellen, dass Stoffe und Gemische, die als akut toxisch Kategorie 1, 2 oder 3 eingestuft sind, unter Verschluss oder so aufbewahrt oder gelagert werden, dass nur zuverlässige Personen Zugang haben, die fachkundig oder entsprechend tätigkeitsbezogen unterwiesen sind. Tätigkeiten mit diesen Stoffen und Gemischen dürfen nur von fachkundigen oder entsprechend tätigkeitsbezogen unterwiesenen Personen ausgeführt werden. Satz 2 gilt auch für Tätigkeiten mit Stoffen und Gemischen, die als atemwegssensibilisierend eingestuft sind. Die Sätze 1 und 2 gelten nicht für Kraftstoffe an Tankstellen

oder sonstigen Betankungseinrichtungen sowie für Stoffe und Gemische, die als akut toxisch Kategorie 3 eingestuft sind, sofern diese vormals nach der Richtlinie 67/548/EWG oder der Richtlinie 1999/45/EG als gesundheitsschädlich bewertet wurden. Hinsichtlich der Bewertung als gesundheitsschädlich sind die entsprechenden nach § 20 Absatz 4 Nummer 1 bekannt gegebenen Erkenntnisse zu berücksichtigen.

(8) Der Arbeitgeber hat bei Tätigkeiten mit Gefahrstoffen nach Anhang I Nummer 2 bis 5 sowohl die §§ 6 bis 18 als auch die betreffenden Vorschriften des Anhangs I Nummer 2 bis 5 zu beachten.

(...)

§ 10 Besondere Schutzmaßnahmen bei Tätigkeiten mit krebserzeugenden, keimzellmutagenen oder reproduktionstoxischen Gefahrstoffen der Kategorie 1A oder 1B

(1) Der Arbeitgeber hat sicherzustellen, dass krebserzeugende, keimzellmutagene oder reproduktionstoxische Gefahrstoffe der Kategorie 1A oder 1B in einem geschlossenen System hergestellt und verwendet werden, wenn eine Substitution der Gefahrstoffe technisch nicht möglich ist. Ist die Anwendung eines geschlossenen Systems technisch nicht möglich, hat der Arbeitgeber die Exposition der Beschäftigten nach dem Stand der Technik zu minimieren. Dabei hat er die Absätze 2 bis 6 zu beachten. Schutzmaßnahmen sind dabei umso dringlicher zu ergreifen, je höher die Exposition der Beschäftigten ist. Die Herstellungs- und Verwendungsbeschränkungen nach Anhang II Nummer 6 sind zu beachten. Für Tätigkeiten mit Asbest gelten die speziellen Anforderungen nach § 11a in Verbindung mit Anhang I Nummer 3.

(2) Der Arbeitgeber hat

1. die Exposition der Beschäftigten durch Arbeitsplatzmessungen oder durch andere geeignete Ermittlungsmethoden zu bestimmen, auch um erhöhte Expositionen infolge eines unvorhersehbaren Ereignisses oder eines Unfalls schnell erkennen zu können,
2. die Arbeitsbereiche abzugrenzen, in denen Beschäftigte gegenüber diesen Gefahrstoffen exponiert werden oder exponiert werden können, und die erforderlichen Sicherheitszeichen einschließlich der Verbotszeichen „Zutritt für Unbefugte verboten" und „Rauchen verboten" anzubringen, dabei richtet sich die Auswahl der Sicherheitskennzeichnung nach Anhang II Nummer 3.1 der Richtlinie 92/58/EWG des Rates vom 24. Juni 1992 über Mindestvorschriften für die Sicherheits- und/oder Gesundheitsschutzkennzeichnung am Arbeitsplatz (Neunte Einzelrichtlinie im Sinne von Artikel 16 Absatz 1 der Richtlinie 89/391/EWG) (ABl. L 245 vom 26.8.1992, S. 23), die zuletzt durch die Verordnung (EU) 2019/1243 (ABl. L 198 vom 25.7.2017, S. 241) geändert worden ist,

3. sicherzustellen, dass die nach Nummer 2 gekennzeichneten Arbeitsbereiche nur den Beschäftigten zugänglich sind, die sie zur Ausübung ihrer Arbeit oder zur Durchführung bestimmter Aufgaben betreten müssen,
4. sicherzustellen, dass die Beschäftigten nach Nummer 3 fachkundig oder entsprechend tätigkeitsbezogen unterwiesen sind,
5. sicherzustellen, dass die in einem nach Nummer 2 gekennzeichneten Arbeitsbereich abgesaugte Luft nicht in den Arbeitsbereich zurückgeführt wird.

Satz 1 Nummer 2 und 4 gilt nicht für Tätigkeiten, für die nach § 20 Absatz 4 ein Arbeitsplatzgrenzwert bekannt gegeben wurde, wenn dieser Wert eingehalten wird. Satz 1 Nummer 5 gilt nicht, wenn die abgesaugte Luft unter Berücksichtigung der nach § 20 Absatz 4 bekannt gegebenen Regeln und Erkenntnisse sowie unter Anwendung von behördlich oder von den Trägern der gesetzlichen Unfallversicherung anerkannten Verfahren oder Geräten ausreichend von solchen Gefahrstoffen gereinigt ist und die Luft dabei so geführt oder gereinigt wird, dass die Gefahrstoffe nicht in die Atemluft von Beschäftigten in anderen Arbeitsbereichen gelangen.

(3) Kann der Arbeitsplatzgrenzwert oder der Grenzwert nach § 7 Absatz 8 Satz 1 Nummer 2 nicht eingehalten werden oder liegen Tätigkeiten im Bereich mittleren Risikos vor oder ist bei Gefahrstoffen ohne Arbeitsplatzgrenzwert, Akzeptanzkonzentration oder Grenzwert nach § 7 Absatz 8 Satz 1 Nummer 2 die Exposition der Beschäftigten wesentlich erhöht, so hat der Arbeitgeber

1. die Expositionsdauer der Beschäftigten so weit wie möglich zu verkürzen und
2. den Beschäftigten geeigneten Atemschutz zur Verfügung zu stellen.

Der Arbeitgeber hat bei der Festlegung dieser Maßnahmen die Beschäftigten oder deren Vertretung in geeigneter Form zu beteiligen.

(4) Der Arbeitgeber hat im Rahmen der Gefährdungsbeurteilung nach § 6 festzulegen, bei welchen Tätigkeiten Beschäftigte persönliche Schutzausrüstung tragen müssen. Dies ist insbesondere der Fall

1. bei Überschreitung des Arbeitsplatzgrenzwerts oder bei Tätigkeiten im Bereich hohen Risikos,
2. bei einer wesentlich erhöhten Exposition gegenüber Gefahrstoffen ohne Arbeitsplatzgrenzwert oder Toleranzkonzentration oder
3. bei Tätigkeiten im Bereich mittleren Risikos beim Auftreten von Expositionsspitzen.

(5) Kann bei Tätigkeiten mit krebserzeugenden oder keimzellmutagenen Gefahrstoffen der Kategorie 1A oder 1B trotz Ausschöpfung der technischen Schutzmaßnahmen der Arbeitsplatzgrenzwert nicht eingehalten werden oder werden Tätigkeiten im Bereich mittleren Risikos ausgeübt, hat der Arbeitgeber unverzüglich einen Maßnahmenplan zu erstellen. In dem Maßnahmenplan ist darzulegen, wie das Ziel erreicht werden soll, den Arbeitsplatzgrenzwert einzu-

halten oder in den Bereich niedrigen Risikos zu gelangen. Dabei sind aufzuführen:

1. die vorgesehenen Maßnahmen,
2. die angestrebte Expositionsminderung sowie
3. der geplante Zeitrahmen.

Der Maßnahmenplan ist zusammen mit der Dokumentation der Gefährdungsbeurteilung nach § 6 Absatz 8 aufzubewahren.

(6) Kann auch bei Umsetzung des Maßnahmenplans nach Absatz 5 bei Tätigkeiten mit krebserzeugenden oder keimzellmutagenen Gefahrstoffen der Kategorie 1A oder 1B der Arbeitsplatzgrenzwert nicht eingehalten werden oder werden Tätigkeiten im Bereich hohen Risikos ausgeübt, hat der Arbeitgeber sicherzustellen, dass diese Tätigkeiten nur nach einer nach § 20 Absatz 4 bekannt gegebenen Regel ausgeübt werden.

§ 10a Besondere Aufzeichnungs-, Mitteilungs- und Unterrichtungspflichten bei Tätigkeiten mit krebserzeugenden, keimzellmutagenen oder reproduktionstoxischen Gefahrstoffen der Kategorie 1A oder 1B

(1) Um im Falle einer späteren Erkrankung die Höhe und die Dauer einer Exposition nachvollziehen zu können, hat der Arbeitgeber ein Verzeichnis über die Beschäftigten zu führen, die solche Tätigkeiten mit krebserzeugenden, keimzellmutagenen oder reproduktionstoxischen Gefahrstoffen der Kategorie 1A oder 1B ausüben, bei denen die Gefährdungsbeurteilung eine Gefährdung ihrer Gesundheit ergibt. In dem Verzeichnis sind die Tätigkeit sowie die Höhe und die Dauer der Exposition der Beschäftigten anzugeben. § 22 Absatz 2 des Bundesdatenschutzgesetzes gilt entsprechend.

(2) Das Verzeichnis ist während der Dauer der Exposition stets aktuell zu halten und für mindestens folgende Zeiträume nach Ende der Exposition aufzubewahren:

1. bei Tätigkeiten mit krebserzeugenden oder keimzellmutagenen Gefahrstoffen der Kategorie 1A oder 1B 40 Jahre oder
2. bei Tätigkeiten mit reproduktionstoxischen Gefahrstoffen der Kategorie 1A oder 1B fünf Jahre.

Bei Beendigung des Beschäftigungsverhältnisses hat der Arbeitgeber den Beschäftigten einen Auszug aus dem Verzeichnis auszuhändigen, der die sie betreffenden Angaben enthält. Der Arbeitgeber hat einen Nachweis über die Aushändigung wie Personalunterlagen aufzubewahren.

(3) Der Arbeitgeber kann seinen Pflichten nach Absatz 2 auch dadurch nachkommen, dass er die in Absatz 1 Satz 2 genannten Daten an den für den Beschäftigten zuständigen Unfallversicherungsträger oder einen Verband der Unfallversicherungsträger übermittelt.

(4) Der Arbeitgeber hat den Zugang zu den Daten des Verzeichnisses nach Absatz 1 zu ermöglichen

1. der Ärztin oder dem Arzt nach § 7 Absatz 1 der Verordnung zur arbeitsmedizinischen Vorsorge zur Erfüllung der Pflichten nach § 6 der Verordnung zur arbeitsmedizinischen Vorsorge sowie der zuständigen Behörde zum Zweck der Überwachung,
2. den betroffenen Beschäftigten, soweit die Daten sie betreffen,
3. der Vertretung der Beschäftigten, soweit es sich um nicht personenbezogene Daten handelt.

(5) Der Arbeitgeber hat der zuständigen Behörde Tätigkeiten mit krebserzeugenden oder keimzellmutagenen Gefahrstoffen der Kategorie 1A oder 1B, bei denen der Arbeitsplatzgrenzwert nicht eingehalten wird oder die im Bereich hohen Risikos ausgeübt werden, unter Angabe der ermittelten Exposition schriftlich oder elektronisch innerhalb einer Frist von zwei Monaten nach Aufnahme der Tätigkeit mitzuteilen. Der Mitteilung ist ein Maßnahmenplan nach § 10 Absatz 5 beizufügen. Die Behörde kann verlangen, dass ihr die Mitteilung elektronisch übermittelt wird, wenn sie hierfür ein Format zur Verfügung stellt. Die Sätze 1 bis 3 gelten nicht für Tätigkeiten mit Asbest, die nach § 11a Absatz 4 in Verbindung mit Anhang I Nummer 3.5 Absatz 3 Nummer 2 angezeigt wurden.

(6) Der Arbeitgeber hat bei Tätigkeiten mit krebserzeugenden, keimzellmutagenen oder reproduktionstoxischen Gefahrstoffen der Kategorie 1A oder 1B sicherzustellen, dass

1. die Beschäftigten und ihre Vertretung nachprüfen können, ob die Bestimmungen dieser Verordnung eingehalten werden, insbesondere in Bezug auf
   a) durchzuführende Maßnahmen nach § 10 Absatz 4,
   b) die Auswahl und Verwendung der persönlichen Schutzausrüstung und die damit verbundenen Belastungen der Beschäftigten,
2. die Beschäftigten und ihre Vertretung bei einer unvorhergesehenen Exposition oder bei einem Unfall unverzüglich unterrichtet und über die Ursachen sowie über die bereits ergriffenen oder noch zu ergreifenden Maßnahmen informiert werden.

(...)

§ 14 Unterrichtung und Unterweisung der Beschäftigten

(1) Der Arbeitgeber hat sicherzustellen, dass den Beschäftigten eine schriftliche Betriebsanweisung, die der Gefährdungsbeurteilung nach § 6 Rechnung trägt, in einer für die Beschäftigten verständlichen Form und Sprache zugänglich gemacht wird. Die Betriebsanweisung muss mindestens Folgendes enthalten:

1. Informationen über die am Arbeitsplatz vorhandenen oder entstehenden Gefahrstoffe, wie beispielsweise die Bezeichnung der Gefahrstoffe, ihre Kennzeichnung sowie mögliche Gefährdungen der Gesundheit und der Sicherheit,

2. Informationen über angemessene Vorsichtsmaßregeln und Maßnahmen, die die Beschäftigten zu ihrem eigenen Schutz und zum Schutz der anderen Beschäftigten am Arbeitsplatz durchzuführen haben; dazu gehören insbesondere
   a) Hygienevorschriften,
   b) Informationen über Maßnahmen, die zur Verhütung einer Exposition zu ergreifen sind,
   c) Informationen zum Tragen und Verwenden von persönlicher Schutzausrüstung und Schutzkleidung,
3. Informationen über Maßnahmen, die bei Betriebsstörungen, Unfällen und Notfällen und zur Verhütung dieser von den Beschäftigten, insbesondere von Rettungsmannschaften, durchzuführen sind.

Die Betriebsanweisung muss bei jeder maßgeblichen Veränderung der Arbeitsbedingungen aktualisiert werden. Der Arbeitgeber hat ferner sicherzustellen, dass die Beschäftigten

1. Zugang haben zu allen Informationen nach Artikel 35 der Verordnung (EG) Nr. 1907/2006 über die Stoffe und Gemische, mit denen sie Tätigkeiten ausüben, insbesondere zu Sicherheitsdatenblättern, und
2. über Methoden und Verfahren unterrichtet werden, die bei der Verwendung von Gefahrstoffen zum Schutz der Beschäftigten angewendet werden müssen.

(2) Der Arbeitgeber hat sicherzustellen, dass die Beschäftigten anhand der Betriebsanweisung nach Absatz 1 über alle auftretenden Gefährdungen und entsprechende Schutzmaßnahmen mündlich unterwiesen werden. Teil dieser Unterweisung ist ferner eine allgemeine arbeitsmedizinisch-toxikologische Beratung. Diese dient auch zur Information der Beschäftigten über die Voraussetzungen, unter denen sie Anspruch auf arbeitsmedizinische Vorsorgeuntersuchungen nach der Verordnung zur arbeitsmedizinischen Vorsorge haben, und über den Zweck dieser Vorsorgeuntersuchungen. Die Beratung ist unter Beteiligung der Ärztin oder des Arztes nach § 7 Absatz 1 der Verordnung zur arbeitsmedizinischen Vorsorge durchzuführen, falls dies erforderlich sein sollte. Die Unterweisung muss vor Aufnahme der Beschäftigung und danach mindestens jährlich arbeitsplatzbezogen durchgeführt werden. Sie muss in für die Beschäftigten verständlicher Form und Sprache erfolgen. Inhalt und Zeitpunkt der Unterweisung sind schriftlich festzuhalten und von den Unterwiesenen durch Unterschrift zu bestätigen.

(...)

§ 16 Herstellungs- und Verwendungsbeschränkungen

(1) Herstellungs- und Verwendungsbeschränkungen für bestimmte Stoffe, Gemische und Erzeugnisse ergeben sich aus Artikel 67 in Verbindung mit Anhang XVII der Verordnung (EG) Nr. 1907/2006.

(2) Nach Maßgabe des Anhangs II bestehen weitere Herstellungs- und Verwendungsbeschränkungen für dort genannte Stoffe, Gemische und Erzeugnisse.

(3) Der Arbeitgeber darf in Heimarbeit beschäftigte Personen nur Tätigkeiten mit geringer Gefährdung im Sinne des § 6 Absatz 13 ausüben lassen.

§ 17 Nationale Ausnahmen von Beschränkungsregelungen nach der Verordnung (EG) Nr. 1907/2006

(1) Für am 1. Dezember 2010 bestehende Anlagen gelten die Beschränkungen nach Artikel 67 in Verbindung mit Anhang XVII Nummer 6 der Verordnung (EG) Nr. 1907/2006 bis zum 1. Juli 2025 nicht für das Verwenden chrysotilhaltiger Diaphragmen für die Chloralkalielektrolyse oder für das Verwenden von Chrysotil, das ausschließlich zur Wartung dieser Diaphragmen eingesetzt wird, wenn

1. keine asbestfreien Ersatzstoffe, Gemische oder Erzeugnisse auf dem Markt angeboten werden oder
2. die Verwendung der asbestfreien Ersatzstoffe, Gemische oder Erzeugnisse zu einer unzumutbaren Härte führen würde

und die Konzentration der Asbestfasern in der Luft am Arbeitsplatz unterhalb von 1.000 Fasern je Kubikmeter liegt. Betreiber von Anlagen, die von der Regelung nach Satz 1 Gebrauch machen, übermitteln der Bundesstelle für Chemikalien bis zum 31. Januar eines jeden Kalenderjahres einen Bericht, aus dem die Menge an Chrysotil hervorgeht, die in Diaphragmen, die unter diese Ausnahmeregelung fallen, im Vorjahr verwendet wurde. Die Ergebnisse der Arbeitsplatzmessungen sind in den Bericht aufzunehmen. Die Bundesstelle für Chemikalien übermittelt der Europäischen Kommission eine Kopie des Berichts.

(2) Das Verwendungsverbot nach Artikel 67 in Verbindung mit Anhang XVII Nummer 16 und 17 der Verordnung (EG) Nr. 1907/2006 gilt nicht für die Verwendung der dort genannten Bleiverbindungen in Farben, die zur Erhaltung oder originalgetreuen Wiederherstellung von Kunstwerken und historischen Bestandteilen oder von Einrichtungen denkmalgeschützter Gebäude bestimmt sind, wenn die Verwendung von Ersatzstoffen nicht möglich ist.

(...)

C. Abfallrecht

Verordnung über Entsorgungsfachbetriebe, technische Überwachungsorganisationen und Entsorgergemeinschaften (Entsorgungsfachbetriebeverordnung – EfbV)

Vom 2. Dezember 2016 (BGBl. I Nr. 58 S. 2770), zuletzt geändert durch Artikel 2 des Gesetzes vom 8. Dezember 2022 (BGBl. I Nr. 49 S. 2240)

– Auszug –

Inhaltsübersicht

Abschnitt 1
Allgemeine Vorschriften

§ 1 Anwendungsbereich

Diese Verordnung regelt die Anforderungen an Entsorgungsfachbetriebe nach § 56 Absatz 2 des Kreislaufwirtschaftsgesetzes sowie die Überwachung und Zertifizierung von Entsorgungsfachbetrieben durch technische Überwachungsorganisationen nach § 56 Absatz 5 des Kreislaufwirtschaftsgesetzes und durch Entsorgergemeinschaften nach § 56 Absatz 6 des Kreislaufwirtschaftsgesetzes.

§ 2 Begriffsbestimmungen

(1) Inhaber im Sinne dieser Verordnung ist diejenige natürliche oder juristische Person oder Personenvereinigung, die den Entsorgungsfachbetrieb betreibt. Sofern es sich bei dem Inhaber um eine juristische Person oder Personenvereinigung handelt, kommt es für die Erfüllung der personenbezogenen Anforderungen dieser Verordnung an den Inhaber auf die nach Gesetz, Satzung oder Gesellschaftsvertrag zur Vertretung oder Geschäftsführung des Betriebes berechtigten Personen an.

(2) Für die Leitung und Beaufsichtigung des Betriebes verantwortliche Personen im Sinne dieser Verordnung sind diejenigen natürlichen Personen, die vom Inhaber mit der fachlichen Leitung, Überwachung und Kontrolle der vom Betrieb durchgeführten abfallwirtschaftlichen Tätigkeiten, insbesondere im Hinblick auf die Beachtung der hierfür geltenden Vorschriften und Anordnungen, beauftragt worden sind. Die Beauftragung setzt die Übertragung der für die in Satz 1 beschriebenen Aufgaben erforderlichen Entscheidungs- und Mitwirkungsbefugnisse voraus.

(3) Sonstiges Personal im Sinne dieser Verordnung sind diejenigen Arbeitnehmerinnen und Arbeitnehmer und anderen im Betrieb beschäftigten Personen, die bei der Ausführung der abfallwirtschaftlichen Tätigkeiten mitwirken.

Abschnitt 2
Anforderungen an die Organisation, die Ausstattung und die Tätigkeit eines Entsorgungsfachbetriebes

§ 3 Anforderungen an die Betriebsorganisation

(1) Die Organisation des Entsorgungsfachbetriebes ist so auszugestalten, dass die erforderliche Überwachung und Kontrolle der vom Betrieb durchgeführten abfallwirtschaftlichen Tätigkeiten sichergestellt ist. Bei der Gestaltung der Betriebsorganisation sind insbesondere zu berücksichtigen:

1. der Zweck des Betriebes,
2. die Tätigkeiten und die Größe des Betriebes,
3. die Tätigkeiten der im Betrieb beschäftigten Personen sowie
4. die Art, Menge und Herkunft der Abfälle, auf die sich die Tätigkeiten beziehen, insbesondere Gefährlichkeit und Beschaffenheit dieser Abfälle.

(2) Für die im Betrieb durchgeführten abfallwirtschaftlichen Tätigkeiten sind die Verantwortung sowie die Entscheidungs- und Mitwirkungsbefugnisse folgender Personen festzulegen:

1. des Inhabers,
2. der für die Leitung und Beaufsichtigung des Betriebes verantwortlichen Personen,

3. des sonstigen Personals sowie
4. der Betriebsbeauftragten, die nach Umwelt- oder Gefahrgutvorschriften für den Betrieb zu bestellen sind.

Die Festlegungen nach Satz 1 sind schriftlich, elektronisch oder in gleich geeigneter Weise in Form von Funktionsbeschreibungen und Organisationsplänen darzustellen und den betroffenen Mitarbeitern bekannt zu geben.

(3) Die Arbeitsabläufe für die im Betrieb durchgeführten abfallwirtschaftlichen Tätigkeiten sind schriftlich, elektronisch oder in gleich geeigneter Weise durch Arbeitsanweisungen festzulegen.

§ 4 Anforderungen an die personelle, gerätetechnische und sonstige Ausstattung

(1) Der Entsorgungsfachbetrieb hat für jeden zu zertifizierenden Standort mindestens eine für die Leitung und Beaufsichtigung des Betriebes verantwortliche Person zu bestellen, soweit der Inhaber nicht selbst für die Leitung und Beaufsichtigung des Betriebes verantwortlich ist. Hat ein Entsorgungsfachbetrieb mehrere Standorte oder sind mehrere Entsorgungsfachbetriebe Teile des gleichen Betriebes, so kann abweichend von Satz 1 für diese eine gemeinsame für die Leitung und Beaufsichtigung verantwortliche Person bestellt werden, wenn hierdurch die sachgemäße Erfüllung der ihr obliegenden Aufgaben nicht beeinträchtigt wird.

(2) Der Entsorgungsfachbetrieb muss über ausreichend sonstiges Personal verfügen. Diese Anforderung ist erfüllt, wenn mit dem vorhandenen sonstigen Personal ein fach- und sachgerechter Betriebsablauf sichergestellt ist.

(3) Der Nachweis der ausreichenden Personalstärke nach den Absätzen 1 und 2 erfolgt auf der Grundlage eines Einsatzplanes, der schriftlich, elektronisch oder in gleich geeigneter Weise zu erstellen ist. Bei der Erstellung des Einsatzplanes sind übliche Ausfälle einzelner Personen durch Urlaub, Krankheit und Fortbildungsmaßnahmen zu berücksichtigen.

(4) Der Entsorgungsfachbetrieb hat an jedem zu zertifizierenden Standort und für jede zu zertifizierende Tätigkeit über die gerätetechnische Ausstattung und über die sonstigen Betriebsmittel zu verfügen, die zur fach- und sachgerechten Ausführung der abfallwirtschaftlichen Tätigkeit notwendig sind.

§ 5 Betriebstagebuch

(1) Zum Nachweis einer fach- und sachgerechten Durchführung der abfallwirtschaftlichen Tätigkeiten hat der Entsorgungsfachbetrieb für jeden zu zertifizierenden Standort ein Betriebstagebuch zu führen. Das Betriebstagebuch hat alle Informationen zu enthalten, die für den Nachweis einer ordnungsgemäßen Bewirtschaftung der Abfälle wesentlich sind, insbesondere

1. Angaben über Art, Menge, Herkunft und Verbleib der vom Entsorgungsfachbetrieb gesammelten, beförderten, gelagerten, behandelten, verwerteten, be-

seitigten, gehandelten oder gemakelten Abfälle einschließlich einer Dokumentation der erbrachten Leistungen,

2. besondere Vorkommnisse, insbesondere Betriebsstörungen, die Auswirkungen auf die ordnungsgemäße Abfallbewirtschaftung haben können, einschließlich der möglichen Ursachen und der zur Abhilfe getroffenen Maßnahmen,
3. die Dokumentation einer fehlenden Übereinstimmung des gesammelten, beförderten, gelagerten, behandelten, verwerteten, beseitigten, gehandelten oder gemakelten Abfalls mit den Angaben des Abfallbesitzers oder -erzeugers sowie die Angabe der getroffenen Maßnahmen,
4. die Angabe der mit dem Vorgang des Sammelns, Beförderns, Lagerns, Behandelns, Verwertens, Beseitigens, Handelns oder Makelns beauftragten Person sowie im Fall der Beauftragung eines nicht zertifizierten Betriebes gemäß § 7 Absatz 3 die Angabe des jeweiligen Umfangs der Beauftragung und
5. bei Anlagen die Ergebnisse von anlagen- und stoffbezogenen Kontrolluntersuchungen einschließlich Funktionskontrollen im Rahmen der Eigen- und Fremdkontrollen.

(2) Das Betriebstagebuch kann in Papierform oder elektronisch geführt werden. Wenn für verschiedene Tätigkeitsbereiche oder Betriebsteile Einzelblätter geführt werden, sind diese wöchentlich zusammenzufassen. Das Betriebstagebuch ist dokumentensicher anzulegen und vor unbefugtem Zugriff zu schützen. Es muss jederzeit an dem betroffenen Standort einsehbar sein. Die im Betriebstagebuch enthaltenen Informationen sind nach ihrem Eintrag fünf Jahre lang aufzubewahren. Die in Absatz 1 Satz 2 Nummer 4 genannten personenbezogenen Daten sind nach Ablauf der Frist zu löschen.

(3) Das Betriebstagebuch ist von dem Inhaber, soweit er für die Leitung und Beaufsichtigung des Betriebes verantwortlich ist, oder von der für die Leitung und Beaufsichtigung des Betriebes verantwortlichen Person regelmäßig auf Richtigkeit und Vollständigkeit zu überprüfen. Die Überprüfung ist zu dokumentieren.

(...)

Abschnitt 3
Anforderungen an den Inhaber und die im Entsorgungsfachbetrieb beschäftigten Personen

§ 8 Zuverlässigkeit des Inhabers und der für die Leitung und Beaufsichtigung des Betriebes verantwortlichen Personen

(1) Der Inhaber und die für die Leitung und Beaufsichtigung des Betriebes verantwortlichen Personen müssen zuverlässig sein. Die erforderliche Zuverlässigkeit ist gegeben, wenn die betroffene Person auf Grund ihrer persönlichen

Eigenschaften, ihres Verhaltens und ihrer Fähigkeiten zur ordnungsgemäßen Erfüllung der ihr obliegenden Aufgaben geeignet ist.

(2) Die erforderliche Zuverlässigkeit ist in der Regel nicht gegeben, wenn die betroffene Person

1. wegen Verletzung der Vorschriften
   a) des Strafrechts über gemeingefährliche Delikte oder Delikte gegen die Umwelt,
   b) des Immissionsschutz-, Abfall-, Wasser-, Natur- und Landschaftsschutz-, Chemikalien-, Gentechnik- oder Atom- und Strahlenschutzrechts,
   c) des Lebensmittel-, Arzneimittel-, Pflanzenschutz- oder Infektionsschutzrechts,
   d) des Gewerbe-, Arbeitsschutz-, Transport- oder Gefahrgutrechts oder
   e) des Betäubungsmittel-, Waffen- oder Sprengstoffrechts

   innerhalb der letzten fünf Jahre mit einer Geldbuße in Höhe von mehr als zweitausendfünfhundert Euro belegt oder zu einer Strafe verurteilt worden ist oder
2. wiederholt oder grob pflichtwidrig gegen die in Nummer 1 genannten Vorschriften verstoßen hat.

(3) Zum Nachweis der Zuverlässigkeit der in Absatz 1 Satz 1 genannten Personen sind der technischen Überwachungsorganisation oder der Entsorgergemeinschaft folgende Unterlagen vorzulegen:

1. bei der erstmaligen und im Übrigen bei jeder dritten jährlichen Überprüfung nach § 56 Absatz 3 Satz 5 des Kreislaufwirtschaftsgesetzes sowie bei einem Wechsel der in Absatz 1 Satz 1 genannten Personen
   a) ein Führungszeugnis, Belegart N,
   b) eine personenbezogene Auskunft aus dem Gewerbezentralregister, Belegart 1, und
   c) eine firmenbezogene Auskunft aus dem Gewerbezentralregister, Belegart 1, sowie
2. bei den nicht in Nummer 1 genannten jährlichen Überprüfungen nach § 56 Absatz 3 Satz 5 des Kreislaufwirtschaftsgesetzes eine schriftliche Zuverlässigkeitserklärung.

Die Nachweise nach Satz 1 dürfen zum Zeitpunkt der Überprüfung durch die technische Überwachungsorganisation oder die Entsorgergemeinschaft nicht älter als sechs Monate sein. Wird eine Überprüfung der Zuverlässigkeit aus anderen Gründen erforderlich, entscheidet die technische Überwachungsorganisation oder die Entsorgergemeinschaft über Art und Umfang der Nachweise.

(4) Nachweise aus einem anderen Mitgliedstaat der Europäischen Union oder einem anderen Vertragsstaat des Abkommens über den Europäischen Wirtschaftsraum über die Erfüllung der Anforderungen nach den Absätzen 1 bis 3 stehen inländischen Nachweisen gleich, wenn aus ihnen hervorgeht, dass die

betreffenden Anforderungen oder die auf Grund ihrer Zielsetzung im Wesentlichen vergleichbaren Anforderungen des Ausstellungsstaates erfüllt sind. Unterlagen nach Satz 1 sind auf Verlangen im Original oder in Kopie vorzulegen. Eine Beglaubigung der Kopie sowie eine beglaubigte deutsche Übersetzung können verlangt werden.

§ 9 Fachkunde des Inhabers und der für die Leitung und Beaufsichtigung des Betriebes verantwortlichen Personen

(1) Der Inhaber, soweit er für die Leitung und Beaufsichtigung des Betriebes verantwortlich ist, und die für die Leitung und Beaufsichtigung des Betriebes verantwortlichen Personen müssen die für ihren Tätigkeitsbereich erforderliche Fachkunde besitzen. Die erforderliche Fachkunde ist gegeben, wenn die betroffene Person

1. auf einem Fachgebiet, dem der Betrieb hinsichtlich seiner Betriebsvorgänge zuzuordnen ist,
   a) ein Hochschul- oder Fachhochschulstudium abgeschlossen hat,
   b) eine kaufmännische oder technische Fachschul- oder Berufsausbildung besitzt oder
   c) eine Qualifikation als Meister vorweisen kann,
2. während einer zweijährigen praktischen Tätigkeit Kenntnisse über die abfallwirtschaftliche Tätigkeit, für die die Übertragung einer Leitungs- oder Beaufsichtigungsfunktion beabsichtigt ist, erworben hat und
3. an einem oder mehreren von der zuständigen Behörde anerkannten Lehrgängen, in denen Kenntnisse entsprechend der Anlage 1 vermittelt werden, teilgenommen hat.

(2) Die in Absatz 1 Satz 2 Nummer 1 und 2 genannten Anforderungen an die Fachkunde sind erfüllt, wenn die betroffene Person

1. vor dem 1. Juni 2017 als für die Leitung und Beaufsichtigung des Betriebes verantwortliche Person tätig war und
2. die Voraussetzungen des § 9 Absatz 2 bis 5 der bis zum 1. Juni 2017 geltenden Entsorgungsfachbetriebeverordnung erfüllt.

(3) Der Inhaber, soweit er für die Leitung und Beaufsichtigung des Betriebes verantwortlich ist, und die für die Leitung und Beaufsichtigung des Betriebes verantwortlichen Personen müssen durch geeignete Fortbildung über den für ihre Tätigkeit notwendigen aktuellen Wissensstand verfügen. Dazu haben sie regelmäßig, mindestens alle zwei Jahre, an von der zuständigen Behörde anerkannten Lehrgängen, in denen Kenntnisse entsprechend der Anlage 1 vermittelt werden, teilzunehmen.

(4) Zum Nachweis der Fachkunde sind der technischen Überwachungsorganisation oder der Entsorgergemeinschaft bei der erstmaligen Überprüfung und bei einem Wechsel der in Absatz 1 Satz 1 genannten Personen folgende Unterlagen vorzulegen:

1. ein Nachweis
   a) der beruflichen Qualifikation nach Absatz 1 Satz 2 Nummer 1 und über die zweijährige praktische Tätigkeit nach Absatz 1 Satz 2 Nummer 2 oder
   b) über die Erfüllung der Anforderungen des Absatzes 2 sowie
2. eine Bescheinigung über die Teilnahme an einem Lehrgang nach Absatz 1 Satz 2 Nummer 3.

Bei nachfolgenden jährlichen Überprüfungen nach § 56 Absatz 3 Satz 5 des Kreislaufwirtschaftsgesetzes genügt die Vorlage der Bescheinigung über die Teilnahme an dem zuletzt besuchten Lehrgang nach Absatz 3 Satz 2. Wird eine Überprüfung der Fachkunde aus anderen Gründen erforderlich, entscheidet die technische Überwachungsorganisation oder die Entsorgergemeinschaft über Art und Umfang der Nachweise.

(5) Nachweise aus einem anderen Mitgliedstaat der Europäischen Union oder einem anderen Vertragsstaat des Abkommens über den Europäischen Wirtschaftsraum über die Erfüllung der Anforderungen nach den Absätzen 1 bis 3 stehen inländischen Nachweisen gleich, wenn aus ihnen hervorgeht, dass die betreffenden Anforderungen oder die auf Grund ihrer Zielsetzung im Wesentlichen vergleichbaren Anforderungen des Ausstellungsstaates erfüllt sind. Unterlagen nach Satz 1 sind auf Verlangen im Original oder in Kopie vorzulegen. Eine Beglaubigung der Kopie sowie eine beglaubigte deutsche Übersetzung können verlangt werden.

§ 10 Zuverlässigkeit und Sachkunde des sonstigen Personals

(1) Das sonstige Personal muss zuverlässig sein. § 8 Absatz 1 Satz 2 ist entsprechend anzuwenden.

(2) Das sonstige Personal muss sachkundig sein. Die erforderliche Sachkunde ist gegeben, wenn die betroffene Person auf der Grundlage eines schriftlich oder elektronisch erstellten Einarbeitungsplanes betrieblich eingearbeitet worden ist und über den für die jeweilige Tätigkeit notwendigen aktuellen Wissensstand verfügt.

(3) Den Fortbildungsbedarf des sonstigen Personals ermitteln der Inhaber, soweit er für die Leitung und Beaufsichtigung des Betriebes verantwortlich ist, oder die für die Leitung und Beaufsichtigung des Betriebes verantwortlichen Personen.

Abschnitt 4
Abschluss eines Überwachungsvertrages mit einer technischen Überwachungsorganisation

§ 11 Überwachungsvertrag

(1) Der Überwachungsvertrag nach § 56 Absatz 5 Satz 2 des Kreislaufwirtschaftsgesetzes bedarf der Schriftform. Er hat mindestens die in den §§ 3 bis 10 geregelten Anforderungen an Entsorgungsfachbetriebe zu enthalten.

(2) Die technische Überwachungsorganisation muss sich im Überwachungsvertrag verpflichten,

1. den Betrieb hinsichtlich seiner zu zertifizierenden Tätigkeit nach § 56 Absatz 2 Nummer 1 des Kreislaufwirtschaftsgesetzes einzustufen; zu der Einstufung gehört eine Beschreibung der abfallwirtschaftlichen Tätigkeit, insbesondere die Bezeichnung der verwendeten Anlagentechnik; bei der Tätigkeit des Verwertens gehört zu der Einstufung ferner die Festlegung, welche Verwertungsmaßnahme nach § 6 Absatz 1 Nummer 2 bis 4 des Kreislaufwirtschaftsgesetzes vorliegt sowie ob es sich um ein vorbereitendes oder abschließendes Verfahren handelt,
2. die dort festgelegten Anforderungen an Entsorgungsfachbetriebe vor der Erstzertifizierung, nach wesentlichen Änderungen des Betriebes und im Übrigen mindestens jährlich zu überprüfen,
3. bei der Überprüfung nach Nummer 2 neben den einschlägigen Rechtsvorschriften auch die hierzu ergangenen amtlich veröffentlichten Verwaltungsvorschriften des Bundes und der Länder zu berücksichtigen,
4. den Verlauf und das Ergebnis der Überprüfung nach Nummer 2 gegenüber dem Betrieb schriftlich in einem Überwachungsbericht zu dokumentieren,
5. soweit auf Grund der Überprüfung nach Nummer 2 festgestellt wird, dass die in dieser Verordnung genannten Anforderungen nicht erfüllt sind, dem Betrieb gegenüber die festgestellten Mängel konkret zu bezeichnen und
6. alle Unterlagen und Informationen, einschließlich des Inhalts und der Ergebnisse von Gesprächen, Untersuchungen und Überprüfungen, von denen die technische Überwachungsorganisation oder die von ihr beauftragten Sachverständigen im Rahmen der Durchführung des Überwachungsvertrages Kenntnis erlangt haben, vertraulich zu behandeln und Dritten nicht zugänglich zu machen; öffentlich-rechtliche Pflichten zur Mitteilung gegenüber Behörden bleiben hiervon unberührt.

(3) Der Betrieb muss sich im Überwachungsvertrag verpflichten,

1. den von der technischen Überwachungsorganisation beauftragten Sachverständigen alle Informationen, Unterlagen und Nachweise zur Verfügung zu stellen, die für die Überprüfung der in dieser Verordnung genannten Anforderungen benötigt werden,

2. den von der technischen Überwachungsorganisation beauftragten Sachverständigen, soweit es zur Überprüfung der im Überwachungsvertrag festgelegten Anforderungen erforderlich ist, das Betreten des Grundstücks, der Geschäfts- und Betriebsräume, die Einsicht in Unterlagen und die Vornahme von technischen Ermittlungen und Überprüfungen zu gestatten sowie Arbeitskräfte und Werkzeuge zur Verfügung zu stellen und
3. der technischen Überwachungsorganisation alle Änderungen im Betrieb, die für die Erfüllung der in dieser Verordnung genannten Anforderungen an Entsorgungsfachbetriebe erheblich sind, unverzüglich anzuzeigen.

(4) Die Vertragsparteien können weitergehende oder ergänzende Vereinbarungen treffen, soweit diese den Anforderungen des § 56 des Kreislaufwirtschaftsgesetzes und dieser Verordnung nicht widersprechen.

(5) Die technische Überwachungsorganisation darf den Überwachungsvertrag mit einem noch nicht zertifizierten Betrieb nur abschließen, wenn eine Vorprüfung ergibt, dass der Betrieb die Gewähr dafür bietet, die in dieser Verordnung festgelegten Anforderungen an Entsorgungsfachbetriebe zu erfüllen. Die Vorprüfung umfasst folgende Bereiche:

1. Anforderungen an die Betriebsorganisation nach § 3 Absatz 1,
2. Anforderungen an die Durchführung der abfallwirtschaftlichen Tätigkeit nach § 7 Absatz 1 Satz 2 im Hinblick auf die erforderlichen behördlichen Entscheidungen, insbesondere Planfeststellungen, Genehmigungen, Zulassungen, Erlaubnisse und Bewilligungen,
3. Anforderungen an die Zuverlässigkeit des Inhabers und der für die Leitung und Beaufsichtigung des Betriebes verantwortlichen Personen nach § 8 Absatz 1 und 2 sowie
4. Anforderungen an die Fachkunde des Inhabers und der für die Leitung und Beaufsichtigung des Betriebes verantwortlichen Personen nach § 9 Absatz 1 Satz 1 und 2 Nummer 1 und 2 sowie Absatz 2.

Die technische Überwachungsorganisation entscheidet, ob zur Überprüfung der Voraussetzungen des Satzes 2 ein Vor-Ort-Termin erforderlich ist. Die Ergebnisse der Vorprüfung sowie die abschließende Einschätzung der technischen Überwachungsorganisation, ob der Betrieb die Gewähr dafür bietet, die in dieser Verordnung festgelegten Anforderungen an Entsorgungsfachbetriebe zu erfüllen, sind zu dokumentieren und der Zustimmungsbehörde mit dem Antrag auf Zustimmung zum Überwachungsvertrag vorzulegen.

(...)

§ 29 Ordnungswidrigkeiten

(1) Ordnungswidrig im Sinne des § 69 Absatz 1 Nummer 8 des Kreislaufwirtschaftsgesetzes handelt, wer vorsätzlich oder fahrlässig

1. entgegen § 14 Absatz 6 Satz 2, § 15 Absatz 3 Satz 1, § 21 Absatz 2 Satz 1, § 22 Absatz 3 Satz 3 oder § 26 Absatz 1 Satz 2 eine Mitteilung nicht, nicht richtig, nicht vollständig oder nicht rechtzeitig macht oder
2. entgegen § 21 Absatz 2 Satz 3 eine Dokumentation oder einen Nachweis nicht, nicht richtig, nicht vollständig oder nicht rechtzeitig vorlegt.

(2) Ordnungswidrig im Sinne des § 69 Absatz 2 Nummer 15 des Kreislaufwirtschaftsgesetzes handelt, wer vorsätzlich oder fahrlässig

1. entgegen § 28 Absatz 1 Satz 1 Nummer 1 ein Zertifikat oder einen Überwachungsbericht nicht, nicht richtig, nicht vollständig, nicht in der vorgeschriebenen Weise oder nicht rechtzeitig übermittelt oder
2. entgegen § 28 Absatz 1 Satz 1 Nummer 2 eine Mitteilung nicht, nicht richtig, nicht vollständig, nicht in der vorgeschriebenen Weise oder nicht rechtzeitig macht.

(...)

Anlage 1 Lehrgangsinhalte

(zu § 9 Absatz 1 Satz 2 Nummer 3 und Absatz 3 Satz 2,
§ 19 Absatz 2 Nummer 2 Buchstabe b Halbsatz 2 sowie § 31 Absatz 1 und 2)

Die Lehrgänge sollen Kenntnisse insbesondere über folgende Bereiche vermitteln:

1. das Kreislaufwirtschaftsgesetz, insbesondere
   a) den Anwendungsbereich,
   b) die wichtigsten Begriffsbestimmungen,
   c) die Abfallhierarchie,
   d) die Grundpflichten (Vermeiden, Verwerten und Beseitigen von Abfall),
   e) die Getrennthaltungspflichten und Vermischungsverbote,
   f) die Überlassungspflichten,
   g) das Anzeigeverfahren für gemeinnützige und gewerbliche Sammlungen,
   h) die Rechte und Pflichten der öffentlich-rechtlichen Entsorgungsträger,
   i) die Beauftragung Dritter,
   j) die Produktverantwortung,
   k) die Bedeutung von Abfallwirtschaftsplänen und Abfallvermeidungsprogrammen,
   l) die abfallrechtliche Überwachung,
   m) die Register- und Nachweispflichten,
   n) das Anzeige- und Erlaubnisverfahren für Sammler, Beförderer, Händler und Makler von Abfällen,
   o) die Kennzeichnung von Fahrzeugen,
   p) die Zertifizierung von Entsorgungsfachbetrieben,

   q) die Anforderungen an Abfallbeauftragte sowie ihre Rechte und Pflichten sowie
   r) die Bußgeldvorschriften,
2. die auf Grund des Kreislaufwirtschaftsgesetzes ergangenen Rechtsverordnungen,
3. die weiteren abfallrechtlichen Gesetze, insbesondere
   a) das Elektro- und Elektronikgerätegesetz,
   b) das Batteriegesetz und
   c) das Verpackungsgesetz,
4. das Recht der Abfallverbringung,
5. die für die Abfallwirtschaft einschlägigen EU-rechtlichen Grundlagen,
6. die für die Abfallwirtschaft einschlägigen inter- und supranationalen Übereinkommen,
7. die für die Abfallwirtschaft einschlägigen landesrechtlichen Grundlagen,
8. das für die Abfallwirtschaft einschlägige kommunale Satzungsrecht,
9. die für die Abfallwirtschaft einschlägigen
   a) amtlich veröffentlichten Verwaltungsvorschriften,
   b) Vollzugshilfen (insbesondere der Bund/Länder-Arbeitsgemeinschaft Abfall) und
   c) technischen Anleitungen, Merkblätter und Regeln (insbesondere zum Stand der Technik und zur besten verfügbaren Technik),
10. das Verhältnis des Abfallrechts zu anderen Rechtsbereichen, insbesondere zum
   a) Baurecht,
   b) Immissionsschutzrecht,
   c) Chemikalienrecht,
   d) Wasserrecht,
   e) Bodenschutzrecht und
   f) Seuchen- und Hygienerecht,
11. Art und Beschaffenheit von gefährlichen Abfällen,
12. schädliche Umwelteinwirkungen und sonstige Gefahren, erhebliche Nachteile und erhebliche Belästigungen, die von Abfällen ausgehen können, und Maßnahmen zu ihrer Verhinderung oder Beseitigung,
13. die Vorschriften der betrieblichen Haftung,
14. die Vorschriften des Arbeitsschutzes,
15. die betrieblichen Risiken und die einschlägigen Versicherungen sowie
16. die Bezüge zum Güterkraftverkehrs- und Gefahrgutrecht.

(...)

Verordnung über das Anzeige- und Erlaubnisverfahren für Sammler, Beförderer, Händler und Makler von Abfällen (Anzeige- und Erlaubnisverordnung – AbfAEV)

Vom 5. Dezember 2013 (BGBl. I Nr. 69 S. 4043), zuletzt geändert durch Artikel 2 der Verordnung vom 28. April 2022 (BGBl. I Nr. 15 S. 700)

– Auszug –

Inhaltsübersicht

Abschnitt 1
Allgemeine Vorschriften

§ 1 Anwendungsbereich

(1) Diese Verordnung gilt für

1. Anzeigen der Aufnahme der betrieblichen Tätigkeit durch Sammler, Beförderer, Händler und Makler von Abfällen nach § 53 Absatz 1 Satz 1 des Kreislaufwirtschaftsgesetzes und
2. Erlaubnisse für Sammler, Beförderer, Händler und Makler von gefährlichen Abfällen nach § 54 Absatz 1 Satz 1 des Kreislaufwirtschaftsgesetzes.

(2) Diese Verordnung gilt auch für anzeige- und erlaubnispflichtige Tätigkeiten, die auf dem Gebiet der Bundesrepublik Deutschland durchgeführt werden im Rahmen einer Verbringung von Abfällen im Sinne der Verordnung (EG) Nr. 1013/2006 des Europäischen Parlaments und des Rates vom 14. Juni 2006 über die Verbringung von Abfällen (ABl. L 190 vom 12. 7. 2006, S. 1, L 318 vom 28. 11. 2008, S. 15), die zuletzt durch die Verordnung (EU) Nr. 255/2013 (ABl. L 79 vom 21. 3. 2013, S. 19) geändert worden ist, in der jeweils geltenden Fassung.

§ 2 Begriffsbestimmungen

(1) Inhaber im Sinne dieser Verordnung ist diejenige natürliche oder juristische Person oder Personenvereinigung, die den die Sammler-, Beförderer-, Händler- oder Maklertätigkeit ausübenden Betrieb betreibt. Sofern es sich bei dem Inhaber um eine juristische Person oder Personenvereinigung handelt, kommt es für die Erfüllung der personenbezogenen Anforderungen dieser Verordnung an den Inhaber auf die nach Gesetz, Satzung oder Gesellschaftsvertrag zur Vertretung oder Geschäftsführung des Betriebes berechtigten Personen an.

(2) Für die Leitung und Beaufsichtigung des Betriebes verantwortliche Personen im Sinne dieser Verordnung sind diejenigen natürlichen Personen, die vom Inhaber mit der fachlichen Leitung, Überwachung und Kontrolle der vom Betrieb durchgeführten Tätigkeiten insbesondere im Hinblick auf die Beachtung der hierfür geltenden Vorschriften und Anordnungen beauftragt worden sind. Die Beauftragung setzt die Übertragung der für die in Satz 1 beschriebenen Aufgaben erforderlichen Entscheidungs- und Mitwirkungsbefugnisse voraus.

(3) Sonstiges Personal im Sinne dieser Verordnung sind diejenigen Arbeitnehmerinnen und Arbeitnehmer und anderen im Betrieb des Sammlers, Beförderers, Händlers oder Maklers von Abfällen beschäftigten Personen, die bei der Ausübung dieser betrieblichen Tätigkeiten mitwirken.

Abschnitt 2
Anforderungen an Sammler, Beförderer, Händler und Makler von Abfällen

§ 3 Zuverlässigkeit

(1) Die nach § 53 Absatz 2 Satz 1 und § 54 Absatz 1 Satz 2 Nummer 1 des Kreislaufwirtschaftsgesetzes erforderliche Zuverlässigkeit ist gegeben, wenn der Inhaber des Betriebes und die für die Leitung und Beaufsichtigung des Betriebes verantwortlichen Personen auf Grund ihrer persönlichen Eigenschaften, ihres Verhaltens und ihrer Fähigkeiten zur ordnungsgemäßen Erfüllung der ihnen obliegenden Aufgaben geeignet sind.

(2) Die erforderliche Zuverlässigkeit ist in der Regel nicht gegeben, wenn eine der in Absatz 1 genannten Personen

1. wegen Verletzung von Vorschriften
   a) des Strafrechts über gemeingefährliche Delikte oder Delikte gegen die Umwelt,
   b) des Immissionsschutz-, Abfall-, Wasser-, Natur- und Landschaftsschutz-, Chemikalien-, Gentechnik- oder Atom- und Strahlenschutzrechts,
   c) des Lebensmittel-, Arzneimittel-, Pflanzenschutz- oder Infektionsschutzrechts,
   d) des Gewerbe-, Arbeitsschutz-, Transport- oder Gefahrgutrechts oder
   e) des Betäubungsmittel-, Waffen- oder Sprengstoffrechts

innerhalb der letzten fünf Jahre vor Anzeige der Aufnahme der betrieblichen Tätigkeit oder der Beantragung der Erlaubnis mit einer Geldbuße in Höhe von mehr als zweitausendfünfhundert Euro belegt oder zu einer Strafe verurteilt worden ist oder

2. wiederholt oder grob pflichtwidrig gegen die in Nummer 1 genannten Vorschriften verstoßen hat.

§ 4 Fachkunde von Anzeigepflichtigen

(1) Im Falle einer gewerbsmäßigen Tätigkeit des anzeigenden Sammlers, Beförderers, Händlers oder Maklers von Abfällen setzt die nach § 53 Absatz 2 Satz 2 des Kreislaufwirtschaftsgesetzes notwendige Fachkunde des Inhabers, soweit er für die Leitung des Betriebes verantwortlich ist, und der für die Leitung und Beaufsichtigung des Betriebes verantwortlichen Personen während einer zweijährigen praktischen Tätigkeit erworbene Kenntnisse über die vom Betrieb angezeigte Tätigkeit voraus. Abweichend von Satz 1 reichen während einer einjährigen praktischen Tätigkeit erworbene Kenntnisse über die vom Betrieb angezeigte Tätigkeit aus, wenn die betroffene Person auf einem Fachgebiet, dem der Betrieb hinsichtlich seiner Betriebsvorgänge zuzuordnen ist,

1. ein Hochschul- oder Fachhochschulstudium abgeschlossen hat,
2. eine kaufmännische oder technische Fachschul- oder Berufsausbildung besitzt oder
3. eine Qualifikation als Meister vorweisen kann.

(2) Die Voraussetzung des Absatzes 1 Satz 1 ist auch erfüllt, wenn sich im Falle der Anzeige einer gewerbsmäßigen Tätigkeit

1. des Sammelns oder Beförderns von Abfällen die erworbenen Kenntnisse des Betroffenen nicht auf die angezeigte, sondern auf die jeweils andere Tätigkeit beziehen,
2. des Handelns mit Abfällen die erworbenen Kenntnisse des Betroffenen nicht auf die angezeigte, sondern auf die Tätigkeit des Sammelns oder Beförderns beziehen oder
3. des Makelns von Abfällen die erworbenen Kenntnisse des Betroffenen nicht auf die angezeigte, sondern auf die Tätigkeit des Sammelns, Beförderns oder Handelns von Abfällen beziehen.

(3) Liegen die Voraussetzungen der Absätze 1 und 2 nicht vor, kann die nach § 53 Absatz 2 Satz 2 des Kreislaufwirtschaftsgesetzes notwendige Fachkunde auch durch den Besuch eines Lehrgangs, in dem Kenntnisse entsprechend der Anlage 1 vermittelt werden, erworben werden. Der Lehrgang nach Satz 1 muss vor Aufnahme der Tätigkeit abgeschlossen sein.

(4) Im Falle von im Rahmen wirtschaftlicher Unternehmen tätigen Sammlern, Beförderern, Händlern und Maklern von Abfällen setzt die nach § 53 Absatz 2 Satz 2 des Kreislaufwirtschaftsgesetzes notwendige Fachkunde des Inhabers, soweit er für die Leitung des Betriebes verantwortlich ist, und der für die Leitung

und Beaufsichtigung des Betriebes verantwortlichen Personen voraus, dass die betroffene Person über die für die vom Unternehmen im Hauptzweck ausgeübte Tätigkeit erforderliche berufliche Qualifikation verfügt.

(5) Soweit es zur Wahrung des Wohls der Allgemeinheit erforderlich ist, kann die zuständige Behörde zusätzlich in den Fällen der Absätze 1 bis 4 die Teilnahme an einem von der zuständigen Behörde anerkannten Lehrgang, in dem Kenntnisse entsprechend der Anlage 1 vermittelt werden, und eine regelmäßige entsprechende Fortbildung anordnen.

§ 5 Fachkunde von Erlaubnispflichtigen

(1) Die nach § 54 Absatz 1 Satz 2 Nummer 2 des Kreislaufwirtschaftsgesetzes notwendige Fachkunde des Inhabers, soweit er für die Leitung des Betriebes verantwortlich ist, und der für die Leitung und Beaufsichtigung des Betriebes verantwortlichen Personen setzt Folgendes voraus:

1. während einer zweijährigen praktischen Tätigkeit erworbene Kenntnisse über die Tätigkeit, für die der Betrieb die Erlaubnis beantragt, sowie
2. die Teilnahme an einem oder mehreren von der zuständigen Behörde anerkannten Lehrgängen, in denen Kenntnisse entsprechend der Anlage 1 vermittelt werden.

Abweichend von Satz 1 Nummer 1 reichen während einer einjährigen praktischen Tätigkeit erworbene Kenntnisse über die vom Betrieb beantragte Tätigkeit aus, sofern die betroffene Person auf einem Fachgebiet, dem der Betrieb hinsichtlich seiner Betriebsvorgänge zuzuordnen ist,

1. ein Hochschul- oder Fachhochschulstudium abgeschlossen hat,
2. eine kaufmännische oder technische Fachschul- oder Berufsausbildung besitzt oder
3. eine Qualifikation als Meister vorweisen kann.

(2) Die Voraussetzung des Absatzes 1 Satz 1 Nummer 1 ist auch erfüllt, wenn sich im Falle der Beantragung einer Erlaubnis für die Tätigkeit

1. des Sammelns oder Beförderns von gefährlichen Abfällen die erworbenen Kenntnisse des Betroffenen nicht auf die beantragte, sondern auf die jeweils andere Tätigkeit beziehen,
2. des Handelns mit gefährlichen Abfällen die erworbenen Kenntnisse des Betroffenen nicht auf die beantragte, sondern auf die Tätigkeit des Sammelns oder Beförderns von gefährlichen Abfällen beziehen oder
3. des Makelns von gefährlichen Abfällen die erworbenen Kenntnisse des Betroffenen nicht auf die beantragte, sondern auf die Tätigkeit des Sammelns, Beförderns oder Handelns von gefährlichen Abfällen beziehen.

(3) Der Inhaber, soweit er für die Leitung des Betriebes verantwortlich ist, und die für die Leitung und Beaufsichtigung des Betriebes verantwortlichen Personen müssen durch geeignete Fortbildung über den für ihre Tätigkeit notwendigen aktuellen Wissensstand verfügen. Dazu haben sie regelmäßig, mindestens

alle drei Jahre, an von der zuständigen Behörde anerkannten Lehrgängen, in denen Kenntnisse entsprechend der Anlage 1 vermittelt werden, teilzunehmen und dies der zuständigen Behörde unaufgefordert nachzuweisen.

§ 6 Sachkunde des sonstigen Personals

Die Sachkunde des sonstigen Personals nach § 53 Absatz 2 Satz 2 und § 54 Absatz 1 Satz 2 Nummer 2 des Kreislaufwirtschaftsgesetzes erfordert, dass das sonstige Personal auf der Grundlage eines Einarbeitungsplanes betrieblich eingearbeitet wird und über den für die jeweilige Tätigkeit notwendigen aktuellen Wissensstand verfügt. Den Fortbildungsbedarf des sonstigen Personals ermitteln der Inhaber, soweit er für die Leitung des Betriebes verantwortlich ist, oder die für die Leitung und Beaufsichtigung des Betriebes verantwortlichen Personen. Soweit es zur Wahrung des Wohls der Allgemeinheit erforderlich ist, kann die zuständige Behörde anordnen, dass der Einarbeitungsplan schriftlich erstellt und ihr vorgelegt wird.

(…)

§ 15 Ordnungswidrigkeiten

Ordnungswidrig im Sinne des § 69 Absatz 2 Nummer 15 des Kreislaufwirtschaftsgesetzes handelt, wer vorsätzlich oder fahrlässig

1. einer vollziehbaren Anordnung nach § 4 Absatz 5 zuwiderhandelt oder
2. entgegen § 13 Absatz 1 Satz 1, 3, 4 oder 5 oder Absatz 2 eine dort genannte Kopie oder einen dort genannten Ausdruck nicht mitführt.

(…)

Anlage 1 Lehrgangsinhalte

(zu § 4 Absatz 3 Satz 1 und Absatz 5, § 5 Absatz 1 Satz 1 Nummer 2 und Absatz 3 Satz 2 sowie zu § 16 Absatz 2 und 5)

Die Lehrgänge sollen Grundkenntnisse über folgende Bereiche vermitteln:

1. das Kreislaufwirtschaftsgesetz, insbesondere
   a) den Anwendungsbereich,
   b) die wichtigsten Begriffsbestimmungen,
   c) die Abfallhierarchie,
   d) die Grundpflichten (Vermeiden, Verwerten, Beseitigen),
   e) die Getrennthaltungspflichten und Vermischungsverbote,
   f) das Verhältnis des Abfallrechts zum Immissionsschutzrecht,
   g) das Verhältnis des Abfallrechts zum Chemikalienrecht,
   h) die Überlassungspflichten,
   i) das Anzeigeverfahren für gemeinnützige und gewerbliche Sammlungen,
   j) die Beauftragung Dritter,
   k) die Register- und Nachweispflichten,

l) das Anzeige- und Erlaubnisverfahren für Sammler, Beförderer, Händler und Makler von Abfällen,

m) die Kennzeichnung von Fahrzeugen und

n) die Bußgeldvorschriften,

2. die auf Grund des Kreislaufwirtschaftsgesetzes ergangenen Rechtsverordnungen, insbesondere
   a) diese Verordnung,
   b) die Nachweisverordnung,
   c) die Entsorgungsfachbetriebeverordnung und
   d) die Abfallverzeichnis-Verordnung,
3. das Recht der Abfallverbringung,
4. Art und Beschaffenheit von gefährlichen Abfällen,
5. schädliche Umwelteinwirkungen und sonstige Gefahren, erhebliche Nachteile und erhebliche Belästigungen, die von Abfällen ausgehen können, und Maßnahmen zu ihrer Verhinderung oder Beseitigung,
6. sonstige Vorschriften des Umweltrechts, die im Zusammenhang mit der Sammlung, der Beförderung, dem Handeln oder dem Makeln von Abfällen von Bedeutung sind,
7. Bezüge zum Güterkraftverkehrs- und Gefahrgutrecht sowie
8. Vorschriften der betrieblichen Haftung.

(...)

D. Arbeits- und Gesundheitsschutzrecht

Verordnung über Sicherheit und Gesundheitsschutz bei der Verwendung von Arbeitsmitteln (Betriebssicherheitsverordnung – BetrSichV)

Vom 3. Februar 2015 (BGBl. I Nr. 4 S. 49), zuletzt geändert durch Artikel 7 des Gesetzes vom 27. Juli 2021 (BGBl. I Nr. 49 S. 3146)

– Auszug –

Inhaltsübersicht

Abschnitt 1
Anwendungsbereich und Begriffsbestimmungen

§ 1 Anwendungsbereich und Zielsetzung

(1) Diese Verordnung gilt für die Verwendung von Arbeitsmitteln. Ziel dieser Verordnung ist es, die Sicherheit und den Schutz der Gesundheit von Beschäftigten bei der Verwendung von Arbeitsmitteln zu gewährleisten. Dies soll insbesondere erreicht werden durch

1. die Auswahl geeigneter Arbeitsmittel und deren sichere Verwendung,
2. die für den vorgesehenen Verwendungszweck geeignete Gestaltung von Arbeits- und Fertigungsverfahren sowie
3. die Qualifikation und Unterweisung der Beschäftigten.

Diese Verordnung regelt hinsichtlich der in § 18 und in Anhang 2 genannten überwachungsbedürftigen Anlagen zugleich Maßnahmen zum Schutz anderer Personen im Gefahrenbereich, soweit diese aufgrund der Verwendung dieser Anlagen durch Arbeitgeber im Sinne des § 2 Absatz 3 gefährdet werden können.

(2) Diese Verordnung gilt nicht in Betrieben, die dem Bundesberggesetz unterliegen, soweit dafür entsprechende Rechtsvorschriften bestehen. Abweichend von Satz 1 gilt sie jedoch für überwachungsbedürftige Anlagen in Tagesanlagen,

mit Ausnahme von Rohrleitungen nach Anhang 2 Abschnitt 4 Nummer 2.1 Satz 1 Buchstabe d.

(3) Diese Verordnung gilt nicht auf Seeschiffen unter fremder Flagge und auf Seeschiffen, für die das Bundesministerium für Verkehr und digitale Infrastruktur nach § 10 des Flaggenrechtsgesetzes die Befugnis zur Führung der Bundesflagge lediglich für die erste Überführungsreise in einen anderen Hafen verliehen hat.

(4) Abschnitt 3 gilt nicht für Energieanlagen im Sinne des § 3 Nummer 15 des Energiewirtschaftsgesetzes, soweit sie Druckanlagen im Sinne des Anhangs 2 Abschnitt 4 Nummer 2.1 Buchstabe b, c oder d dieser Verordnung sind. Satz 1 gilt nicht für Gasfüllanlagen, die Energieanlagen im Sinne des § 3 Nummer 15 des Energiewirtschaftsgesetzes sind und nicht auf dem Betriebsgelände von Unternehmen der öffentlichen Gasversorgung von diesen errichtet und betrieben werden.

(5) Das Bundesministerium der Verteidigung kann Ausnahmen von den Vorschriften dieser Verordnung zulassen, wenn zwingende Gründe der Verteidigung oder die Erfüllung zwischenstaatlicher Verpflichtungen der Bundesrepublik Deutschland dies erfordern und die Sicherheit auf andere Weise gewährleistet ist.

§ 2 Begriffsbestimmungen

(1) Arbeitsmittel sind Werkzeuge, Geräte, Maschinen oder Anlagen, die für die Arbeit verwendet werden, sowie überwachungsbedürftige Anlagen.

(2) Die Verwendung von Arbeitsmitteln umfasst jegliche Tätigkeit mit diesen. Hierzu gehören insbesondere das Montieren und Installieren, Bedienen, An- oder Abschalten oder Einstellen, Gebrauchen, Betreiben, Instandhalten, Reinigen, Prüfen, Umbauen, Erproben, Demontieren, Transportieren und Überwachen.

(3) Arbeitgeber ist, wer nach § 2 Absatz 3 des Arbeitsschutzgesetzes als solcher bestimmt ist. Dem Arbeitgeber steht gleich,

1. wer, ohne Arbeitgeber zu sein, zu gewerblichen oder wirtschaftlichen Zwecken eine überwachungsbedürftige Anlage verwendet, sowie
2. der Auftraggeber und der Zwischenmeister im Sinne des Heimarbeitsgesetzes.

(4) Beschäftigte sind Personen, die nach § 2 Absatz 2 des Arbeitsschutzgesetzes als solche bestimmt sind. Den Beschäftigten stehen folgende Personen gleich, sofern sie Arbeitsmittel verwenden:

1. Schülerinnen und Schüler sowie Studierende,
2. in Heimarbeit Beschäftigte nach § 1 Absatz 1 des Heimarbeitsgesetzes sowie
3. sonstige Personen, insbesondere Personen, die in wissenschaftlichen Einrichtungen tätig sind.

(5) Fachkundig ist, wer zur Ausübung einer in dieser Verordnung bestimmten Aufgabe über die erforderlichen Fachkenntnisse verfügt. Die Anforderungen an die Fachkunde sind abhängig von der jeweiligen Art der Aufgabe. Zu den Anforderungen zählen eine entsprechende Berufsausbildung, Berufserfahrung oder eine zeitnah ausgeübte entsprechende berufliche Tätigkeit. Die Fachkenntnisse sind durch Teilnahme an Schulungen auf aktuellem Stand zu halten.

(6) Zur Prüfung befähigte Person ist eine Person, die durch ihre Berufsausbildung, ihre Berufserfahrung und ihre zeitnahe berufliche Tätigkeit über die erforderlichen Kenntnisse zur Prüfung von Arbeitsmitteln verfügt; soweit hinsichtlich der Prüfung von Arbeitsmitteln in den Anhängen 2 und 3 weitergehende Anforderungen festgelegt sind, sind diese zu erfüllen.

(7) Instandhaltung ist die Gesamtheit aller Maßnahmen zur Erhaltung des sicheren Zustands oder der Rückführung in diesen. Instandhaltung umfasst insbesondere Inspektion, Wartung und Instandsetzung.

(8) Prüfung ist die Ermittlung des Istzustands, der Vergleich des Istzustands mit dem Sollzustand sowie die Bewertung der Abweichung des Istzustands vom Sollzustand.

(9) Prüfpflichtige Änderung ist jede Maßnahme, durch welche die Sicherheit eines Arbeitsmittels beeinflusst wird. Auch Instandsetzungsarbeiten können solche Maßnahmen sein.

(10) Stand der Technik ist der Entwicklungsstand fortschrittlicher Verfahren, Einrichtungen oder Betriebsweisen, der die praktische Eignung einer Maßnahme oder Vorgehensweise zum Schutz der Gesundheit und zur Sicherheit der Beschäftigten oder anderer Personen gesichert erscheinen lässt. Bei der Bestimmung des Stands der Technik sind insbesondere vergleichbare Verfahren, Einrichtungen oder Betriebsweisen heranzuziehen, die mit Erfolg in der Praxis erprobt worden sind.

(11) Gefahrenbereich ist der Bereich innerhalb oder im Umkreis eines Arbeitsmittels, in dem die Sicherheit oder die Gesundheit von Beschäftigten und anderen Personen durch die Verwendung des Arbeitsmittels gefährdet ist.

(12) Errichtung umfasst die Montage und Installation am Verwendungsort.

(13) Überwachungsbedürftige Anlagen sind die Anlagen, die in Anhang 2 genannt oder nach § 18 Absatz 1 erlaubnispflichtig sind. Zu den überwachungsbedürftigen Anlagen gehören auch Mess-, Steuer- und Regeleinrichtungen, die dem sicheren Betrieb dieser überwachungsbedürftigen Anlagen dienen.

(14) Zugelassene Überwachungsstellen sind die in Anhang 2 Abschnitt 1 genannten Stellen.

(15) Andere Personen sind Personen, die nicht Beschäftigte oder Gleichgestellte nach Absatz 4 sind und sich im Gefahrenbereich einer überwachungsbedürftigen Anlage innerhalb oder außerhalb eines Betriebsgeländes befinden.

Abschnitt 2
Gefährdungsbeurteilung und Schutzmaßnahmen

§ 3 Gefährdungsbeurteilung

(1) Der Arbeitgeber hat vor der Verwendung von Arbeitsmitteln die auftretenden Gefährdungen zu beurteilen (Gefährdungsbeurteilung) und daraus notwendige und geeignete Schutzmaßnahmen abzuleiten. Das Vorhandensein einer CE-Kennzeichnung am Arbeitsmittel entbindet nicht von der Pflicht zur Durchführung einer Gefährdungsbeurteilung. Für Aufzugsanlagen gilt Satz 1 nur, wenn sie von einem Arbeitgeber im Sinne des § 2 Absatz 3 Satz 1 verwendet werden.

(2) In die Beurteilung sind alle Gefährdungen einzubeziehen, die bei der Verwendung von Arbeitsmitteln ausgehen, und zwar von

1. den Arbeitsmitteln selbst,
2. der Arbeitsumgebung und
3. den Arbeitsgegenständen, an denen Tätigkeiten mit Arbeitsmitteln durchgeführt werden.

Bei der Gefährdungsbeurteilung ist insbesondere Folgendes zu berücksichtigen:

1. die Gebrauchstauglichkeit von Arbeitsmitteln einschließlich der ergonomischen, alters- und alternsgerechten Gestaltung,
2. die sicherheitsrelevanten einschließlich der ergonomischen Zusammenhänge zwischen Arbeitsplatz, Arbeitsmittel, Arbeitsverfahren, Arbeitsorganisation, Arbeitsablauf, Arbeitszeit und Arbeitsaufgabe,
3. die physischen und psychischen Belastungen der Beschäftigten, die bei der Verwendung von Arbeitsmitteln auftreten,
4. vorhersehbare Betriebsstörungen und die Gefährdung bei Maßnahmen zu deren Beseitigung.

(3) Die Gefährdungsbeurteilung soll bereits vor der Auswahl und der Beschaffung der Arbeitsmittel begonnen werden. Dabei sind insbesondere die Eignung des Arbeitsmittels für die geplante Verwendung, die Arbeitsabläufe und die Arbeitsorganisation zu berücksichtigen. Die Gefährdungsbeurteilung darf nur von fachkundigen Personen durchgeführt werden. Verfügt der Arbeitgeber nicht selbst über die entsprechenden Kenntnisse, so hat er sich fachkundig beraten zu lassen.

(4) Der Arbeitgeber hat sich die Informationen zu beschaffen, die für die Gefährdungsbeurteilung notwendig sind. Dies sind insbesondere die nach § 21 Absatz 6 Nummer 1 bekannt gegebenen Regeln und Erkenntnisse, Gebrauchs- und Betriebsanleitungen sowie die ihm zugänglichen Erkenntnisse aus der arbeitsmedizinischen Vorsorge. Der Arbeitgeber darf diese Informationen übernehmen, sofern sie auf die Arbeitsmittel, Arbeitsbedingungen und Verfahren in seinem Betrieb anwendbar sind. Bei der Informationsbeschaffung kann der Arbeitgeber davon ausgehen, dass die vom Hersteller des Arbeitsmittels mitge-

lieferten Informationen zutreffend sind, es sei denn, dass er über andere Erkenntnisse verfügt.

(5) Der Arbeitgeber kann bei der Festlegung der Schutzmaßnahmen bereits vorhandene Gefährdungsbeurteilungen, hierzu gehören auch gleichwertige Unterlagen, die ihm der Hersteller oder Inverkehrbringer mitgeliefert hat, übernehmen, sofern die Angaben und Festlegungen in dieser Gefährdungsbeurteilung den Arbeitsmitteln einschließlich der Arbeitsbedingungen und -verfahren, im eigenen Betrieb entsprechen.

(6) Der Arbeitgeber hat Art und Umfang erforderlicher Prüfungen von Arbeitsmitteln sowie die Fristen von wiederkehrenden Prüfungen nach den §§ 14 und 16 zu ermitteln und festzulegen, soweit diese Verordnung nicht bereits entsprechende Vorgaben enthält. Satz 1 gilt auch für Aufzugsanlagen. Die Fristen für die wiederkehrenden Prüfungen sind so festzulegen, dass die Arbeitsmittel bis zur nächsten festgelegten Prüfung sicher verwendet werden können. Bei der Festlegung der Fristen für die wiederkehrenden Prüfungen nach § 14 Absatz 2 Satz 1 für die in Anhang 3 genannten Arbeitsmittel dürfen die dort genannten Prüffristen nicht überschritten werden. Bei der Festlegung der Fristen für die wiederkehrenden Prüfungen nach § 16 dürfen die in Anhang 2 Abschnitt 2 Nummer 4.1 und 4.3, Abschnitt 3 Nummer 5.1 bis 5.3 und Abschnitt 4 Nummer 5.8 in Verbindung mit Tabelle 1 genannten Höchstfristen nicht überschritten werden, es sei denn, dass in den genannten Anhängen etwas anderes bestimmt ist. Ferner hat der Arbeitgeber zu ermitteln und festzulegen, welche Voraussetzungen die zur Prüfung befähigten Personen erfüllen müssen, die von ihm mit den Prüfungen von Arbeitsmitteln nach den §§ 14, 15 und 16 zu beauftragen sind.

(7) Die Gefährdungsbeurteilung ist regelmäßig zu überprüfen. Dabei ist der Stand der Technik zu berücksichtigen. Soweit erforderlich, sind die Schutzmaßnahmen bei der Verwendung von Arbeitsmitteln entsprechend anzupassen. Der Arbeitgeber hat die Gefährdungsbeurteilung unverzüglich zu aktualisieren, wenn

1. sicherheitsrelevante Veränderungen der Arbeitsbedingungen einschließlich der Änderung von Arbeitsmitteln dies erfordern,
2. neue Informationen, insbesondere Erkenntnisse aus dem Unfallgeschehen oder aus der arbeitsmedizinischen Vorsorge, vorliegen oder
3. die Überprüfung der Wirksamkeit der Schutzmaßnahmen nach § 4 Absatz 5 ergeben hat, dass die festgelegten Schutzmaßnahmen nicht wirksam oder nicht ausreichend sind.

Ergibt die Überprüfung der Gefährdungsbeurteilung, dass keine Aktualisierung erforderlich ist, so hat der Arbeitgeber dies unter Angabe des Datums der Überprüfung in der Dokumentation nach Absatz 8 zu vermerken.

(8) Der Arbeitgeber hat das Ergebnis seiner Gefährdungsbeurteilung vor der erstmaligen Verwendung der Arbeitsmittel zu dokumentieren. Dabei sind mindestens anzugeben

1. die Gefährdungen, die bei der Verwendung der Arbeitsmittel auftreten,
2. die zu ergreifenden Schutzmaßnahmen,
3. wie die Anforderungen dieser Verordnung eingehalten werden, wenn von den nach § 21 Absatz 6 Nummer 1 bekannt gegebenen Regeln und Erkenntnissen abgewichen wird,
4. Art und Umfang der erforderlichen Prüfungen sowie die Fristen der wiederkehrenden Prüfungen (Absatz 6 Satz 1) und
5. das Ergebnis der Überprüfung der Wirksamkeit der Schutzmaßnahmen nach § 4 Absatz 5.

Die Dokumentation kann auch in elektronischer Form vorgenommen werden.

(9) Sofern der Arbeitgeber von § 7 Absatz 1 Gebrauch macht und die Gefährdungsbeurteilung ergibt, dass die Voraussetzungen nach § 7 Absatz 1 vorliegen, ist eine Dokumentation dieser Voraussetzungen ausreichend.

§ 4 Grundpflichten des Arbeitgebers

(1) Arbeitsmittel dürfen erst verwendet werden, nachdem der Arbeitgeber

1. eine Gefährdungsbeurteilung durchgeführt hat,
2. die dabei ermittelten Schutzmaßnahmen nach dem Stand der Technik getroffen hat und
3. festgestellt hat, dass die Verwendung der Arbeitsmittel nach dem Stand der Technik sicher ist.

(2) Ergibt sich aus der Gefährdungsbeurteilung, dass Gefährdungen durch technische Schutzmaßnahmen nach dem Stand der Technik nicht oder nur unzureichend vermieden werden können, hat der Arbeitgeber geeignete organisatorische und personenbezogene Schutzmaßnahmen zu treffen. Technische Schutzmaßnahmen haben Vorrang vor organisatorischen, diese haben wiederum Vorrang vor personenbezogenen Schutzmaßnahmen. Die Verwendung persönlicher Schutzausrüstung ist für jeden Beschäftigten auf das erforderliche Minimum zu beschränken.

(3) Bei der Festlegung der Schutzmaßnahmen hat der Arbeitgeber die Vorschriften dieser Verordnung einschließlich der Anhänge zu beachten und die nach § 21 Absatz 6 Nummer 1 bekannt gegebenen Regeln und Erkenntnisse zu berücksichtigen. Bei Einhaltung dieser Regeln und Erkenntnisse ist davon auszugehen, dass die in dieser Verordnung gestellten Anforderungen erfüllt sind. Von den Regeln und Erkenntnissen kann abgewichen werden, wenn Sicherheit und Gesundheit durch andere Maßnahmen zumindest in vergleichbarer Weise gewährleistet werden.

(4) Der Arbeitgeber hat dafür zu sorgen, dass Arbeitsmittel, für die in § 14 und im Abschnitt 3 dieser Verordnung Prüfungen vorgeschrieben sind, nur verwendet werden, wenn diese Prüfungen durchgeführt und dokumentiert wurden.

(5) Der Arbeitgeber hat die Wirksamkeit der Schutzmaßnahmen vor der erstmaligen Verwendung der Arbeitsmittel zu überprüfen. Satz 1 gilt nicht, soweit

entsprechende Prüfungen nach § 14 oder § 15 durchgeführt wurden. Der Arbeitgeber hat weiterhin dafür zu sorgen, dass Arbeitsmittel vor ihrer jeweiligen Verwendung auf offensichtliche Mängel, die die sichere Verwendung beeinträchtigen können, kontrolliert werden und dass Schutz- und Sicherheitseinrichtungen einer regelmäßigen Kontrolle ihrer Funktionsfähigkeit unterzogen werden. Satz 3 gilt auch bei Arbeitsmitteln, für die wiederkehrende Prüfungen nach § 14 oder § 16 vorgeschrieben sind.

(6) Der Arbeitgeber hat die Belange des Arbeitsschutzes in Bezug auf die Verwendung von Arbeitsmitteln angemessen in seine betriebliche Organisation einzubinden und hierfür die erforderlichen personellen, finanziellen und organisatorischen Voraussetzungen zu schaffen. Insbesondere hat er dafür zu sorgen, dass bei der Gestaltung der Arbeitsorganisation, des Arbeitsverfahrens und des Arbeitsplatzes sowie bei der Auswahl und beim Zur-Verfügung-Stellen der Arbeitsmittel alle mit der Sicherheit und Gesundheit der Beschäftigten zusammenhängenden Faktoren, einschließlich der psychischen, ausreichend berücksichtigt werden.

§ 5 Anforderungen an die zur Verfügung gestellten Arbeitsmittel

(1) Der Arbeitgeber darf nur solche Arbeitsmittel zur Verfügung stellen und verwenden lassen, die unter Berücksichtigung der vorgesehenen Einsatzbedingungen bei der Verwendung sicher sind. Die Arbeitsmittel müssen

1. für die Art der auszuführenden Arbeiten geeignet sein,
2. den gegebenen Einsatzbedingungen und den vorhersehbaren Beanspruchungen angepasst sein und
3. über die erforderlichen sicherheitsrelevanten Ausrüstungen verfügen,

sodass eine Gefährdung durch ihre Verwendung so gering wie möglich gehalten wird. Kann durch Maßnahmen nach den Sätzen 1 und 2 die Sicherheit und Gesundheit nicht gewährleistet werden, so hat der Arbeitgeber andere geeignete Schutzmaßnahmen zu treffen, um die Gefährdung so weit wie möglich zu reduzieren.

(2) Der Arbeitgeber darf Arbeitsmittel nicht zur Verfügung stellen und verwenden lassen, wenn sie Mängel aufweisen, welche die sichere Verwendung beeinträchtigen.

(3) Der Arbeitgeber darf nur solche Arbeitsmittel zur Verfügung stellen und verwenden lassen, die den für sie geltenden Rechtsvorschriften über Sicherheit und Gesundheitsschutz entsprechen. Zu diesen Rechtsvorschriften gehören neben den Vorschriften dieser Verordnung insbesondere Rechtsvorschriften, mit denen Gemeinschaftsrichtlinien in deutsches Recht umgesetzt wurden und die für die Arbeitsmittel zum Zeitpunkt des Bereitstellens auf dem Markt gelten. Arbeitsmittel, die der Arbeitgeber für eigene Zwecke selbst hergestellt hat, müssen den grundlegenden Sicherheitsanforderungen der anzuwendenden Gemeinschaftsrichtlinien entsprechen. Den formalen Anforderungen dieser Richt-

linien brauchen sie nicht zu entsprechen, es sei denn, es ist in der jeweiligen Richtlinie ausdrücklich anders bestimmt.

(4) Der Arbeitgeber hat dafür zu sorgen, dass Beschäftigte nur die Arbeitsmittel verwenden, die er ihnen zur Verfügung gestellt hat oder deren Verwendung er ihnen ausdrücklich gestattet hat.

(...)

§ 12 Unterweisung und besondere Beauftragung von Beschäftigten

(1) Bevor Beschäftigte Arbeitsmittel erstmalig verwenden, hat der Arbeitgeber ihnen ausreichende und angemessene Informationen anhand der Gefährdungsbeurteilung in einer für die Beschäftigten verständlichen Form und Sprache zur Verfügung zu stellen über

1. vorhandene Gefährdungen bei der Verwendung von Arbeitsmitteln einschließlich damit verbundener Gefährdungen durch die Arbeitsumgebung,
2. erforderliche Schutzmaßnahmen und Verhaltensregelungen und
3. Maßnahmen bei Betriebsstörungen, Unfällen und zur Ersten Hilfe bei Notfällen.

Der Arbeitgeber hat die Beschäftigten vor Aufnahme der Verwendung von Arbeitsmitteln tätigkeitsbezogen anhand der Informationen nach Satz 1 zu unterweisen. Danach hat er in regelmäßigen Abständen, mindestens jedoch einmal jährlich, weitere Unterweisungen durchzuführen. Das Datum einer jeden Unterweisung und die Namen der Unterwiesenen hat er schriftlich festzuhalten.

(2) Bevor Beschäftigte Arbeitsmittel erstmalig verwenden, hat der Arbeitgeber ihnen eine schriftliche Betriebsanweisung für die Verwendung des Arbeitsmittels in einer für die Beschäftigten verständlichen Form und Sprache an geeigneter Stelle zur Verfügung zu stellen. Satz 1 gilt nicht für Arbeitsmittel, für die keine Gebrauchsanleitung nach § 3 Absatz 4 des Produktsicherheitsgesetzes mitgeliefert werden muss. Anstelle einer Betriebsanweisung kann der Arbeitgeber auch eine bei der Bereitstellung des Arbeitsmittels auf dem Markt mitgelieferte Gebrauchsanleitung oder Betriebsanleitung zur Verfügung stellen, wenn diese Informationen enthalten, die einer Betriebsanweisung entsprechen. Die Betriebsanweisung ist bei sicherheitsrelevanten Änderungen der Arbeitsbedingungen zu aktualisieren und bei der regelmäßig wiederkehrenden Unterweisung nach § 12 des Arbeitsschutzgesetzes in Bezug zu nehmen.

(3) Ist die Verwendung von Arbeitsmitteln mit besonderen Gefährdungen verbunden, hat der Arbeitgeber dafür zu sorgen, dass diese nur von hierzu beauftragten Beschäftigten verwendet werden.

(...)

§ 14 Prüfung von Arbeitsmitteln

(1) Der Arbeitgeber hat Arbeitsmittel, deren Sicherheit von den Montagebedingungen abhängt, vor der erstmaligen Verwendung von einer zur Prüfung befähigten Person prüfen zu lassen. Die Prüfung umfasst Folgendes:

1. die Kontrolle der vorschriftsmäßigen Montage oder Installation und der sicheren Funktion dieser Arbeitsmittel,
2. die rechtzeitige Feststellung von Schäden,
3. die Feststellung, ob die getroffenen sicherheitstechnischen Maßnahmen geeignet und funktionsfähig sind.

Prüfinhalte, die im Rahmen eines Konformitätsbewertungsverfahrens geprüft und dokumentiert wurden, müssen nicht erneut geprüft werden. Die Prüfung muss vor jeder Inbetriebnahme nach einer Montage stattfinden.

(2) Arbeitsmittel, die Schäden verursachenden Einflüssen ausgesetzt sind, die zu Gefährdungen der Beschäftigten führen können, hat der Arbeitgeber wiederkehrend von einer zur Prüfung befähigten Person prüfen zu lassen. Die Prüfung muss entsprechend den nach § 3 Absatz 6 ermittelten Fristen stattfinden. Ergibt die Prüfung, dass ein Arbeitsmittel nicht bis zu der nach § 3 Absatz 6 ermittelten nächsten wiederkehrenden Prüfung sicher betrieben werden kann, ist die Prüffrist neu festzulegen.

(3) Arbeitsmittel sind nach prüfpflichtigen Änderungen vor ihrer nächsten Verwendung durch eine zur Prüfung befähigte Person prüfen zu lassen. Arbeitsmittel, die von außergewöhnlichen Ereignissen betroffen sind, die schädigende Auswirkungen auf ihre Sicherheit haben können, durch die Beschäftigte gefährdet werden können, sind vor ihrer weiteren Verwendung einer außerordentlichen Prüfung durch eine zur Prüfung befähigte Person unterziehen zu lassen. Außergewöhnliche Ereignisse können insbesondere Unfälle, längere Zeiträume der Nichtverwendung der Arbeitsmittel oder Naturereignisse sein.

(4) Bei der Prüfung der in Anhang 3 genannten Arbeitsmittel gelten die dort genannten Vorgaben zusätzlich zu den Vorgaben der Absätze 1 bis 3.

(5) Der Fälligkeitstermin von wiederkehrenden Prüfungen wird jeweils mit dem Monat und dem Jahr angegeben. Die Frist für die nächste wiederkehrende Prüfung beginnt mit dem Fälligkeitstermin der letzten Prüfung. Wird eine Prüfung vor dem Fälligkeitstermin durchgeführt, beginnt die Frist für die nächste Prüfung mit dem Monat und Jahr der Durchführung. Für Arbeitsmittel mit einer Prüffrist von mehr als zwei Jahren gilt Satz 3 nur, wenn die Prüfung mehr als zwei Monate vor dem Fälligkeitstermin durchgeführt wird. Ist ein Arbeitsmittel zum Fälligkeitstermin der wiederkehrenden Prüfung außer Betrieb gesetzt, so darf es erst wieder in Betrieb genommen werden, nachdem diese Prüfung durchgeführt worden ist; in diesem Fall beginnt die Frist für die nächste wiederkehrende Prüfung mit dem Termin der Prüfung. Eine wiederkehrende Prüfung gilt als fristgerecht durchgeführt, wenn sie spätestens zwei Monate nach dem Fälligkeitstermin durchgeführt wurde. Dieser Absatz ist nur anzu-

wenden, soweit es sich um Arbeitsmittel nach Anhang 2 Abschnitt 2 bis 4 und Anhang 3 handelt.

(6) Zur Prüfung befähigte Personen nach § 2 Absatz 6 unterliegen bei der Durchführung der nach dieser Verordnung vorgeschriebenen Prüfungen keinen fachlichen Weisungen durch den Arbeitgeber. Zur Prüfung befähigte Personen dürfen vom Arbeitgeber wegen ihrer Prüftätigkeit nicht benachteiligt werden.

(7) Der Arbeitgeber hat dafür zu sorgen, dass das Ergebnis der Prüfung nach den Absätzen 1 bis 4 aufgezeichnet und mindestens bis zur nächsten Prüfung aufbewahrt wird. Dabei hat er dafür zu sorgen, dass die Aufzeichnungen nach Satz 1 mindestens Auskunft geben über:

1. Art der Prüfung,
2. Prüfumfang,
3. Ergebnis der Prüfung und
4. Name und Unterschrift der zur Prüfung befähigten Person; bei ausschließlich elektronisch übermittelten Dokumenten elektronische Signatur.

Aufzeichnungen können auch in elektronischer Form aufbewahrt werden. Werden Arbeitsmittel nach den Absätzen 1 und 2 sowie Anhang 3 an unterschiedlichen Betriebsorten verwendet, ist am Einsatzort ein Nachweis über die Durchführung der letzten Prüfung vorzuhalten.

(8) Die Absätze 1 bis 3 gelten nicht für überwachungsbedürftige Anlagen, soweit entsprechende Prüfungen in den §§ 15 und 16 vorgeschrieben sind. Absatz 7 gilt nicht für überwachungsbedürftige Anlagen, soweit entsprechende Aufzeichnungen in § 17 vorgeschrieben sind.

(...)

§ 16 Wiederkehrende Prüfung

(1) Der Arbeitgeber hat sicherzustellen, dass überwachungsbedürftige Anlagen nach Maßgabe der in Anhang 2 genannten Vorgaben wiederkehrend auf ihren sicheren Zustand hinsichtlich des Betriebs geprüft werden.

(2) Bei der wiederkehrenden Prüfung ist auch festzustellen, ob die Fristen für die nächsten wiederkehrenden Prüfungen nach § 3 Absatz 6 zutreffend festgelegt wurden. Im Streitfall entscheidet die zuständige Behörde.

(3) § 14 Absatz 5 gilt entsprechend. Ist eine behördlich angeordnete Prüfung durchgeführt worden, so beginnt die Frist für eine wiederkehrende Prüfung mit Monat und Jahr der Durchführung dieser Prüfung, wenn diese der wiederkehrenden Prüfung entspricht.

(4) § 15 Absatz 3 gilt entsprechend.

(...)

§ 22 Ordnungswidrigkeiten

(1) Ordnungswidrig im Sinne des § 25 Absatz 1 Nummer 1 des Arbeitsschutzgesetzes handelt, wer vorsätzlich oder fahrlässig

1. entgegen § 3 Absatz 1 Satz 1 eine Gefährdung nicht, nicht richtig oder nicht rechtzeitig beurteilt,
2. entgegen § 3 Absatz 3 Satz 3 eine Gefährdungsbeurteilung durchführt,
3. (weggefallen)
4. (weggefallen)
5. entgegen § 3 Absatz 7 Satz 4 eine Gefährdungsbeurteilung nicht oder nicht rechtzeitig aktualisiert,
6. entgegen § 3 Absatz 8 Satz 1 ein dort genanntes Ergebnis nicht oder nicht rechtzeitig dokumentiert,
7. entgegen § 4 Absatz 1 ein Arbeitsmittel verwendet,
8. entgegen § 4 Absatz 4 nicht dafür sorgt, dass Arbeitsmittel, für die in § 14 oder in Abschnitt 3 dieser Verordnung Prüfungen vorgeschrieben sind, nur verwendet werden, wenn diese Prüfungen durchgeführt und dokumentiert wurden,
9. entgegen § 5 Absatz 2 ein Arbeitsmittel verwenden lässt,
10. entgegen § 5 Absatz 4 nicht dafür sorgt, dass ein Beschäftigter nur ein dort genanntes Arbeitsmittel verwendet,
11. entgegen § 6 Absatz 1 Satz 2 in Verbindung mit Anhang 1 Nummer 1.3 Satz 1 nicht dafür sorgt, dass ein Beschäftigter nur auf einem dort genannten Platz mitfährt,
12. entgegen § 6 Absatz 1 Satz 2 in Verbindung mit Anhang 1 Nummer 1.4 Satz 1 nicht dafür sorgt, dass eine dort genannte Einrichtung vorhanden ist,
13. entgegen § 6 Absatz 1 Satz 2 in Verbindung mit Anhang 1 Nummer 1.5 eine dort genannte Maßnahme nicht oder nicht rechtzeitig trifft,
14. entgegen § 6 Absatz 1 Satz 2 in Verbindung mit Anhang 1 Nummer 1.7 Satz 1 nicht dafür sorgt, dass die dort genannte Geschwindigkeit angepasst werden kann,
15. entgegen § 6 Absatz 1 Satz 2 in Verbindung mit Anhang 1 Nummer 1.8 Satz 1 Buchstabe a nicht dafür sorgt, dass eine Verbindungseinrichtung gesichert ist,
16. entgegen § 6 Absatz 1 Satz 2 in Verbindung mit Anhang 1 Nummer 2.1 Satz 1 nicht dafür sorgt, dass die Standsicherheit oder die Festigkeit eines dort genannten Arbeitsmittels sichergestellt ist,
17. entgegen § 6 Absatz 1 Satz 2 in Verbindung mit Anhang 1 Nummer 2.1 Satz 5 ein dort genanntes Arbeitsmittel nicht richtig aufstellt oder nicht richtig verwendet,
18. entgegen § 6 Absatz 1 Satz 2 in Verbindung mit Anhang 1 Nummer 2.2 Satz 1 nicht dafür sorgt, dass ein Arbeitsmittel mit einem dort genannten Hinweis versehen ist,

19. entgegen § 6 Absatz 1 Satz 2 in Verbindung mit Anhang 1 Nummer 2.3.2 nicht dafür sorgt, dass ein dort genanntes Arbeitsmittel abgebremst und eine ungewollte Bewegung verhindert werden kann,
20. entgegen § 6 Absatz 1 Satz 2 in Verbindung mit Anhang 1 Nummer 2.4 Satz 2 nicht dafür sorgt, dass das Heben eines Beschäftigten nur mit einem dort genannten Arbeitsmittel erfolgt,
21. entgegen § 6 Absatz 1 Satz 2 in Verbindung mit Anhang 1 Nummer 2.5 Buchstabe b oder Buchstabe c nicht dafür sorgt, dass Lasten sicher angeschlagen werden oder Lasten oder Lastaufnahme- oder Anschlagmittel sich nicht unbeabsichtigt lösen oder verschieben können,
22. entgegen § 6 Absatz 1 Satz 2 in Verbindung mit Anhang 1 Nummer 3.2.3 Satz 2 nicht dafür sorgt, dass ein dort genanntes Gerüst verankert wird,
23. entgegen § 6 Absatz 1 Satz 2 in Verbindung mit Anhang 1 Nummer 3.2.6 Satz 1 nicht dafür sorgt, dass ein Gerüst nur in der dort genannten Weise auf-, ab- oder umgebaut wird,
24. entgegen § 6 Absatz 2 Satz 1 nicht dafür sorgt, dass eine Schutzeinrichtung verwendet wird,
25. entgegen § 12 Absatz 1 Satz 1 eine Information nicht, nicht richtig, nicht vollständig oder nicht rechtzeitig zur Verfügung stellt,
26. entgegen § 12 Absatz 1 Satz 2 einen Beschäftigten nicht, nicht richtig, nicht vollständig oder nicht rechtzeitig unterweist,
27. entgegen § 12 Absatz 2 Satz 1 eine Betriebsanweisung nicht, nicht richtig, nicht vollständig oder nicht rechtzeitig zur Verfügung stellt,
28. entgegen § 14 Absatz 1 Satz 1 oder Absatz 4 Satz 1 ein Arbeitsmittel nicht oder nicht rechtzeitig prüfen lässt,
29. entgegen § 14 Absatz 3 Satz 2 ein Arbeitsmittel einer außerordentlichen Prüfung nicht oder nicht rechtzeitig unterziehen lässt,
30. entgegen § 14 Absatz 7 Satz 1 nicht dafür sorgt, dass ein Ergebnis aufgezeichnet und aufbewahrt wird,
31. entgegen § 14 Absatz 7 Satz 2 nicht dafür sorgt, dass eine Aufzeichnung eine dort genannte Auskunft gibt,
32. entgegen § 19 Absatz 1 bei einem Arbeitsmittel nach Anhang 3 Abschnitt 1 Nummer 1.1, Abschnitt 2 Nummer 1.1 Satz 1 oder Abschnitt 3 Nummer 1.1 Satz 1 eine Anzeige nicht, nicht richtig, nicht vollständig oder nicht rechtzeitig erstattet oder
33. entgegen § 19 Absatz 3 eine Dokumentation, eine Information, einen Nachweis oder eine Angabe nicht, nicht richtig, nicht vollständig oder nicht rechtzeitig übermittelt.

(2) Ordnungswidrig im Sinne des § 32 Absatz 1 Nummer 14 Buchstabe a des Gesetzes über überwachungsbedürftige Anlagen handelt, wer vorsätzlich oder fahrlässig

1. entgegen § 6 Absatz 1 Satz 2 in Verbindung mit Anhang 1 Nummer 4.1 Satz 1 nicht dafür sorgt, dass ein Kommunikationssystem wirksam ist,
2. entgegen § 6 Absatz 1 Satz 2 in Verbindung mit Anhang 1 Nummer 4.1 Satz 2 einen Notfallplan nicht oder nicht rechtzeitig zur Verfügung stellt,
3. entgegen § 6 Absatz 1 Satz 2 in Verbindung mit Anhang 1 Nummer 4.1 Satz 5 eine dort genannte Einrichtung nicht oder nicht rechtzeitig bereitstellt,
4. entgegen § 6 Absatz 1 Satz 2 in Verbindung mit Anhang 1 Nummer 4.1 Satz 6 nicht dafür sorgt, dass eine Person Hilfe herbeirufen kann,
5. entgegen § 6 Absatz 1 Satz 2 in Verbindung mit Anhang 1 Nummer 4.4 Satz 1 nicht dafür sorgt, dass ein Personenumlaufaufzug nur von Beschäftigten verwendet wird,

5a. entgegen § 6 Absatz 1 Satz 2 in Verbindung mit Anhang 1 Nummer 4.4 Satz 2 einen Personenumlaufaufzug durch eine andere Person verwenden lässt,

6. entgegen § 15 Absatz 1 Satz 1 nicht sicherstellt, dass eine überwachungsbedürftige Anlage geprüft wird,
7. entgegen § 16 Absatz 1 in Verbindung mit Anhang 2 Abschnitt 2 Nummer 4.1 oder 4.3, Abschnitt 3 Nummer 5.1 Satz 1 bis 3 oder 4, Nummer 5.2 Satz 1 oder Nummer 5.3 Satz 1 oder Abschnitt 4 Nummer 5.1 Satz 1, 2 oder 3, Nummer 5.2 bis 5.4 oder 5.5, Nummer 5.7 Satz 3, Nummer 5.8 oder Nummer 5.9 Satz 1 nicht sicherstellt, dass eine überwachungsbedürftige Anlage geprüft wird,
8. ohne Erlaubnis nach § 18 Absatz 1 Satz 1 eine dort genannte Anlage errichtet, betreibt oder ändert,
9. einer vollziehbaren Anordnung nach § 19 Absatz 5 Satz 1 zuwiderhandelt oder
10. eine in Absatz 1 Nummer 9 oder Nummer 24 bezeichnete Handlung in Bezug auf eine überwachungsbedürftige Anlage nach § 2 Nummer 30 des Produktsicherheitsgesetzes begeht.

(3) Ordnungswidrig im Sinne des § 32 Absatz 1 Nummer 14 Buchstabe b des Gesetzes über überwachungsbedürftige Anlagen handelt, wer vorsätzlich oder fahrlässig entgegen § 19 Absatz 1 bei einem Arbeitsmittel nach Anhang 2 Abschnitt 2 Nummer 2 Buchstabe a, Buchstabe b Satz 1 oder Buchstabe c, Abschnitt 3 Nummer 2 oder Abschnitt 4 Nummer 2.1, 2.2 oder 2.3 eine Anzeige nicht, nicht richtig, nicht vollständig oder nicht rechtzeitig erstattet.

§ 23 Straftaten

(1) Wer durch eine in § 22 Absatz 1 bezeichnete vorsätzliche Handlung Leben oder Gesundheit eines Beschäftigten gefährdet, ist nach § 26 Nummer 2 des Arbeitsschutzgesetzes strafbar.

(2) Wer eine in § 22 Absatz 2 bezeichnete vorsätzliche Handlung beharrlich wiederholt oder durch eine solche vorsätzliche Handlung Leben oder Gesund-

heit eines anderen oder fremde Sachen von bedeutendem Wert gefährdet, ist nach § 33 des Gesetzes über überwachungsbedürftige Anlagen strafbar.

(...)

Stichwortverzeichnis

O

S

V

W

Hinweis zum Add-on

Unter folgendem Link können Sie die Gesetze und Verordnungen auch im Volltext abrufen:
https://betrieblich-verantwortliche-fuer-umweltschutz.esv.info
Alternativ scannen Sie einfach den nebenstehenden QR-Code.